한국의 차 문화 천년 3

한국의 차 문화 천년 3
삼국시대·고려의 차 문화

송재소·유홍준·정해렴·조창록·이규필 옮김

2011년 3월 28일 초판 1쇄 발행
2015년 2월 5일 초판 2쇄 발행

펴낸이 한철희 | 펴낸곳 돌베개 | 등록 1979년 8월 25일 제406-2003-000018호
주소 (413-756) 경기도 파주시 회동길 77-20(문발동)
전화 (031) 955-5020 | 팩스 (031) 955-5050
홈페이지 www.dolbegae.co.kr | 전자우편 book@dolbegae.co.kr

책임편집 이경아·이경민 | 편집 조성웅·최혜리
표지디자인 민진기 | 본문디자인 이은정·박정영 | 마케팅 심찬식·고운성·조원형
제작·관리 윤국중·이수민 | 인쇄·제본 한영문화사
글 ⓒ 아모레퍼시픽 | 사진 ⓒ 한국미술사진연구소
ISBN 978-89-7199-425-2 94810
ISBN 978-89-7199-340-8 (세트)

책값은 뒤표지에 있습니다.

이 도서의 국립중앙도서관 출판시도서목록(CIP)은 e-CIP 홈페이지
(http://www.nl.go.kr/cip.php)에서 이용하실 수 있습니다.(CIP제어번호: CIP2011001211)

삼국시대·고려의 차 문화

한국의 차 문화 천년 3

송재소·유홍준·정해렴·조창록·이규필 옮김

돌베개

'한국의 차 문화 천년'을 펴내며

인간의 기호식품으로 차茶만큼 오랜 역사를 가진 것도 없을 것이다. 차의 원산지라 할 수 있는 중국에서는 수천 년 전부터 차를 마셔 왔으며, 이 중국 차가 세계 각국으로 전파되어 지금은 170여 개 국에서 하루에 20억 잔의 차를 마신다고 한다.

 『삼국사기』三國史記의 기록에 의하면 우리나라는 7세기 중반 신라 선덕여왕 때 이미 차를 마셨다. 홍덕왕 3년(828)에는 중국으로 사신 갔던 김대렴金大廉이 돌아오면서 차 종자를 가져왔는데 왕이 이를 지리산에 심게 해서 차가 널리 성행하게 되었다. 그러나 신라 시대에 차가 얼마나 대중화되었는지는 알 수 없다. 고려 시대에는 궁중과 귀족, 특히 승려 사이에 차가 크게 유행했으나 일반 서민의 기호식품으로까지 확대되지는 못한 것으로 보인다. 조선 시대에는 차 문화가 다소 위축되어 주로 궁중이나 민간의 의식용儀式用으로 차가 쓰였고, 사찰의 승려들이 그 맥을 잇다가 다산茶山, 초의草衣, 추사秋史 등 걸출한 다인茶人들이 차를 중흥시켰다. 그러나 역시 차는 서민이 즐겨 마시는 기호식품과는 거리가 있었다.

 현대에 와서야 차가 대중화되었다고 말할 수 있다. 지금은 차가 이른바 '웰빙 식품'으로 널리 사랑받고 있고, 신체의 건강뿐만 아니라 정신 건강의 증진에도 기여한다고 인식되고 있다. 차는 이제 어디에서나 쉽게 구할 수 있고 누구나 마실 수 있는 대중의 기호식품으로 확고하게 자리 잡았다.

『한국의 차 문화 천년』은 일찍부터 차 문화의 보급과 차의 대중화를 선도해온 (주)아모레퍼시픽의 출연 재단인 태평양학술문화재단의 야심적인 기획이다. 우리 역사상 어느 때보다 차가 대중의 사랑을 받고 있는 이 시점에서, 우리의 유구한 차 문화 전통을 종합·정리함으로써 이 땅의 차 문화를 한층 더 발전시키자는 의도에서 기획되었다.

전 6권으로 간행될 이 기획물은 신라 시대에서부터 현대에 이르기까지 차에 관한 문헌 기록 자료의 집대성에 목표를 두고 있다. 차시茶詩를 포함한 개인 문집의 자료, 『조선왕조실록』朝鮮王朝實錄, 『고려사』高麗史, 『삼국사기』 등의 관찬 사료官撰史料와 『임원경제지』林園經濟志, 『성호사설』星湖僿說, 『음청사』陰晴史 등의 별집류別集類를 비롯하여 이전에 발굴되지 않은 자료까지 차에 관한 모든 문헌 자료를 망라하고자 한다.

이 작업은 결코 쉬운 일이 아니다. 산적한 한문 전적을 일일이 뒤져서 차에 관한 자료를 발췌하는 일도 어렵거니와 이렇게 뽑은 자료를 번역하는 일 또한 만만치 않다. 최선을 다하지만 여전히 누락된 자료가 있을 것이고 미숙한 번역이 있을 줄 안다. 이 점은 앞으로 계속해서 수정, 보완해 나갈 것이다. 아무쪼록 차를 사랑하는 다인들과 차를 연구하는 학자들의 자료로 활용될 수 있다면 다행이겠다.

이번에 간행되는 삼국시대·고려 편 1책은 원래 유홍준, 정해렴 두 분이 해놓은 기초 작업에 첨삭을 가하고 번역문도 일부 수정하여 새롭게 편집한 것임을 밝혀둔다. 그리고 물심양면으로 아낌없는 지원을 해준 (주)아모레퍼시픽의 서경배 사장님을 비롯하여 태평양학술문화재단의 관계자 여러분, 그리고 꼼꼼하게 원고를 손질해준 돌베개 출판사의 편집진들께 이 자리를 빌려 고마운 마음을 전한다.

송재소

'삼국시대·고려의 차 문화'를 엮어 내며

이 책은 '한국의 차 문화 천년' 시리즈의 1·2권인 '조선 후기의 차 문화'에 이어서 삼국시대·고려의 차 문화 관련 기록들을 수집해 번역한 것이다. 차와 관련된 가장 많은 인물과 문헌이 남아 있는 조선 후기를 거쳐서, 차가 전래된 삼국시대와 차 문화가 본격적으로 꽃핀 고려를 되돌아본 것이라고 할 수 있다.

 삼국시대는 비록 전하는 문헌은 적지만, 이 땅의 차 문화와 관련하여 기록 하나하나가 모두 중요한 내용을 담고 있다. 『조선불교통사』朝鮮佛教通史에서는 죽로차竹露茶의 유래와 관련하여 김수로왕의 왕비 허황옥許黃玉의 일화를 전하고 있으며, 한 일본인 학자는 고구려 무덤에서 나왔다는 떡차에 관한 기록을 남기기도 하였다. 이러한 언급들은 비록 근세의 것이나, 삼국시대의 차 문화를 그려 보는 데 매우 의미 있는 것들이다. 또 한반도의 대표적인 차 산지인 옛 백제는 승려인 담혜曇惠, 행기行基 등을 통해 일본에 차 문화를 전한 것으로 일컬어진다. 하지만 『일본서기』日本書紀나 『동대사요록』東大寺要錄과 같은 문헌들에서 그 근거를 찾지는 못하였다. 아쉽지만 백제의 차 문화에 대해서는 그 유구한 전통을 머릿속으로 상상해 볼 뿐이다.

삼국의 차 문화와 관련하여 현재 전하는 가장 확실한 기록은 『삼국사기』三國史記와 『삼국유사』三國遺事, 그리고 최치원崔致遠의 문집이다. 『삼국사기』를 보면, 신라 흥덕왕 3년(828)에 김대렴金大廉이 중국 당나라에서 차의 씨앗을 가져다 지리산 인근에서 재배하였으며, 최치원은 당나라의 수준 높은 차 문화를 신라에 들여온 것으로 짐작된다. 또 강릉부에 있던 한송정寒松亭에는 신라 화랑들의 차 문화 유적이 남아 있어, 후대의 문인들이 그 자취를 자주 일컬었음을 알 수 있다.

고려는 불교의 융성과 함께 차 문화가 화려하게 꽃피었던 시기이다. 경남의 화계와 밀양, 전남의 광양과 순천 등 주요한 차의 산지가 대부분 사찰을 배경으로 하고 있는데, 경내에 따로 다헌茶軒을 마련하거나 공양을 위해 인근에 차밭을 가꾸기도 했던 것으로 파악된다. 특히 통도사 인근에는 전문적으로 차를 만들어 바치던 다소촌茶所村이라는 마을이 있었다.

고려의 차시에는 용봉차·몽산차·자순차 등 중국의 명차와 육우陸羽·노동盧仝·왕몽王濛 등 유명한 다인茶人들이 자주 등장한다. 평양부의 박금천薄金川에는 찻물을 길어 가는 사람들로 북적였다고 하며, 차를 사려고 저자에 갔다는 기록도 보인다. 이런 사례들을 보면 우리가 알고 있는 것 이상으로 차가 일반화되었고 상업적으로 유통되기도 하였음을 짐작할 수 있다.

이러한 배경에서 고려는 남아 있는 문집에 비해 상대적으로 차시가 많은 편이다. 그중에 이규보李奎報와 이색李穡의 차시가 단연 많은데, 이들 외에 주요 작가로는 임춘林椿, 이인로李仁老, 이승휴李承休, 안축安軸, 이제현李齊賢, 이곡李穀, 정몽주鄭夢周, 김구용金九容, 성석린成石璘, 원천석元天錫 등이 있다. 또 이숭인李崇仁은 「차 한 봉지와 안화사의 샘물 한 병을 삼봉에게 주며」라는 시에서 다음과 같이 읊고 있다.

    숭산 바위틈을 굽이굽이 흐르는 작은 샘
    솔뿌리 얽힌 곳에서 솟아난 것이라오.
    오사모 쓰고 독서하는 맑은 낮 따분할 제
    돌솥에서 찻물 끓는 소리 좋이 들으시구려.

  차 한 봉지와 샘물 한 병을 선물하는 마음도 운치가 있거니와, 차가 개인적인 기호를 넘어 격조 있는 문화의 일부분이었음을 느낄 수 있다. 한편 고려 때는 말차가 성행했던 관계로 이인로나 이규보의 시를 보면 따로 찻잎을 가는 맷돌을 두거나 선물하기도 하였다.
  이 밖에 정추鄭樞, 정총鄭摠, 이종학李種學 등 거의 알려지지 않은 인물들도 상당수 있는데, 특히 『동문선』에는 생애가 거의 알려지지 않은 다인들이 많이 나온다. 그중에서 이연종李衍宗은 「박충좌가 차를 보내준 것에 사례하다」라는 시에서 다음과 같이 읊고 있다.

    소년 시절 영남사 찾아가
    차 달이기 겨루며 산승들과 노닐었지.
    용암龍巖 벼랑과 봉산鳳山 기슭
    산승 따라 대숲에서 찻잎을 땄노라.
    화전차火前茶 덖어 보니 최고의 품질인데
    용천수龍泉水와 봉정수鳳井水까지 있음에랴.
    사미승들 삼매경에 빠진 날랜 솜씨
    사발에 흰 거품 일 때 쉬지 않고 집어넣었지.

젊은 시절 밀양 영남루 인근에서 산승들과 차 달이기를 겨루었던 일을 회상한 시이다. 이어지는 구절을 보면 나이 들수록 차를 마시는 운치를 알게 되었다고 하였으니, 그 애호의 깊이를 짐작해 볼 수 있다.

『고려사』高麗史의 기록들을 보면, 왕이 신하와 백성 혹은 스님에게 차를 하사하거나, 반대로 왕에게 차를 올렸다는 기록이 자주 나온다. 특히 왕이 신하의 장례에 차를 보냈다는 기록이 자주 나오는데, 이것을 보면 장례 절차에 차가 쓰이지 않았을까 추측된다. 다음은 『고려사』「열전」중에서 최승로崔承老에 관한 기록이다.

제가 듣건대 전하께서는 공덕재功德齋를 베풀고 혹은 몸소 차밭을 일구기도 하시며 혹은 친히 밀도 찧으신다 하는데, 저의 우매한 생각에는 전하의 몸을 근로하시는 것은 깊이 애석한 일입니다.

위의 내용을 보면 왕이 직접 차밭을 일구기도 하였음을 알 수 있다. 또 의종 21년 가을의 기록을 보면,

왕이 귀법사歸法寺에 거둥하였다가, 그 길로 현화사에 갔다. 왕이 말을 달려 달령獺嶺의 다원茶院에 도착했을 때 시종하던 신하들이 모두 따라잡지 못하였다.

라고 하였다. 이것을 보면 현화사 인근 달령에 다원이 있었음을 알 수 있다. 이 밖에 차는 국가 간의 예물로 쓰여, 송에서 고려로 혹은 고려에서 요와 금으로 차를 보낸 기록들이 보인다.

이상 이 책에 수록된 차 문화 관련 기록 중에서 눈에 띄는 사실 몇 가지를 언급해 보았다. 이외에 고려의 차 문화에서 빼놓을 수 없는 것은 스님들이 남긴 차 관련 기록들이다. 이 기록들에 대해서는 앞으로 '한국의 차 문화 천년' 시리즈의 후속편에서 정리할 예정이다.

2011년 3월 15일
역자 일동

차 례

'한국의 차 문화 천년'을 펴내며 4
'삼국시대·고려의 차 문화'를 엮어 내며 7
일러두기 18

삼국시대의 차 문화

백월산의 죽로차 21 | 고구려의 떡차 22 | 차의 재배 23 | 설총의 화왕계 24 | 가야의 차 풍속 27 | 충담사가 올린 차 28 | 오대산 우통수로 끓인 차 30 | 경덕왕이 월명사에게 하사한 품차 31

최치원 崔致遠, 857~?

무염 화상 비명 33 | 진감 화상 비명 35 | 유주의 이가거 태보에게 37 | 수주 장고에게 명함 40 | 운주의 경원심에게 명함 43 | 급료를 요청하는 글 44 | 새 차를 감사하는 편지 46

고려의 차 문화

다촌 51

김극기 金克己, ?~1209

운주산 용장사 53 | 한송정 55 | 박금천 56

임춘 林椿, 1148~1186
이유의가 다점에서 낮잠 자다 57 | 연화원 벽에 쓰다 59 | 겸 스님에게 차를 부쳐 보내다 62 | 겸 스님에게 장난삼아 쓴다 63 | 밀주에서 노닌 일을 쓴다 65 | 요혜가 양식을 베풀어 줌을 사례한다 69 | 족암기 71

이인로 李仁老, 1152~1220
승원의 차맷돌 74

이규보 李奎報, 1168~1241
영공의 화답을 받고 다시 차운하여 화답하다 75 | 천화사에 놀며 차를 마시고 77 | 남쪽 사람이 보낸 철병으로 차를 끓여 보다 78 | 앵계에 거처를 정한 뒤 양 각교에게 주다 80 | 시후관에서 쉬면서 84 | 쌍령에서 자면서 86 | 팔월 이일 88 | 강가 마을에서 자다 89 | 다시 화답하다 90 | 또 화답하다 92 | 또 운을 나누다가 악 자 운을 얻다 93 | 덕연원에서 자고 화답하다 95 | 엄 선사를 찾다 97 | 찬 수좌의 방장에 쓰다 99 | 마령 객사에서 자다 100 | 임시로 천룡사에 살면서 짓다 102 | 보광사에서 자다 103 | 또 절구 여섯 수에 차운하다 105 | 또 「새로 초가집을 빌리다」에 차운하다 106 | 괴로운 비 107 | 문 장로의 화답시에 받들어 올리다 110 | 박공과 동래 욕탕지로 떠나려 하면서 입으로 부르다 112 | 운봉에 있는 규 선사께 113 | 다시 앞의 운자를 써서 보내다 117 | 다시 운을 따라 화답하다 120 | 손한장이 다시 화답하기에 차운하여 부치다 123 | 장원 방연보가 화답시를 보내왔기에 차운하여 답하다 126 | 구품사에서 놀다가 날이 저물다 129 | 차맷돌을 준 사람에게 감사하나 130 | 안화사 당 선사를 찾다 131 | 유 시랑 집에서 술을 마시고 133 | 유 시랑이 화답시를 보고 찾아오다 135 | 천마산에서 노닐며 137 | 잠시 감불사에서 놀다가 주지인 늙은 비구에게 주다 139 | 일암거사 정분이 차를 보내준 데 감사하며 141 | 엄 스님을 찾다 143 | 남행 일기 145

백비화 白賁華, 1180~1224   속명사에 이르러 147 | 차운하여 봉서사에 적다 149

이승휴 李承休, 1224~1300   진 시랑의 고시에 차운하여 올리다 151

홍간 洪侃, ?~1304   김둔촌의 사계절 시에 화답하여 153

안축 安軸, 1282~1348   삼척의 서루 팔영 155 | 한송정에 쓰다 157

이제현 李齊賢, 1287~1367   우연히 쓰다 158 | 송광 화상이 새로 난 차를 부쳐 주다 169 | 묘련사 석지조기 163

민사평 閔思平, 1295~1359   금강산 유람을 떠나는 선주 총법사를 보내며 165

이곡 李穀, 1298~1351   음주시 한 수를 백화보, 우덕린과 함께 짓다 167 | 홍 합포가 귤과 차를 부쳐 준 것을 감사하다 171 | 강릉 객사의 동헌에 있는 시에 차운하다 173 | 홍해현 객사에 쓴다 175 | 동유기 177

정포 鄭誧, 1309~1345   스님에게 차를 부탁하다 179

이집 李集, 1327~1387   김구용의 시에 차운하다 180

이색 李穡, 1328~1396   중강의 시에 차운하다 183 | 눈 온 뒤에 다시 중강의 운을 사용하다 184 | 가을날에 회포를 쓰다 186 | 수안 방장에서 187 | 봉산 십이영 188 | 행점 가는 길에 눈보라가 치다 190 | 차를 끓이며 192 | 눈 195 | 앞의 운을 사용하여 읊다 196 | 차를 마신 뒤 짤막하게 읊다 198 | 한적한 삶을 읊다 200 | 아침에 읊다 201 | 감로사를 그리워하다 202 | 회포를 서술하다 203 | 느지막이 일어나 204 | 가랑눈 208 | 송광사의 화상이 차와 부채를 보내 준 데 대하여 받들어 답하다 209 | 즉흥시 212 | 눈 214 | 담 선사의 편지와 차를 얻다 215 | 무열을 그리워하여 216 | 정 정당을 뵙고 문병하니 정공이 차를 내오다 217 | 홍수겸 상서가 방문하다 219 | 느낌이 있어 220 | 가지사 영공이 차를 선사하다 222 | 부목 화상이 차를 부쳐 주다 223 |

등암사에서 감로사로 와 묵은 일을 기억하다 225 | 하 안부가 차와 포를 부쳐 준 데 대하여 받들어 사례하다 226 | 행재 선사가 차를 부쳐 준 데 대하여 답하다 227 | 당제 이우량이 보낸 편지와 찻잔 한 쌍을 얻고서 228 | 일을 기록하다 229 | 유두회에 대하여 읊다 230 | 나잔자를 뵙고 차를 마시다 232 | 홍시가 234 | 뜨거운 물로 차를 우리다 237 | 인우에게서 편지와 차를 받고서 238 | 나잔자에게서 차를 얻어 오게 하고 240 | 나잔자가 차를 보내왔으므로 242 | 물 끓이는 소리를 듣다 244 | 광평 시중께서 산수화 병풍 시를 청하기에 245 | 늦게 돌아오는 말 위에서 248 | 한유항과 곡성부원군의 초청을 받고 250 | 김 안렴사가 보낸 차가 마침 도착했기에 252 | 운암 존자가 차를 보내다 254 | 서쪽에 사는 이웃이 염주를 선물했기에 찾아뵙고 사례하다 255 | 술 취해 돌아오다 256 | 밀양군 박공 집에서 차를 마시고 돌아오다 257 | 화엄도실을 뵙고 돌아오는 길에 259 | 총지사 도대 선사에게 보내다 260 | 홀로 앉아 읊다 262 | 군수 이공이 찾아온 것을 감사하며 263 | 한 문경공 묘지명 265

원천석 元天錫, 1330~? 　금주령이 내렸는데 제호로 소리 들린다 266 | 꿩 스님에게 268 | 선옹이 화답시를 보내왔기에 다시 차운하다 270 | 가형과 원서곡이 화답시를 보내왔기에 다시 두 수를 쓰다 272 | 눈을 보고, 소경 원립에게 부치다 274 | 원적암 276 | 만세당 당두께 올리다 277 | 도경 선옹이 지은 시 「산속 지독한 추위」에 차운함 280 | 단옷날 빙정 아우에게 282 | 헌납 송우의 시운에 차운하다 283 | 아우 이사백이 차 보내 줌을 감사한다 284 | 갑술년 새해에 285

정추 鄭樞, 1333~1382 　청풍 객사 한벽헌에서 문절공 주열의 운을 따서 286 | 심 내사에게 주어 혜총 장로와 동로에게 세 번째 화답하다 288 | 유점사(원나라로부터 사액을 받은 대보덕 수성사) 291 | 암두이 서울로 돌아와 시를 지어 부쳤기에 차운하여 보내다 294

한수 韓脩, 1333~1384   경상도 안렴사가 햇차를 부치다 296 ǀ 엄광 대선사가 아차를 부쳐 주다 297

김구용 金九容, 1337~1384   달가에게 보내다 298 ǀ 산사에서 둔촌 이집의 거처를 찾아가다 299 ǀ 술 취한 뒤 운을 따라 적다 300

정몽주 鄭夢周, 1337~1391   윤주를 바라보며 301 ǀ 『주역』을 읽고 302 ǀ 돌솥에 차를 달이며 303

성석린 成石璘, 1338~1423   계융 스님의 시에 차운하다 304 ǀ 경상도 관찰사가 차와 물고기를 보내왔기에 사례하다 306 ǀ 기우자에게 부치다 307 ǀ 이행이 보내온 송이버섯과 차싹을 받고 308 ǀ 동곡을 맞이하다 309

이첨 李詹, 1345~1405   김 비서감의 시골집을 찾아가다 311 ǀ 눈 녹인 물로 차를 달이다 312

조준 趙浚, 1346~1405   달 아래서 남 정당에게 부치다 313 ǀ 스님이 차를 보냄에 사례하다 315

이숭인 李崇仁, 1347~1391   남악 총 선사의 방에 적다 317 ǀ 민망의 시에 차운하다 319 ǀ 섣달 그믐밤 옛사람의 운자를 써서 320 ǀ 유 지군이 차를 보내 준 것에 사례한다 321 ǀ 옛일을 생각하여 은봉 선사에게 부치다 322 ǀ 여태허가 쾌주에게 화답한 시에 차운하다 323 ǀ 실주 주사에게 차를 올리며 325 ǀ 차 한 봉지와 안화사의 샘물 한 병을 삼봉에게 주며 327 ǀ 신효사 담 스님의 방에 적다 328 ǀ 백 안렴사가 차를 보내왔기에 329 ǀ 신효사 조사의 방에 적다 331

이행 李行, 1352~1432   유사척록 332

길재 吉再, 1353~1419   산가서 334

| 정총 鄭摠, 1358~1397 | 장의사 주도 대사 총공에게 주다 336 | 안화사 천택 스님을 찾아갔다가 만나지 못해 벽에 적고 오다 338 | 붓 가는 대로 339 | 병이 들어 동방에 우거하며 340 |

| 이종학 李種學, 1361~1392 | 즉흥시 341 | 밤에 앉아 342 | 남 선생의 행차가 청주에 왔다는 소식을 듣고 343 |

| 『동문선』 東文選 | 화암사 구름다리(백문절, ?~1282) 347 | 박충좌가 차를 보내 준 것에 사례하다(이연종, ?~?) 350 | 어은의 시를 차운하여(권홍, ?~?) 354 | 유가사(김지대, 1190~1266) 356 | 용혈 대존숙의 방에 부치다(김서, ?~1284) 357 | 최성지가 차와 종이를 보내왔기에(홍약, ?~?) 358 | 가야사 주지 노스님의 시를 차운하여(유숙, 1324~1368) 360 | 보문사(이수, ?~?) 361 | 청연각에서 두 봉지 용봉차를 몸소 내려 주다(곽여, 1058~1130) 365 | 행산 박전지 댁에서 짓다(홍규, ?~1316) 366 | 벗이 차를 보내왔기에 사례하다(권사복, ?~?) 367 | 청연각기(김연, ?~?) 368 | 행학기(김수자, ?~?) 370 |

| 『고려사』 高麗史 외 | 『고려사』 「세가」 375 | 『고려사』 「열전」 385 | 『고려사』 「지」 391 | 『고려사절요』 394 | 『고려도경』 395 |

인명 사전 400
서명 사전 425
찾아보기 433

일러두기

1. 이 책은 삼국시대와 고려의 차 문화를 다룬 작품만을 정리한 것이다.
2. 각 작품의 수록 순서는 저자의 태어난 해를 기준으로 하였다. 단 『동문선』의 경우 저자의 문집이 남아 있지 않고 생몰년이 불분명한 경우가 많아, 별도로 묶었다. 작품의 수록 순서도 『동문선』의 수록 순서를 기준으로 하였다.
3. 매 작품마다 출전을 표시하였고, 해설을 두어 작품 전체의 저술 배경과 내용 등을 요약, 정리하였다.
4. 이 책에 나오는 인명과 서명 중 자세한 설명이 필요한 경우 인명 사전과 서명 사전 항목을 부록으로 두어 참고하도록 하였다.
5. 원주는 해당 단어 옆에 번호를 표시하고 번역문과 원문 다음에 수록하였다.
6. 본문의 단어 중 설명이 필요한 경우 해당 단어 옆에 *표시를 하고 해당 단어가 수록된 면의 하단에 각주를 달아 설명하였다.

삼국시대의 차 문화

백월산의 죽로차

상현尙玄이 말하기를, 조선의 장백산에서 차가 나는데 이름하여 백산차白山茶라고 한다. 건륭 때에 청나라 사람들이 공물로 채취하여 궁정에서 어용御用으로 하였다. 김해의 백월산에는 죽로차竹露茶가 있다. 세상에서는 수로왕의 왕비인 허황옥許黃玉이 인도에서 가져온 차씨라고 전한다. 제주도에는 귤화차橘花茶가 나는데, 맛이 달고 향기롭다. 이상 세 종류의 차는 모두 진귀한 명품이나, 아는 사람이 드물다.

尙玄曰 朝鮮之長白山 出茶 名曰白山茶 乾隆時淸人採貢 宮庭爲御用之茶 金海白月山有竹露茶 世傳首露王妃許氏 自印度持來之茶種云 濟州道出橘花茶 味甘而香 已上三種茶 皆屬名産貴品 而人罕知之

출전: 『조선불교통사』朝鮮佛敎通史 하권

해설   상현은 『조선불교통사』의 저자인 이능화李能和의 호이다. 이 글은 비록 근대의 기록이지만, 우리나라의 차 유래에 대한 중요한 언급이다.

고구려의 떡차

나는 고구려의 옛 무덤에서 나왔다는 작고 얇은 떡차를 표본으로 간직하고 있는데, 지름 4센티 남짓의 엽전 모양이며, 무게는 5푼가량 된다.

私は高句麗の古墳から出たと稱する小形で薄片の餅茶を標本として藏してゐるが直徑四センチ餘りの錢形で重量は五分ばかり有る

출전: 『아오키 마사루 전집』青木正兒全集(春秋社, 1986) 제8권, 262면

해설 이 글은 일본인 학자 아오키 마사루青木正兒가 쓴 고구려 차에 관한 기록이다. 현재 그 떡차 실물의 행방과 진위 여부를 알 수는 없지만, 매우 진귀한 기록이기에 여기에 수록해 둔다.

차의 재배

홍덕왕 3년(828) 겨울 12월에 사신을 당나라에 보내 조공했다. 당나라 문종이 인덕전麟德殿에 불러들여 연회를 베풀고 차등 있게 선물을 내려 주었다. 당나라에 갔다가 돌아온 사신 김대렴金大廉이 차의 씨앗을 가지고 와서 왕이 그것을 지리산에 심게 하였다. 차는 선덕여왕 때부터 있었지만, 이에 이르러 유행했다.

興德王三年 冬十二月 遣使入唐朝貢 文宗召對于麟德殿 宴賜有差 入唐廻使大廉 持茶種子來 王使植地理山 茶自善德王時有之 至於此盛焉

출전: 『삼국사기』三國史記 「신라본기」新羅本紀 제10

해설 이 글은 우리나라에 차가 유래된 일에 관한 가장 확실한 문헌 기록이다. 이때 차를 심은 곳은 화엄사 뒤편 대밭이라는 설과 쌍계사 입구 화개동이라는 설이 있다.

설총薛聰의 화왕계花王戒

또 어떤 사내가 베옷에 가죽띠를 두르고 흰머리에 지팡이를 짚고, 절름거리며 구부정한 모습으로 걸어오더니 말하였습니다.

"저는 서울 밖 한길가에 살고 있사옵니다. 아래로는 아득한 들 경치를 굽어보고, 위로는 높이 솟은 산 빛을 의지하였사오니, 이름을 백두옹白頭翁이라 하옵니다. 삼가 생각하옵기에, 왕께서는 주위에서 시중드는 것이 비록 넉넉하여 기름진 고기와 맛있는 음식으로 배를 채우고 아름다운 차와 술로 정신을 맑게 한다 하오나, 상자 속에 깊이 간직한 좋은 약으로써 기운을 도울 것이요, 영사靈砂로써 독을 제거하여야 할 것이옵니다. 그러므로 옛말에 '비록 실과 삼의 아름다움이 있더라도, 골풀이나 짚풀을 버리지 말라. 대개 군자는 결핍할 때를 대비하지 않음이 없는 것이다' 하였습니다. 알지 못하겠습니다. 왕께서도 그렇게 할 마음이 있으신지요?"

又有一丈夫 布衣韋帶 戴白持杖 龍鍾而步 僂傴而來曰 僕在京城之外 居大道之旁 下臨蒼茫之野景 上倚嵯峨之山色 其名曰白頭翁 竊謂左右供給雖足 膏粱以充腸 茶酒以淸神 巾衍儲藏 須有良藥以補氣 惡石以蠲毒 故曰雖有絲麻 無棄菅蒯 凡百君子 無不代匱 不識 王亦有意乎

출전: 『삼국사기』 「열전」 列傳 제6

해설　이 글은 설총의 「화왕계」 중에서 백두옹, 즉 할미꽃이 한 말이다. 여기서 백두옹이 '차와 술로 정신을 맑게 한다'고 하였는데, 이것을 보면, 신문왕 때에 이미 차가 궁중에 널리 보급되었음을 알 수 있다. 참고로 이 글은 『동문선』東文選 권52에 실린 「풍왕서」諷王書를 참작하여 번역했다.

토기손잡이 굽다리잔, 가야

가야의 차 풍속

왕의 17대손인 갱세급간賡世級干이 조정의 뜻을 받아 그 밭(제사의 비용을 대는 제위전祭位田)을 책임지고 맡아서 해마다 세시 때면 술을 빚고 떡, 밥, 차, 과일 등 여러 가지 음식을 차렸다.

王之十七代孫賡世級干 祗禀朝旨 主掌厥田 每歲時釀醪醴 設以餅飯茶菓庶羞等奠

출전: 『삼국유사』三國遺事 권2 「가락국기」駕洛國記

해설 가야의 차 문화를 기록한, 흔치 않은 기록 중 하나이다.

충담사忠談師가 올린 차

경덕왕이 나라를 다스린 지 24년(764)에 오악五嶽* 삼산三山*의 산신山神들이 때로 더러 몸을 드러내 궁전 뜰에서 왕을 모셨다. 3월 3일에 왕이 귀정문歸正門 다락 위에 납시어 좌우에 일러 말했다.

"누가 한길에서 귀한 스님을 모셔 오겠느냐?"

이때 마침 한 큰스님이 위엄 있는 용모와 말끔한 차림으로 점잖게 걸어갔다. 좌우에서 바라보고서 그를 불러들여 만나니, 왕이 "내가 말한 귀한 스님이 아니다" 하고 물러가게 했다. 다시 한 스님이 검게 물들인 승복을 입고 앵두나무로 만든 통(또는 대자리)을 지고 남쪽에서 왔다. 왕이 기뻐하며 그를 만나 다락 위로 맞아서 앵통 속을 보니, 차를 끓이는 도구와 그릇이 있었다. 왕이 말했다.

"그대는 누구인가?"

스님이 대답했다.

"충담忠談입니다."

왕이 말했다.

"어느 곳으로 가는가?"

스님이 대답했다.

• 오악五嶽 나라의 5대 명산으로 산제山祭를 지내던 곳이다. 신라 때에는 동쪽의 토함산, 서쪽의 계룡산, 남쪽의 지리산, 북쪽의 태백산, 중앙의 부악父岳을 오악이라 하였다.

• 삼산三山 일반적으로는 봉래蓬萊, 방장方丈 영주瀛州 등 삼신산三神山을 의미하나, 『동사강목』東史綱目에서는 신라 때 경주의 나력산奈歷山, 영천의 골화산骨火山, 청도의 혈례산穴禮山을 들었다.

"저는 늘 3월 3일과 9월 9일에 차를 끓여 남산 삼화령三花嶺°의 미륵세존께 제사 지내는데, 지금 벌써 제사를 드리고 돌아가는 길입니다."

왕이 말했다.

"내게도 또한 차 한 사발을 줄 수 있는가?"

스님이 곧 차를 끓여 바쳤다. 차의 향기와 맛이 보통 차와 달라 사발 속에 비범한 향이 짙고 강했다.

王御國二十四年 五岳三山神等 時或現侍於殿庭 三月三日 王御歸正門樓上 謂左右曰 誰能途中得一員榮服僧來 於是適有一大德 威儀鮮潔 徜徉而行 左右望而引見之 王曰 非吾所謂榮僧也 退之 更有一僧 被衲衣 負櫻筒(一作荷簣) 從南而來 王喜見之 邀致樓上 視其筒中 盛茶具已 曰 汝爲誰耶 僧曰忠談 曰何所歸來 僧曰 僧每重三重九之日 烹茶饗南山三花嶺彌勒世尊 今玆旣獻而還矣 王曰 寡人亦一甌茶有分乎 僧乃煎茶獻之 茶之氣味異常 甌中異香郁烈

출전: 『삼국유사』 권2 「경덕왕」景德王

해설 신라의 스님인 충담사가 경덕왕에게 차를 끓여 올렸다는 내용이다. 이를 보면 신라 시대 후기부터 차가 불공佛供에 이바지하는 물품이었으며, 사찰을 중심으로 차를 마시는 문화가 이어져 왔음을 알 수 있다.

• **삼화령**三花嶺 경주의 금오산, 즉 남산에 있는 고개인 듯한데, 미상이다.

삼국시대의 차 문화

오대산 우통수로 끓인 차

신라의 정신태자淨神太子 보질도寶叱徒가 그 아우 효명태자孝明太子와 더불어 하서부河西府 세헌각간世獻角干의 집에 이르러 하룻밤을 묵었다. 다음 날 대령大嶺을 넘어 각자 천 명씩을 데리고 성오평省烏坪에 이르러 며칠을 놀다가 태화 원년 8월 5일에 형제가 같이 오대산에 들어가 숨었다. …… 두 태자가 함께 배례하고 매일 이른 아침에 우통수于洞水*를 길어다 차를 달여 일만진신一萬眞身 문수보살을 공양하였다.

新羅淨神太子寶叱徒 與弟孝明太子 到河西府世獻角干家一宿 翌日踰大嶺 各領 一千人到省烏坪 累日遊翫 太和元年八月五日 兄弟同隱入五臺山 …… 兩太子並 禮拜 每日早朝汲于洞水 煎茶供養一萬眞身文殊

출전: 『삼국유사』 권3 「명주오대산보질도태자전기」溟州五臺山寶叱徒太子傳記

해설 신라의 태자인 보질도와 효명태자가 오대산에 숨어 아침마다 차를 달여 문수보살을 공양했다는 내용이다. 앞에서 살펴본 충담사의 일화와 함께 차가 불가佛家의 공양에 널리 쓰였음을 알 수 있다.

• **우통수**于洞水 강원도 태백의 검룡소와 함께 한강의 발원지가 되는 샘물. 일반적으로 '于 筒水'로 표기한다.

경덕왕이 월명사에게 하사한 품차

경덕왕 19년(760) 4월 1일에 두 개의 해가 나란히 나타나 열흘 동안이나 없어지지 않았다. 일관日官이 아뢰기를, 인연 있는 스님을 청하여 산화공덕散花功德을 지으면 재앙을 물리치리라 했다. 이에 조원전朝元殿에 깨끗한 제단을 쌓고 청양루靑陽樓에 왕이 행차하여 인연 있는 중을 기다렸다. 이때에 월명사月明師가 밭 사이에 난 남쪽 길을 가므로 왕이 사자를 보내 그를 불러 제단을 열고 기도문을 지으라 했다. 월명이 아뢰기를 "중인 저는 다만 국선도國仙徒에 속해 향가鄕歌만을 알 뿐이요, 범패梵唄에는 익숙하지 못합니다" 하자, 왕이 이르되 "이미 인연 있는 스님으로 뽑혔으니 향가를 써도 좋다"라고 하였다. 이에 월명은 「도솔가」兜率歌를 지어 바쳤다. …… 조금 있다가 해의 괴변이 곧 사라졌다. 왕이 칭찬하고 품차品茶 한 상자와 수정 염주 108개를 내려 주었다. 그런데 갑자기 모습이 말끔한 동자 하나가 나타나 무릎을 꿇고 차와 염주를 받들어 궁전 서쪽의 작은 문으로 나갔다. 월명은 이것이 궁궐의 사자使者라 생각하고 왕은 월명사의 종자라고 생각했으나, 본모습을 드러내자 궁궐의 사자도 월명의 종자도 아니었다. 왕이 몹시 이상히 여겨 사람을 시켜 쫓게 하니, 동자는 내원탑內院塔 속으로 숨었는데, 차와 염주는 남벽화南壁畫 미륵상 앞에 있었다. 월명의 지극한 덕과 정성이 지극한 성스러움을 나타나게 한 것이 이와 같았으니, 온 나라에 모르는 사람이 없었다. 왕이 더욱 공경하여, 다시 비단 100필을 보내 큰 정성을 표했다.

景德王十九年庚子四月朔 二日並現 挾旬不滅 日官奏 請緣僧 作散花功德 則可 禳 於是潔壇於朝元殿 駕幸青陽樓 望緣僧 時有月明師 行于阡陌 時之南路 王使召之 命開壇作啓 明奏云 臣僧但屬於國仙之徒 只解鄕歌 不閑聲梵 王曰 旣卜緣僧 雖用鄕歌可也 明乃作兜率歌賦之 …… 旣而日怪卽滅 王嘉之 賜品茶一襲水精念珠百八箇 忽有一童子 儀形鮮潔 跪奉茶珠 從殿西小門而出 明謂是內宮之使 王謂師之從者 及玄徵而俱非 王甚異之 使人追之 童入內院塔中而隱 茶珠在南壁畫慈氏像前 知明之至德與至誠 能昭假于至聖也如此 朝野莫不聞知 王益敬之 更贐絹一百疋 以表鴻誠

출전: 『삼국유사』 권5 「월명사도솔가」 月明師兜率歌

해설　월명사의 「도솔가」에 얽힌 유명한 일화이다.

최치원 崔致遠, 857~?

무염 화상 비명 無染和尙碑銘

문성대왕이 낭혜(무염) 대사가 운영하는 일을 들어 보매 모두 왕의 교화를 보필하는 것이기에 그를 매우 존중하였다. 이에 손수 교지를 급히 보내 크게 위로하는 한편, 대사가 산상山相(왕자 흔昕)에게 대답한 네 글자(有緣則住: 인연이 있으면 머물게 되겠지요)를 소중하게 여겨서 절의 이름을 성주사聖住寺로 바꾸고(원래는 오합사烏合寺였다), 대흥륜사 大興輪寺에 편입시켰다. 그러자 대사가 사자使者에게 응답하였다.

"이름을 성주사라고 한 것은 절로서는 정말 영광스러운 일입니다. 다만 용렬한 소승을 지극히 총애하시어 외람되게 피리 부는 자리˙에 참여하게 한 것은 실로 바람을 피한 새˙에 견줄 만하고, 안개비 속

• 피리 부는 자리   능력도 없는 사람이 명예만을 훔쳐 높은 자리를 차지하게 되었다는 뜻의 겸사이다. 중국 제나라 선왕宣王이 피리 연주를 좋아하여 3백 명을 모아 합주하게 하였는데, 남곽처사南郭處士가 합주단에 끼어 피리 부는 시늉만으로 국록을 타 먹다가, 나중에 자기 실력이 탄로날까 두려워 도망쳤다는 일화가 있다.『한비자』韓非子「내저설」內儲說 참조.
• 바람을 피한 새   자신의 분수보다 과분한 대접을 받고 있다는 겸사이다. 원거鶢鶋라는 큰 바닷새가 바람을 피해 노나라 교외에 날아왔는데, 임금이 그 새를 종묘에 앉혀 놓고 음악을 연주하고 요리를 대접하며 법석을 떨자, 원거는 고기 한 점 술 한 잔도 먹지 못하고 괴로워하다가 사흘 만에 죽었다는 일화가 있다. 바닷새는 바닷새로 대해야 할 뿐 인간 방식의 극진한 대접은 격이 맞지 않는다는 의미이다.『장자』莊子「지락」至樂 참조.

에 숨어 있는 표범*에게 부끄러울 만한 일입니다."

　　당시, 헌안대왕은 즉위하기 전에 서발한舒發韓으로 추증된 불자 佛者 위흔魏昕(김양金陽)과 함께 좌·우의정으로 있었는데, 멀리서 제자의 예禮를 행하여 차와 향을 예물로 바치며 어느 달도 거른 적이 없었다. 그리하여 대사의 명성이 온 나라에 자자하여, 사류士流로서 낭혜 대사의 선문禪門을 모르는 것을 일세一世의 수치로 여기게끔 되었다.

文聖大王 聆其運爲 莫非神王化 甚恕之 飛手敎優勞 且多大師崑山相之四言 易寺牓(舊名烏合寺) 爲聖住 仍編錄大興輪寺 大師酬使者曰 寺以聖住爲名 招提固所爲榮 至寵庸僧 濫吹高筍 寔避風斯媿 而隱霧可慙矣 時憲安大王 與檀越季 舒發韓魏昕 爲南北相(左右相也) 遙展攝齋禮 贄以茗馞 使無虛月 至使名簽東國士流 不識大師之門 爲一世羞

　　　　　　　　　　　　　　　　　출전: 『고운선생문집』孤雲先生文集 권2

해설　이 글은 이른바 사산비명四山碑銘의 하나인 낭혜 화상 비명의 일부로, 원제는 「만수산성주사낭혜화상백월보광탑비」萬壽山聖住寺朗慧和尙白月葆光塔碑이다. 성주사는 충청남도 보령시 성주면 성주리 성주산 북쪽에 있던 절이며, 대흥륜사는 경상북도 경주시에 있던 절로, 흥륜사라고 불린다. 그 내용을 보면 덕이 높은 스님에게 차와 향을 공양하는 일이 매우 일반적인 것이었음을 알 수 있다.

• 안개비 속에 숨어 있는 표범　자신의 본분을 지키는 진정한 군자를 의미한다. 남산의 검은 표범은 안개비가 일주일 동안 계속 내려 먹을 것이 없어도 그 속에 가만히 숨어 있을 뿐, 주림을 참지 못하고 산 아래로 내려와 먹을 것을 찾는 탐욕스런 멧돼지와는 다르다는 일화가 있다. 『열녀전』列女傳 「도답자처」陶答子妻 참조.

최치원 崔致遠, 857~?

진감 화상 비명 眞鑑和尙碑銘

진감 선사眞鑑禪師는 성품이 질박함을 잃지 아니하고 말은 기교를 부리지 아니하였으며, 헌 솜옷이나 삼베옷을 따뜻이 여겨 입었고, 쌀겨나 보리 싸라기를 달게 먹었고, 상수리와 콩을 섞은 잡곡밥에 나물 반찬도 두 가지를 넘지 않았다. 고귀한 사람, 현달한 사람이 때로 이르렀지만, 일찍이 밥과 반찬을 달리하지 않았다. 제자들이 먹기에 힘들다고 바치기를 어려워하면, "마음이 있어서 여기에 온 것이니, 비록 거친 매조미쌀인들 무엇이 해로우랴?" 하였으며, 높은 사람이나 낮은 사람, 늙은 사람이나 어린 사람을 대접하는 데 한결같았다.

늘 왕이 보낸 사신이 역마를 타고 명을 전하면서 멀리 법력法力을 기원하면, "무릇 왕토王土에 살면서 부처님을 머리 위에 인 자로, 누가 수호하는 생각에 마음을 기울여 임금을 위해 복을 쌓지 않겠습니까? 그런데도 하필이면 마른 나무와 썩은 등걸 같은 저에게 외람되게 멀리 윤음綸音을 전하십니까? 역마를 타고 온 사람이 배고파도 먹지 못하고 목이 말라도 물을 마실 수 없으니, 아아! 염려할 일이로다"라고 했다.

더러 호향胡香을 선물하는 사람이 있으면, 질화로에 잿불을 담아 둥근 덩어리를 짓지 않고 불태우면서, "나는 이것이 무슨 냄새인지 모른다. 다만 마음을 경건하게 할 뿐이다" 하였고, 또 중국 차를 바치는 사람이 있으면, 땔나무로 돌솥에 불을 때서 가루로 만들지 않고 달이면서, "나는 이것이 무슨 맛인지 알지 못한다. 그저 배를 적실 뿐이다"라고 했다. 참된 것을 지키고 습속을 거스름이 모두 이와 같았다.

禪師性不散樸 言不由機 服暖縕贇 食甘糠麧 芋菽雜糅 蔬佐無二 貴達時至 曾無異饌 門人以堲腹進難 則曰 有心至此 雖糲糷何害 尊卑蓳稊 接之如一 每有王人乘馹傳命 遙祈法力 則曰 凡居王土而載佛日者 孰不傾心護念 爲君貯福 亦何必遠汚綸言 於枯木朽株 傳乘之飢不得齕 渴不得飮 盱可念也 或有以胡香爲贈者 則以瓦載燼灰 不爲丸而焫之曰 吾不識是何臭 虔心而已 復有以漢茗爲供者 則以薪爨石釜 不爲屑而煮之曰 吾不識是何味 濡服而已 守眞忤俗 皆此類也

출전: 『고운선생문집』 권2

해설 앞의 글과 마찬가지로 사산비명의 하나이며, 원제는 「지리산쌍계사진감선사대공탑비」智異山雙谿寺眞鑑禪師大空塔碑이다. 그 내용을 보면 당시 스님에게 중국산 향과 차를 선물하는 풍습이 있었음을 알 수 있다.

최치원 崔致遠, 857~?
유주의 이가거 태보에게 幽州李可擧太保

금화金花를 입힌 은자리銀柘裏* 대소大小 도합 3구具
은으로 자루를 이은 홍아紅牙 수저 10짝
무소뿔 탁자柝子 4척隻(이상은 큰 합에 담음)
은으로 장식한 다완茶椀 4척(이상은 중간 합에 담음)
무소뿔 접시 20편片(작은 합에 담음)
금화은金花銀으로 다리를 만든 소라 술잔 1척

이상의 수저, 무소뿔 궤합, 다완, 소라 술잔 등은 황금 소반보다는 못하겠지만 가시나무 수저보다야 나을 것입니다. 매괴玫瑰*를 독특하게 세공해 박은 것은 실로 위명魏銘*에 양보할 것이겠지만, 대모玳瑁*의 기이함을 읊자면 감히 반부潘賦*에서 징험할 수 있을 것입니다.
　진귀한 것은 안개처럼 푸른 점이 벌여 있고 가느다란 가지에 노

• **은자리**銀柘裏　은을 새긴 기물인 듯한데, 미상이다.
• **매괴**玫瑰　칠보七寶의 하나로, 붉은색의 옥.
• **위명**魏銘　위魏나라의 명문銘文이라는 뜻. 중국 북위北魏 문성제 화평 2년(461)에 상방尙方에 조서를 내려 황금 합반合盤 12구를 만들게 하였다. 그때 "백은으로 새겨 넣고 매괴를 박았다"(鏤以白銀 鈿以玫瑰)라고 하였으며, 합반에 명문을 새겼다. 『위서』魏書 권10 「식화지」食貨志 참조.
• **대모**玳瑁　공예 재료로 쓰이는 거북 등껍질.
• **반부**潘賦　중국 진晉나라 반니潘尼가 지은 부賦. 그는 대모로 만든 사발의 아름다움을 찬미하여 「대모완부」玳瑁椀賦라는 부를 지었다.

을이 물든 듯하다는 점입니다. 손에 집으면 품위를 찬란하게 해 주니 유 사군劉使君˙처럼 떨어뜨릴 우려일랑 하지 않아도 될 것이요, 마음대로 쓸 수 있으니 유 어사柳御使˙처럼 지니고 다니기에 좋을 것입니다.

더구나 아름다운 물고기 그림이 실물처럼 생동하는 우아한 집기이니, 거미 따위가 영원히 얼씬대지 못할 것이요, 앵무배鸚鵡杯˙와 이름을 나란히 하게 될 것입니다. 이에 조금 진기하다고 여겨져 멀리 바칠 생각을 하였습니다.

삼가 바라옵니다. 군막에서 가만히 전략을 구상하며 술잔을 가까

• 유 사군劉使君 유 사군은 중국 삼국시대의 인물인 유비劉備이다. 유비가 허도許都에 있을 때 조조曹操가 찾아왔다. 유비는 자신의 영웅적인 기상을 조조에게 들키면 살해당할까 염려하여 화단을 가꾸면서 졸렬함을 가장하였다. 뒤에 조조가 연회를 베풀고 유비를 초청하여 이야기를 하다가 "지금 천하에 영웅은 나와 그대 둘밖에 없다"라는 말을 했는데, 유비가 천둥소리에 놀란 듯이 젓가락을 떨어뜨려 위기를 모면했다. 여기서는 깜짝 놀랄 만큼 좋은 기물이라는 의미로 쓰였다.

• 유 어사柳御使 유주자사를 지낸 중국 당나라 때의 문인 유종원柳宗元이다. 유종원은 아기자기한 인공 개울을 만들어 유상곡수流觴曲水 놀이를 즐겼는데, 이 때문에 술잔이나 젓가락을 늘 가지고 다녔다고 한다.

• 앵무배鸚鵡杯 앵무새 부리의 모양처럼 생긴 조개껍질로 만든 술잔. 중국 당나라의 시인 이백李白이 「양양가襄陽歌」에서 "노자표며 앵무배로 백 년의 삼만 하고도 육천 일을, 날마다 반드시 삼백 잔씩 기울여야겠네"(鸕鶿杓鸚鵡杯 百年三萬六千日 一日須傾三百杯)라고 하였다.

• 곽외郭隗 중국 전국시대 연나라 소왕의 책사策士이다. 소왕이 현사를 맞아들이는 방법을 묻자, 곽외가 "변변찮은 저부터 등용하시면, 저보다 훌륭한 사람은 부르지 않아도 절로 올 것입니다"라고 하였다.

• 감수甘需 중국 전국시대 연나라 소왕 때의 신선이다. 장생불사를 구하는 왕을 위해 선도仙道를 일러 주고, 서왕모西王母를 세 차례나 궁궐에 내려오게 하였다. 나중에는 하늘로 올라갔다고 한다.

이할 적에, 높은 누대에서 곽외郭隗*와 같은 책사를 대하여 노액露液(신선이 마시는 술)을 깊이 기울이고, 선궐仙闕에 감수甘需*와 같은 명사를 보낼 때 하장霞漿(신선이 마시는 술)에 흠뻑 취하소서. 모쪼록 사은私恩을 베풀어 특별히 받아 주시면 무척이나 다행이겠습니다.

金花陷銀柘裏合大小共三具 銀接頭紅牙匙節一十對 犀柶子四隻 已上大合內盛
銀裝茶椀四隻 在中合內盛 犀楪子二十片在小合內盛 金花銀脚螺杯一隻
右件匙節犀合茶椀螺杯等 雖愧金盤 粗勝棘匕 鈿玫瑰之表異 固讓魏銘 詠玟瑰之標奇 敢徵潘賦 所貴者煙排翠點 霞染織條 掌握增榮 不慮劉使君見失 指蹤任意 或希柳御史自攜 況乃水族殊姿 天成雅器 永免蜘蛛寄跡 能將鸚鵡齊名 稍謂珍奇 遠思寄獻 伏惟靜篝帷幄 許接罇罍 對郭隗於高臺 深傾露液 遣甘需於仙闕 勝醉霞漿 伏惟恩私 特賜檢納 幸甚云云

출전: 『계원필경집』桂苑筆耕集 권10

해설 최치원이 유주幽州의 이 태보李太保에게 보낸 5통의 편지 가운데 세 번째 것이다. 비록 중국의 기록이기는 하지만 당시에 최치원이 높은 수준의 차 문화를 누렸음을 알 수 있다.

최치원 崔致遠, 857~?

수주 장고에게 명함 壽州張翱

장고張翱에게 알린다. 이미 병사를 거느리고 영공令公의 군막 앞에서 멀리 정벌할 뜻을 말하였으니, 곱절이나 생각이 더할 것이다. 장차 무기를 손에 든 자는 조정 밖으로 나아갈 것이요 홀을 받은 자는 천자의 땅을 돌볼 것이니, 가산을 돌보면서 훗날을 도모하고 나라의 원수를 없애는 일을 한가로운 일로 여기며 오직 높은 벼슬과 많은 녹봉만을 자랑한다면 누구인들 스스로 먼저 나서겠는가.

이제 장고가 먼저 의로운 소리를 내어 직접 날랜 군졸을 거느렸으니, 대장부의 기개를 펼치고 재상의 지휘에 잘 부합할 것이다. 더구나 평소에 계략을 쌓고 오래도록 훈련을 하였으니 늠름한 절개를 펴서 반드시 뛰어난 공적을 세울 것이라, 마땅히 태수가 되어 고향을 떠나서 먼 지방까지 아름다운 명성이 홀로 떨칠 것이고, 황제의 수레가 궁궐로 돌아갈 때 앞으로 다가올 영광을 예측하기 어려울 것이니, 잠시 고생하면서 잘 이끌고 다스리도록 하라.

지금 옷과 비단, 은그릇, 차와 약 등을 부치니, 도착한 뒤에 점검해서 수령하도록 하라. 봄 날씨가 차가우니 행장을 잘 차리고 장수와 군졸들을 갑절로 위로하라. 바빠서 다 갖추지 못한다.

報張翱 知已部領兵士 將赴令公軍前 言念遠征 倍所加念 且杖鉞者 皆誘閫外 分珪者 略滿寰中 而乃顧家產爲遠圖 劃國讎爲閑事 唯矜肉食 孰肯身先 今則翱 首唱義聲 躬提銳卒 騁大丈夫之志氣 副上宰相之指蹤 況知素蘊機謀 久施訓鍊 佇

伸壯節 必樹奇功 當五馬離鄕 遠地之芳聲獨振 及六龍歸闕 前程之變化難量 暫且苦辛 善爲將理 今附衣段銀器茶藥等往 到宜檢領 春寒愼爲行李 將士倍與慰安 馳此不具云云

출전: 『계원필경집』 권12

해설　중국 당나라 희종 6년(879)에 황소黃巢가 반란을 일으키자 고변高騈이 제도행영병마도통이 되었다. 이때 최치원이 그의 종사관이 되었는데, 이 글은 최치원이 이후 약 4년 동안 군막에서 지은 위곡委曲(장수가 부하에게 보내는 명령 문서의 하나)의 하나이다.

토기탁잔, 신라

최치원 崔致遠, 857~?

운주의 경원심에게 명함 鄆州耿元審

경원심耿元審에게 고하네. 예로부터 명장名將이 경씨 집안에서 많이 배출되었지. 경공耿恭·경가耿賈·경병耿秉·경엄耿弇 등 찬란한 명성이 대를 이어 내려왔으니, 길이 후손들에게 전해져 실로 계략이 넉넉하네. …… 나머지 말들은 일체 번곡樊谷으로 하여금 만나서 진술하게 할 것이고, 지금은 우선 옷 한 벌과 오취차烏觜茶 2근을 보내노니, 도착하거든 마땅히 하나하나 수령하시게. 서늘한 가을이 쉬며 수양하기에 아주 좋으이. 잘 살펴 주시길.

報耿元審 古來名將 多是耿家 恭賈秉弇 徽音相繼 永言苗裔 固贍機謀 …… 其他並令樊谷面述 今寄衣一副 烏觜茶二斤 到宜一一領之 秋涼切好將息 悉之

출전: 『계원필경집』 권12

해설 앞의 글과 동일한 시기에 쓰인 위곡의 하나이다.

최치원 崔致遠, 857~?

급료를 요청하는 글 謝探請料錢狀

그러나 (고향길은) 아득히 바다에 막혀 있어 부모님을 봉양하려는 뜻을 이루기 어렵고, 비바람만 처량하여 속절없이 양산梁山의 눈물*을 뿌립니다. 이미 효도와는 멀어지고 또 봉양마저 못하니, 다만 제 몸을 책할 뿐인데, 감히 부모님 뜻을 받든다고 말할 수 있겠습니까? 더구나 고향으로 가는 사신이 없어 집으로 편지를 부치기도 어려워 다만 부모님을 그리는 시나 읊으며 바다 건너로 소식을 전하지 못했습니다. 그러던 차에 본국 사신의 배가 바다를 건너간다 하니, 차와 약을 사서 집으로 보내는 편지에 함께 부치려 합니다. 엎드려 생각건대, 발자국에 괸 물은 쉽게 말라 버리고, 큰 골짜기엔 물을 다 채우기 어려우니, 엄한 질책을 무릅쓰고 다시 궁한 사정을 아룁니다.

然而烟波阻絶 難申負米之心 風雨凄涼 空灑梁山之泣 旣踈溫凊 又闕旨甘 但切責躬 敢言養志 況又無鄕使 難附家書 唯吟陟岵之詩 莫遇渡溟之信 今有本國使船過海 某欲買茶藥 寄附家信 伏緣蹄涔易渴 溝壑難盈 不避嚴誅 更陳窮懇

출전: 『계원필경집』 권18

• 양산梁山의 눈물 증자曾子가 태산 아래에서 밭을 갈다가 눈비가 마구 내려 집으로 돌아갈 수 없게 되자, 부모를 그리며 눈물을 흘리고서 「양산조」梁山操를 지었다고 한다.

해설 이 글은 최치원이 당나라의 빈공과賓貢科에 급제하여 관직을 맡고 나서 상관에게 올린 글로, 바다 건너 고향에 계신 부모님께 차와 약을 사 보내려는 간절한 마음이 잘 드러나 있다.

최치원 崔致遠, 857~?

새 차를 감사하는 편지 謝新茶狀

아룁니다. 오늘 중군사 유공초兪公楚가 처분을 받들어 전달하고, 앞의 건건件으로 새 차를 보내왔습니다. 엎드려 생각건대, 이 햇차는 촉산蜀山에서 빼어난 기운을 받았고 수원隋苑에서 꽃다움을 뿜냈습니다. 이제 따고 덖는 공력을 더하여 바야흐로 정화로운 맛을 갖추었으니, 초록빛 우유를 금솥에 끓이고, 향기 나는 기름을 옥그릇에 띄워 마땅할 것입니다. 만약 선승禪僧을 고요히 접대하지 않는다면 신선을 한가로이 맞이할 차이거늘, 뜻밖에 훌륭한 선물이 외람되게 평범한 선비에게 미치니, 매림梅林*을 빌려 오지 않아도 저절로 갈증이 그치고, 훤초萱草*를 구하지 않아도 근심을 잊게 되었습니다. 은혜를 입음에 마음속에서 황공하고 감격함을 이기지 못하겠습니다.

右某今日中軍使兪公楚 奉傳處分 送前件茶芽者 伏以蜀岡養秀 隋苑騰芳 始興採擷之功 方就精華之味 所宜烹綠乳於金鼎 汎香膏於玉甌 若非靜揖禪翁 卽是閑邀

• 매림梅林　중국 삼국시대에 조조가 전쟁에서 패하여 달아나던 중 군사들이 목이 말라 견디지 못하자, '이 산을 넘어가면 매실 숲이 있다'고 하여 군사들의 입에 침이 돌게 하였다는 일화가 있다.
• 훤초萱草　훤초를 일명 망우초忘憂草라고 하는데, 그 속잎을 따서 나물을 만들어 먹으면 취한 것같이 되어 모든 근심을 잊게 된다고 한다.

羽客 豈期仙貺 猥及凡儒 不假梅林 自能愈渴 免求萱草 始得忘憂 下情無任感恩惶懼激切之至

출전:『계원필경집』권18

해설   최치원이 고변의 종사관이 되어 군막에서 쓴 서장書狀이다.

고려의 차 문화

다촌 茶村

절터는 사방 둘레가 4만 7천여 보步 정도이며, 각각의 탑과 장생표長生標*가 도합 12개이다. 동쪽으로 흑성봉이 있는데 돌을 받쳐 장생표를 쌓은 것이 하나이다. 남쪽으로 사천과 포천에 봉탑이 있는데 돌비석을 깐 장생표가 하나이다. 중앙으로 성잉천과 궤천에 각각 돌비석을 깐 장생표가 두 개다. 앞의 사방 장생표 안쪽에 동쪽으로 조일방祖日房이 있고, 서쪽으로 자장방慈藏房과 월명방月明房이 있으며, 남쪽으로 적운방赤雲房과 호응방呼應房이 있고, 북쪽으로 백운방白雲房과 곡성방穀成房이 있으니, 모두 통도사의 속원屬院이다. ……북쪽 동을산冬乙山의 다촌은 차를 제조하여 절에 바치던 곳이다. 절에 바치던 차밭과 차샘은 지금도 남아서 없어지지 않았으니, 후세 사람들은 그곳을 다소촌茶所村이라고 한다.

基地四方周四万七千步許　各塔長生標合十二　東有黑石峯　置石磧長生標一　南有沙川布川峯塔　排石碑長生標一　中有省仍川机川　各排石碑長生標二　右四方長生標內　東有祖日房　西有慈藏房月明房　南有赤雲房呼應房　北有白雲房穀成房　皆通度寺之屬院也 …… 北冬乙山茶村　乃造茶貢寺之所也　貢寺茶田茶泉　至今猶存不泯　後人以爲茶所村也

• **장생표**長生標　신라·고려 시대에 사찰의 경계를 표시하기 위하여 사찰 주변에 세웠던 표지물.

출전: 『통도사사리가사사적약록』通度寺舍利袈裟事蹟略錄

해설   통도사의 사방 산천에 대해 설명한 「사지사방산천비보」寺之四方山川裨補 중에 나오는 글이다. 그 내용을 보면 북쪽 동을산의 다촌에서 차밭과 차샘을 운영하여 통도사에 차를 만들어 바쳤음을 알 수 있다. 문일평文一平 선생의 「차고사」茶故事(『호암전집』湖岩全集 제2권)에서는 이 시점을 고려 단종쯤으로 추측한다. 그래서 이 책에서는 고려 편의 앞머리에 수록하였다. 한편 원문 아래에서 두 번째 줄 다전茶田은 본래 다인茶因으로 되어 있으나, 문맥을 참작하여 다전茶田, 즉 차밭으로 번역하였다.

김극기 金克己, ?~1209

운주산 용장사 雲住山龍藏寺

이인異人이 일찍이 석장錫杖을 걸어 두고
용혈龍穴에서 명심冥心 수양을 부친 곳이지.
삼명三明*을 다 깨닫고 난 뒤
이범二梵*은 아름다운 복 맞으리.
아침 범종은 웅장하게 귀머거리 깨우치고
저녁 등불은 오래도록 어두움을 깨뜨리네.
번뇌의 기미는 고요한 생각에 달아나고
빼어난 경치는 찾는 발길마다 따라오네.
발을 걷으니 부채 잡기 싫고
화로 안으니 가죽옷 벗고 싶네.

• **삼명三明** 전생을 꿰뚫어보는 숙명명宿命明, 미래를 보는 천안명天眼明, 현세의 번뇌를 끊을 수 있는 누진명漏盡明을 말한다. 보살명菩薩明, 제불명諸佛明, 무명명無明明을 말하기도 한다.

• **이범二梵** 『잡아함경』雜阿含經에 나오는 소승선폐범小勝善閉梵과 소승광범小勝光梵을 가리키는 듯하다. 두 범천梵天이 부처님을 뵙고 설법을 청하려 하자, 파가범婆迦梵이 굳이 부처에게 갈 것 없이 자신의 설법을 들으라고 하였다. 그러나 소승선폐범과 소승광범은 그가 완전한 해탈의 경지에 오르지 못한 것을 알고, 부처를 찾아 설법을 들었다고 한다.

달빛 드는 회랑에는 저녁 북소리 요란하고
바람 부는 선탑에는 차 주전자 끓는도다.
문득 여산廬山의 도잠陶潛이 되었다가
다시 섬계剡溪의 왕휘지王徽之가 되노라.•
동구洞口에서는 누가 나를 배웅해 주나?
오직 골짜기에서 불어오는 회오리바람뿐.

異人曾掛錫 龍穴寄冥修 三明終得後 二梵庶延休
朝梵鎭驚聵 夕燈長破幽 煩機逃淨想 絶景趁窮搜
拂箪懶携扇 環爐思脫裘 月廊轟粥鼓 風榻㵋茶甌
却將廬嶽靖 還作剡溪猷 洞口誰相送 唯殘出谷飈

출전: 『신증동국여지승람』新增東國輿地勝覽 권34 「전라도」全羅道

해설　김극기는 12세기에 활약했던 시인으로 135권 이상의 문집이 있었다고 하나, 현재 전하지 않는다. 용장사는 전라도 태인현에 있던 절이다. 이 시는 김극기가 용장사에서 지내던 일을 회고한 것으로, 세속의 번뇌가 끊긴 곳에서 고요히 선승처럼 지내며 차를 즐기던 모습이 드러나 있다.

• 문득 여산의 ~ 왕휘지가 되노라　산속에 살면서 탈속한 은자가 된다는 말이다. 도잠(도연명 陶淵明)은 중국 진晉나라의 은사로 남산의 저녁 기운을 사랑하여 「잡시」雜詩에서 "산의 기운은 석양에 아름답다"(山氣日夕佳)라고 하였고, 왕휘지는 청산을 사랑하여 공무는 보지 않고 턱을 괴고는 "서산에 아침이 오니 상쾌한 기분이 드는구나"(西山朝來 致有爽氣耳)라고 했는데 그것을 원용한 표현이다.

김극기 金克己, ?~1209

한송정 寒松亭

여기가 네 선랑仙郎이 노닐던 곳
지금까지 남은 자취 기이하구나.
술 마시던 자리〔臺〕 기울어 풀 속에 묻혔고
차 달이던 아궁이는 이끼 낀 채 나뒹구네.

是四仙縱賞地 至今遺跡眞奇哉

酒臺欹傾沒碧草 茶竈今落荒蒼苔

출전: 『신증동국여지승람』 권44 「강릉대도호부」江陵大都護府

해설 이 시는 김극기가 한송정에 이르러 지은 것인데, 한송정은 강릉 동쪽에 있던 유명한 정자로 뒤에 나오는 안축安軸과 이곡李穀의 시문 등에도 보인다. 『신증동국여지승람』「강릉대도호부」 조條에서는 이곳을 다음과 같이 소개하고 있다. "한송정은 강릉부 동쪽 15리에 있다. 동쪽으로 큰 바다에 임했고 소나무가 울창하다. 정자 곁에 차샘·돌아궁이·돌절구가 있는데, 곧 술랑선인述郎仙人들이 놀던 곳이다."(寒松亭在府東十五里 東臨大海 蒼松鬱然 亭畔有茶泉石竈石臼 卽述郎仙徒所遊處)

김극기 金克己, ?~1209
박금천 薄金川

한 줄기 빠른 내가 비로소 근원을 발한 곳은
인가가 끊어진 유산乳山의 뿌리.
달고 서늘한 맛이 차 달이기에 알맞아
괴롭게도 도성 사람들이 떠들썩하게 길어가는구나.

한 줄기 시내 어디서부터 근원하였나
유산 아래 흰 바위라네.
차를 달이느라 곳곳의 사람들이 길어가니
오고 가는 사람들로 온종일 떠들썩하네.

一道飛川始發源 紅衢斷處乳山根 甘涼氣味宜烹茗 苦被都人汲引喧
一水來從何處源 乳山山下白雲根 試茶處處人相汲 人去人來盡日喧

출전: 『신증동국여지승람』 권51 「평양부」平壤府

해설 『신증동국여지승람』을 보면 박금천은 평양부 북쪽 9리에 있는 내의 이름이다.

임춘 林椿, 1148~1186

이유의 李惟誼가 다점에서 낮잠 자다
李郎中(惟誼) 茶店晝睡

1

나른하게 침상에 누워 문득 형체를 잊었더니
한낮의 베개에 바람 불자 잠이 절로 깬다.
꿈속에서도 이 몸은 몸 붙일 곳 없었으니
천지가 온통 하나의 쉬어 가는 역정驛亭이런가.

頹然臥榻便忘形 午枕風來睡自醒
夢裏此身無處著 乾坤都是一長亭

2

빈 다락에 꿈 깨자 막 해가 저무는데
두 눈 어둠침침한 채로 먼 봉우리 본다.

누가 알리, 은거한 사람의 한가한 정취를
한바탕 봄잠이 천금 봉록과 맞먹나니.

虛樓夢罷正高春 兩眼空濛看遠峯
誰識幽人閑氣味 一軒春睡敵千鍾

출전: 『서하집』西河集 권1

해설 다점茶店에서 낮잠을 자고 일어나 그 한가한 정취를 읊은 시이다. 다점은 오늘날의 찻집과 비슷한 형태로 다식이나 술 등을 팔았으며, 상업이 발달한 번화가에 있었다고 추측된다. 이 시는 『동문선』 권19에도 수록되어 있는데, 제목이 「다점주수」茶店晝睡로 되어 있다.

임춘 林椿, 1148~1186

연화원 벽에 쓰다 書蓮花院壁

그대는 보지 못했는가, 왕희지가 세상 피해 산음회山陰會에 왕래할 때
산승 도림道林*이 함께 노닐었지.
또 보지 못했는가, 동산거사東山居士*가 도道를 묻고자 금산金山에 갈 때
다시금 선사禪師인 늙은 요원了元*과 길동무했지.
나도 불문에서 산승과 투합하여
두 분의 풍류를 이으려 하노라.
다시 오니 머리는 시 쓰느라 쇠었고
늠름하던 맑은 자태는 학처럼 여위었네.
묻노라, 선사여, 어느 해나 산야로 돌아가

• **도림道林** 진晉나라 선사 지둔支遁의 자이다. 일찍이 지형산支硎山에 들어가 수도하고, 뒤에 낙양洛陽의 동안사東安寺에 거주했다. 당시의 명사들과 교유하면서 청담淸談을 잘 하기로 이름이 높았다.

• **동산거사東山居士** 중국 송나라 대문호 소식蘇軾의 별호이다. 당대의 고승高僧 요원了元 이 일찍이 금산사金山寺에 머무를 때, 평소 시교詩交를 맺어 오던 동파가 방문하였다.

• **요원了元** 송나라 고승으로 호는 불인佛印이다. 소식이 금산사로 찾아왔을 때 요원이 "내한內翰이 여기를 왜 왔는고? 여기는 앉을 곳이 없다" 하고 농담을 하니, 소식이 "화상 和尙의 몸뚱이를 평상으로 삼으면 되지요"라고 대답했다. 이에 요원이 "이 산승이 정신을 번쩍 들게 할 선문답 한마디를 던질 터, 공이 즉시 답변을 해내면 이 산승이 공의 요청을 따라 줄 것이요, 답변을 하지 못했을 경우에는 내 청을 따라 주오. 나의 청은 공의 옥대玉 帶를 풀어 이 산사를 지키도록 하는 것이오. 어떻소?" 하였다. 소식이 쾌히 승낙하였다. 이 윽고 요원이 "산승의 몸뚱이는 본래 공허한 것이거늘, 학사는 어느 곳에 앉으려는고?" 하고 선문답을 던졌다. 소식은 얼른 대답하지 못해 마침내 자기 옥대를 끌러 주었다고 한다.

호숫가에 단청 고운 산사를 지으려오.
천금이 흩어지면 다시는 일없는 법.
잔치 열던 빈 누대엔 세월만 흘렀구나.
함께 어울려 온 산속 헤매기 마다하지 않아
이 지역 강과 산이 모두 우리들 차지였지.
갈건葛巾과 짚신으로 중과 함께 나물밥 먹었고
거기에 차 달이는 삼매경도 배웠지.
내 성품 고라니같이 길들이기 어려워
티끌세상의 꼬임을 따르지 않노라.
경호鏡湖˚를 내려 준다는 조서는 없어도
간절한 표문으로 구루산岣嶁山˚은 청해야지.
만일 나를 이웃으로 받아 준다면
초가에 살아도 우계愚溪˚의 유종원柳宗元이 부럽지 않으리.
아름답다, 뒷날 마중하고 배웅할
울창하게 몇 리에 걸친 솔숲이여.

• **경호鏡湖** 중국 당나라 현종 때 비서감을 지낸 시인 하지장賀知章이 만년에 도사道士가 되어 고향으로 돌아가려 하였다. 이에 현종이 그의 소원을 물어본 뒤 조서를 내려 경호鏡湖에 있는 섬계剡溪 한 구비를 하사했다.
• **구루산岣嶁山** 중국 호남성湖南省 형양현衡陽縣에 있는 형산衡山의 주봉主峯. 도가서道家書에서 말하는 제22번째의 동천洞天으로, 진晉나라 때의 신선 갈홍葛洪이 그곳의 현령이 되기를 청하여 금단金丹을 만들며 수도한 곳이다.
• **우계愚溪** 중국 당나라의 문호 유종원이 영주자사로 좌천되었을 때, 그곳의 염계冉溪를 좋아하여 우계愚溪라고 호를 하였다.

君不見羲之避世來往會山陰　時有同遊釋道林

又不見東山居士問道向金山　更伴禪師老了元

我向桑門投上首　風流欲繼二子後

重來頭上餘詩班　凜凜清姿仙鶴瘦

問師何年返菟裘　臨湖構築煥丹艧

千金散盡更無事　燕坐虛樓歲月久

相從不厭窮躋攀　此地江山皆我有

葛巾草履隨僧蔬　更學點茶三昧手

自知麋鹿性難馴　不肯塵埃隨指嗾

詔書雖未賜鏡湖　懇表終須乞崎嶁

若能容我卜比鄰　結茅不羨愚溪柳

好在他年管送迎　蕭蕭數里蒼髯叟

출전: 『서하집』 권2

해설　연화원蓮花院은 고려 때 운영되던 행정 기구의 일종으로, 경기도 장단부 동쪽 33리에 있었던 것으로 추측된다. 이 시는 그곳의 벽에 쓴 것으로, 중국의 왕희지와 도림, 소식과 요원처럼 선사와 맑은 교유를 맺으려는 다짐을 표현한 것이다.

임춘 林椿, 1148~1186

겸 스님에게 차를 부쳐 보내다 寄茶餉謙上人

요즈음 몽산차蒙山茶 한 움큼을 얻었는데
흰 윤기가 돌고 붉은 흔적 남은 빛깔과 향기 새롭다.
징심당의 노인은 명품을 잘 아시기에
으뜸으로 빼어난 자순차紫筍茶를 보내노라.

近得蒙山一掬春 白泥赤印色香新
澄心堂老知名品 寄與尤奇紫筍珍

출전: 『서하집』 권2

해설   겸 스님은 임춘의 시에 자주 등장하는 스님이나, 자세한 것은 알 수 없다. 이 시를 보면 그가 기거하던 곳이 징심당澄心堂이었던 것으로 추측된다. 몽산차와 자순차는 각각 중국의 사천성四川省 몽산蒙山과 절강성浙江省 고저산顧渚山에서 생산되는 이름난 명차이다.

임춘 林椿, 1148~1186

겸 스님에게 장난삼아 쓴다 戱書謙上人方丈

겸공謙公의 빼어남은 총림叢林*에서도 으뜸이고
옥 같은 선골禪骨은 꼿꼿하여 청수하네.
부처와 달마의 가풍이 설두거사雪竇居士*에게 전해져
그가 앉은 곳엔 문득 사자후가 들리네.
말없이 선정에 들어 입을 닫은 채
다시는 공空이니 유有니 말하지 않지만,
미친 늙은이 방 거사龐居士*가
가끔 참선하러 와서 머리를 조아리네.
다만 서당西堂*에서 오래도록 술을 금하고서
차 달이는 삼매경 솜씨 자랑하는 것 웃노라.
돌솥에선 지렁이 우는 소리가 들리니
수액水厄*을 만난 객을 누가 구원해 줄까나.

- **총림叢林** 큰 산사를 뜻하는 말인데, 여기서는 불교계를 의미한다.
- **설두거사雪竇居士** 중국 오나라 때의 선승으로, 여기서는 겸 스님을 뜻하는 듯하다.
- **방 거사龐居士** 중국 당나라의 유명한 재가거사在家居士로, 여기서는 임춘 자신을 비유하는 것으로 보인다.
- **서당西堂** 원래 다른 사찰에서 은퇴한 장로들이 본사에 와 머무는 곳을 말하는데, 여기서는 임춘이 머물던 곳으로 추측된다.
- **수액水厄** 원래는 수재水災를 말하나, 여기서는 차를 무리하게 많이 마시는 것을 일컫는다. 중국 동진東晉 때 왕몽王濛이 차를 매우 좋아하여 손님이 그의 집에 가면 반드시 차를 마시게 되므로, 사람들이 매우 고통스럽게 여겨 왕몽의 집을 방문할 때마다 "오늘은 수액이 있을 것이다"라고 한 데서 온 말이다.

일만 전으로 한 말 술을 산 것*과는 다르지만
조금 탁한 제호醍醐에 감로주가 듬뿍하다네.
—원문 누락—
묻노니, 덕이 높은 스님도 이것을 마실는지?

謙公俊逸叢林秀 玉骨巉巉淸且瘦 佛祖家風傳雪竇 踞地便聞師子吼
默坐澄心牢閉口 不復談空還說有 自知龐蘊一狂叟 往往參禪來稽首
祇笑西堂長禁酒 誚我點茶三昧手 石鼎作聲蚯蚓叫 客遭水厄誰能救
不似十千沽一斗 醍醐微濁甘露厚 ○○○○○○○ 且問高僧飮此否

출전: 『서하집』 권2

해설   겸 스님은 앞의 시에도 나온 뛰어난 선승으로 서하 임춘과는 매우 가까운 사이였던 듯싶다. 설두거사는 오吳나라 때 선승이며, 방 거사는 방온龐蘊이라는 인물로 당나라 때의 유명한 재가거사在家居士이다. 여기서는 겸 스님을 설두거사에, 방 거사를 자신에게 비유한 것으로 생각된다. 참고로 원문 마지막 구절 '且問高僧飮此否' 앞의 한 구는 누락된 것으로 보인다.

• **일만 전으로 한 말 술을 산 것**   중국 당나라 때 정선지丁仙芝의 시에, "한 말에 일만 전을 주고 여항주를 샀다"(十千兌得餘抗酒)는 구절이 있다.

임춘 林椿, 1148~1186

밀주密州에서 노닌 일을 쓴다 遊密州書事

산이 많은 이 고을은 아름다운 경치 많아
그 명성이 한 지역의 으뜸이구나.
산천이 빼어나니 사람들도 걸출하고
들은 기름져서 해마다 풍년이 드네.
길은 이어져서 배와 수레 모이고
아름다운 풍속이 남아 예의 밝은 고을이네.
선비가 많기로는 촉군蜀郡*과 같고
훌륭한 경치로는 여항餘杭*보다 뛰어나네.
소나무와 국화는 팽택彭澤*에서 시들고
아지랑이 낀 물결은 악양루岳陽樓*에 출렁인다.
산은 깊어 새소리 들리는데

• 촉군蜀郡   중국 진秦나라 때 설치한 군으로, 삼국시대 촉의 수도였던 사천성 성도成都가 포함된 지역. 한漢나라 경제景帝 때 이곳의 태수였던 문옹文翁의 교화로 많은 선비가 배출되었다고 한다.
• 여항餘杭   중국 절강성 항주杭州 지역으로, 서호西湖를 끼고 있는 아름다운 경치로 유명하다.
• 팽택彭澤   중국 한漢나라 때 설치한 현으로, 지금의 강서성 호구현湖口縣 동쪽에 위치한다. 이곳의 현령이었던 도잠陶潛이 「귀거래사」에서, "정원의 작은 길엔 잡초가 우거져도 소나무와 국화는 그대로 남았네"(三徑就荒 松菊猶存)라고 읊은 것으로 유명하다.
• 악양루岳陽樓   중국 호남성 악양현岳陽縣의 서문 누각으로, 정면으로 보이는 동정호洞庭湖의 풍경으로 유명하다.

하늘과 물은 넓고 아득하도다.
푸른 산봉우리는 새로 병풍을 둘렀고
맑은 호수는 엷게 단장을 하였네.
하늘가 나무들은 장막처럼 늘어섰고
눈이 흩어지니 어린 싹의 찻잎도 낭창거린다.
사계절 대나무 숲은 푸르고
집집마다 가는 버들 누렇구나.
술잔과 쟁반엔 산해진미 넉넉하고
관악기 현악기엔 음악 소리 묘하구나.
빼어난 경치를 만나면 시흥詩興을 더하고
겨를이 나면 술에 곤히 취하지.
봄에는 오리 노니는 따뜻한 물가를 거닐고
저물녘에는 시원한 봉루鳳樓에서 쉬노라.
서창書窓의 달빛에 꿈을 깨니
침실의 향기가 옷깃에 서렸네.
기쁜 마음에 즐거운 일까지 겸하니
흥이 나면 마음껏 광기를 부려 보네.
오래도록 산천에 살다 보니
도리어 갈 길 먼 것이 한탄스럽네.
등왕각滕王閣*에서 저녁 노을을 바라보고
소상瀟湘*에서 밤비 소리 듣노라.

• **등왕각滕王閣** 중국 강서성 남창부南昌府 신건현新建縣에 있는 누각으로, 당나라 때 왕발王勃의 「등왕각서滕王閣序」로 유명한 곳이다.

가는 말에 채찍질하여 길을 나서니
이 마음은 떠나는 기러기처럼 바쁘네.
아쉬워라, 왕발王勃의 글솜씨로
남창南昌의 노을과 따오기*를 읊을 수 없음이여.

山郡多佳麗　名高冠一方　地靈人自傑　野沃歲頻穰

路控舟車會　風存禮義鄉　多儒如蜀郡　絶景甲餘杭

松菊荒彭澤　煙波動岳陽　山深禽格磔　天與水蒼茫

岫碧闢新障　湖晴倚淡粧　際天排樹幄　拂雪裛茶槍

四序叢筠綠　千門細柳黃　杯盤饒海陸　絃管妙宮商

遇勝添詩興　餘閑泥酒觴　春行鳧渚暖　暮燕鳳樓涼

夢覺書窓月　衣凝宴寢香　賞心幷樂事　乘興放淸狂

久被山川住　飜嗟道路長　殘霞望縢閣　夜雨聽瀟湘

鞭促征鞍發　心隨去雁忙　嫌無王勃筆　霞鶩記南昌

출전: 『서하집』 권2

• **소상瀟湘**　중국 호남성 동정호洞庭湖 남쪽에 위치한 강 이름. 순임금의 왕비였던 아황娥皇과 여영女英의 눈물이 맺혔다는 얼룩무늬 대나무(斑竹)가 유명하다.
• **남창南昌의 노을과 따오기**　왕발의 「등왕각서」에 "떨어지는 노을은 짝 잃은 따오기와 가지런히 날고, 가을 강물은 끝없는 하늘과 한 빛이로다"(落霞與孤鶩齊飛 秋水共長天一色)라는 유명한 구절이 있다.

해설　밀주密州는 지금의 경상남도 밀양시를 일컫던 고려 때 지명이다. 이 시는 밀양의 자연 풍광을 중국의 유명한 명승지와 견주어 읊은 것으로, 특히 "눈이 흩어지니 어린 싹의 찻잎도 낭창거린다"라고 한 대목을 보면 이곳이 차의 산지였음을 알 수 있다. 『신증동국여지승람』 권26 「밀양도호부」 조에서도 소개된 시이다.

임춘 林椿, 1148~1186

요혜가 양식을 베풀어 줌을 사례한다
謝了惠首座惠糧

옥천玉川 선생 노동盧仝은 낙양성洛陽城에 사는데
맨발 긴 수염에 몇 칸의 집뿐이라오.
천진天眞을 어지럽히는 외물外物은 싫어하지만
오천 글자 『노자』는 뱃속을 깨끗하게 하네.
평생토록 술 즐기고 시 읊조리며
온 식구 풀칠하는 것 근심도 안 했지.
뼈에 사무치는 가난함에 죽을 뻔했으니
풍년에도 양식은 옥보다 귀했다네.
우리 선사는 감하후監河侯˙보다 훌륭하시니
곡식 빌리던 장주莊周만 불쌍하구나.
오늘 아침 문 두드려 새벽잠을 깨워서
좋은 쌀 몇 곡斛을 가득 얻었네.
서둘러 아낙 불러 쌀을 씻어서
옹기솥에 잘 앉히니 밥이 막 익는구려.
허리끈 풀고 배불리 밥을 먹고

• **감하후**監河侯 감하監河는 서하西河를 지칭하는 말로, 감하후란 서하의 현령을 의미한다. 장주莊周(장자莊子)가 집이 가난하여 감하후에게 곡식을 빌리러 가자, 감하후가 "좋소, 나는 머지않아 백성들에게서 세금을 거둬들일 것이니 그렇게 되면 3백 금을 빌려주겠소"라고 하였다는 일화가 있다. 『장자』「외물」外物 참조.

일곱 잔 좋은 차를 가득 마셨지.
솔솔 맑은 바람이 겨드랑이에 일어나니*
이 세상 벗어나 하늘을 나는 듯하구려.

玉川先生居洛城　赤脚長鬚數間屋
意嫌長物擾天眞　文字五千空柱腹
平生嗜酒喜吟詩　不患擧家唯食粥
到骨窮寒幾欲死　豐年乏食貴於玉
吾師大勝監河侯　獨歎莊周貸貸粟
今朝打門驚周公　乞與長腰盈數斛
急呼爨婦甑洗塵　厚埋飯甕炊方熟
綏帶甘飱若塡壑　七椀香茶飮更足
習習淸風兩腋生　乘此朝眞謝塵俗

출전: 『서하집』 권3

해설　요혜는 어느 절의 수좌首座였던 듯, 끼니를 거르던 임춘에게 양식을 보내 주었다. 그것으로 밥을 지어 달게 먹고, 차를 마시는 만족스러움을 시로 써서 감사한 것이다. 노동은 당나라 시인으로 육우陸羽와 함께 차성茶聖으로까지 일컬어지는 인물이다.

* 일곱 잔~일어나니　노동盧仝의 「다가」茶歌에 "다섯째 잔은 기골을 맑게 해 주고, 여섯째 잔은 선령을 통하게 해 주고, 일곱째 잔은 다 마시기도 전에 두 겨드랑이에 날개가 돋아 맑은 바람이 솔솔 이는 걸 깨닫겠네"(五椀肌骨淸　六椀通仙靈　七椀喫不得　也唯覺兩腋習習淸風生)라는 말이 나온다.

임춘 林椿, 1148~1186

족암기 足庵記

왕륜사王輪寺의 서쪽에 암자 하나가 있는데, 천闡이라는 대사가 여기에 살았다. 암자의 건축 기법은 휘어진 서까래와 굽은 기둥을 본래의 생김새대로 사용하였고 칠을 하지도 않았으니, 대개 화려함과 질박함이 정도에 맞았다. 그 위에 올라가서 바라보면 넓게 트이고 환하게 밝아서 나는 새의 등까지 볼 수 있을 정도이다. 중첩된 산봉우리와 꼬불꼬불한 고갯길이 허리띠처럼 둘러 있고, 잡초가 우거진 산길과 가느다란 오솔길이 위아래로 흐릿하게 보이며, 놀러 다니는 사람들이 꼬리를 이었는데 이런 것들을 모두 앉아서 뚜렷이 볼 수 있으니, 정말이지 왕도王都의 좋은 명승지이다.

공은 남쪽에서 맨몸으로 서울에 돌아와서 이 암자에서 거처한 지 2년이 되었다. 일찍이 탄식하면서 말하기를, "내가 불행히 말법末法의 세상에 태어나서 종지宗旨가 쇠퇴하여 성인의 도가 장차 없어지려는 것을 알았으니, 부처님의 경전을 등에 지고 영원히 속세와 하직하고 골짜기 속에 숨어서 나의 여생을 보내야 되겠다" 하였다. 이리하여 장차 오루五樓의 주장자柱杖子를 떨치고 가볍게 홀로 떠나서, 명산을 찾아다니며 모든 지역을 두루 살펴보려 하였는데, 평소에 공과 교유하던 벼슬아치들이 모두 그의 도를 즐겨, 보내려 하지 않았다. 그리하여 뜻대로 이루지 못하였다.

그러나 다니는 것도 마음이 끌려서 하는 것이 아니요, 머물러 있는 것도 구속을 받아서 그런 것은 아니었으니, 마치 한가로운 구름이

무심히 가고 오는 것과 같았다. 언제나 암자 안에 종적을 숨기고 눈을 감고 조용히 앉아서 담담하게 지냈으니, 새벽과 저녁으로 향을 사르고 경을 외우는 일 외에는 한가하여 일이 없었다. 날씨가 좋고 볕이 화창한 때면 여러 손님을 이끌고 숲으로 들어가서 과일을 따 오기도 하고 밭에서 채소를 캐어 오기도 하는데, 그 향취와 맛이 먹을 만하였다. 밥상에는 좋은 안주가 있고 병에는 좋은 술이 있으며 맑은 바람은 뜰을 쓸어 주고 밝은 달은 자리를 비춰 준다. 봄에 딴 차를 갈아 향기 어린 샘물을 넣어 마시고 거문고를 타면 새들도 엿보는 듯하다. 술에 취한 이는 흥청거리고 노래하는 이는 목청을 높인다. 더러는 고요히 사색하며 천천히 거닐기도 하니, 세상을 초탈하여 한가롭게 지내면서 자신의 뜻대로 유유자적하는 것이다. 비록 그 즐거움은 다를지라도 마음속에 터득한 것은 또한 모두 '자족함'이라 할 것이다.

王輪寺之西偏有一庵 上人闡師者居之 庵之制皆撓梳曲桓 因其天姿 不勤不堊 蓋得華質之中也 臨其上以望則序谺虛明 飛鳥之背可視矣 重岡複嶺 蛻帶而繚繞 荒蹊細邐 高低而晻曖 遊人之往來相續者 皆不能逃乎一几一席之內 眞王都之佳處也 公自南國躡虛而來 旋于京師 居是庵凡二歲 嘗喟然歎曰 吾不幸生末法中 宗門衰廢 知聖道之將夷 而荷擔如來祕藏 宜長揖人世 巖逃谷隱 以老吾生耳 於是將振五樓之金策 飄然獨往 搜訪名山 登臨諸天 而搢紳先生之素與公遊者 咸樂其道而不欲去焉 故未免如志 而行不爲牽 止不爲柅 如閑雲無心 任其去留 常斂迹庵中 閉目燕坐 淡泊如也 晨昏焚頌之外 閑而無事 每天清景融 引諸賓客 摘實于林而香可割 擷芳于畦而美可茹 盤有嘉餚 樽有旨酒 使淸風掃階 明月侍座 碾春茗而香泉甘 弄素琴而幽鳥窺 或醉者淋漓 歌者激烈 或靜觀微步 傲睨物表 逍遙徜徉 以適其適 雖所遇之樂不同 而得於心者亦皆自足矣

출전: 『서하집』 권5

해설   이 글은 임춘이 천 대사闡大師의 암자에 써 준 기문記文 중 일부이다. 천 대사는 당시 개성 왕륜사의 서쪽 암자에 기거하고 있었는데, 그곳을 방문한 임춘이 그를 위해 암자의 이름을 지어 준 것이다. 왕륜사는 경기도 개성시 송악산에 있던 절로 고려 태조 2년(919)에 창건되었다. 그 내용을 보면, "봄에 딴 차를 갈아 향기 어린 샘물을 넣어 마시고 거문고를 타면 새들도 엿보는 듯하다"라고 하여 차를 즐기는 스님의 한가로운 일상이 잘 드러나 있다. 이어지는 기록을 보면, 이 글이 1180년 7월에 지은 것임을 알 수 있다.

이인로 李仁老, 1152~1220

승원의 차맷돌 僧院茶磨

차맷돌 천천히 돌아
달이 막 돋을 때 옥가루 날도다.
법희法戱는 본디 진실로 자재한 법.
맑은 하늘에 우레 치고 눈이 펄펄 날도다.

風輪不管蟻行遲 月斧初揮玉屑飛
法戱從來眞自在 晴天雷吼雪霏霏

출전: 『보한집』補閑集 중권

해설 차마茶磨는 말차抹茶를 만들기 위해 사용되는 맷돌이다. 고려 시대에는 말차가 성행하였으며, 뒤에 나오는 이규보의 시「차맷돌을 준 사람에게 감사하다」(이 책 130쪽)를 보면, 당시에 차맷돌을 선물로 주고받기도 하였음을 알 수 있다.

이규보 李奎報, 1168~1241

영공의 화답을 받고 다시 차운하여 화답하다
聆公見和 復次韻答之

바위 밑에 터 잡아 작은 암자 지으니
등덩굴이 벽을 타고 띠 처마에 걸렸네.
서늘한 저녁 초생달이 문틈에 새어 들고
고요한 밤이면 맑은 바람이 스스로 발을 걷어 올린다.
산중 별미로는 삶은 용이버섯이 좋은데
중의 잔치라 호형염虎形鹽*을 쓰지 않는구려.
다담茶談이 끝나기 전에 술을 들이키니
상쾌한 운치에 난만한 주흥이여.

占斷巖根結小菴 薜蘿緣壁掛茅簷
晚涼新月偏窺戶 夜靜淸風自卷簾
山味好烹龍耳菌 僧筵不用虎形鹽
茶談未罷還浮白 蕭灑中間爛漫兼

• 호형염虎形鹽 호랑이 형상을 한 소금 덩어리를 말하는 것으로, 위무威武를 상징하는 데 쓰였다.

출전: 『동국이상국전집』東國李相國全集 권2

해설   영공聆公은 족암足庵(이 책 71쪽 임춘의 「족암기」 참조)의 주지로 있던 고승인데, 자세한 것은 알 수 없다. 영공이 기거하던 암자에서 차를 마시고 술을 즐기던 정취가 잘 드러난 시이다.

이규보 李奎報, 1168~1241

천화사에 놀며 차를 마시고(동파의 시운을 쓰다)
遊天和寺飮茶 用東坡詩韻

지팡이로 동전 모양 이끼를 짚노라니
시냇가에 졸던 오리가 놀라 깨네.
차 끓이는 오묘한 수법 힘입어
눈 같은 진액 반 그릇으로 번민을 씻는다.

一筇穿破綠苔錢　驚起溪邊彩鴨眠
賴有點茶三昧手　半甌雪液洗煩煎

출전: 『동국이상국전집』 권3

해설　천화사天和寺는 경기도 장단면에 있던 사찰로 추정된다. 동파東坡는 중국 송나라의 유명한 문인 소식蘇軾이다.

이규보 李奎報, 1168~1241

남쪽 사람이 보낸 철병으로 차를 끓여 보다
得南人所餉鐵甁試茶

센 불로 강한 쇠 녹여 내어
속을 파 둔하고 단단한 것 만들었다.
긴 부리는 학이 돌아보는 듯
불룩한 배는 개구리가 벌떡거리는 듯,
자루는 뱀 꼬리 굽은 듯
모가지는 오리 목에 혹이 난 듯,
입 작은 항아리처럼 우묵하고
다리 긴 솥보다 안전하구나.
내 문원의 재주는 없고
한갓 문원文園의 병*만 얻었도다.
오직 낙노酪奴*를 부르는 것만 생각하고
이미 주성酒聖*을 마시는 일은 끊었네.
비록 양자강의 물은 없으나
다행히 건계建溪*의 차는 있다.

• **문원文園의 병**　소갈병을 말한다. 중국 한나라 때 사마상여司馬相如는 효문원孝文園의 영승에 임명되었으며, 늘 소갈병을 앓았다.
• **낙노酪奴**　차의 일종으로, 우유를 발효시켜 만든 것이다.
• **주성酒聖**　술을 말한다. 청주淸酒는 성인聖人, 탁주濁酒는 현인賢人을 뜻한다.
• **건계建溪**　중국 복건성福建省에 있는 차의 명산지.

사내 종을 불러
차가운 우물물 길어 와,
벽돌 화로에 손수 달이니
밤 누각에 등불 반짝인다.
처음에는 마치 목이 멘 것 같더니
점점 생황 같은 노래도 짓는구나.
삼매三昧에 들어 손이 이미 익었으니
칠륵七勒*인들 맛을 어찌 견주랴.
이것으로 족히 낙을 삼으니
어찌 날마다 술에 취하랴.

猛火服悍鐵　剗作此頑硬　喙長鶴仰顧　腹脹蛙怒迸
柄似蛇尾曲　項如鳧頸癭　窪却小口甄　安於長脚鼎
我無文園才　徒得文園病　唯思喚酪奴　已止中酒聖
雖無揚江水　幸有建溪茗　試呼平頭僕　敲汲寒氷井
搏爐手自煎　夜閣燈火炯　初如喉聲哽　漸作笙韻永
三昧手已熟　七勒味何並　持此足爲樂　胡用日酪酊

출전:『동국이상국전집』권3

해설　철병의 생김새와 차를 끓이는 과정을 묘사하고 나서, 차를 마시는 삼매경을 이야기하고 있다.

• **칠륵七勒**　차의 일종인 듯하나 미상이다.

이규보 李奎報, 1168~1241

앵계에 거처를 정한 뒤 양 각교梁閣校에게 주다
卜居鸎溪 偶書草堂閑適……

앵계鸎溪에 와 거처하니

곡령鵠嶺이 마루에서 마주 보이네.

늙은 전나무는 남쪽 골목에 울창하고[1]

푸른 소나무는 조그만 담장에 덮였네.[2]

뽕나무와 삼은 들에 가득하고

울타리는 산마을을 실감케 하네.

창문은 선궁禪宮의 탑(보제사普濟寺)을 마주 보고

누각은 주점 문에 임해 있네.

복숭아나무 옆에 푸르른 대를 심고

가시나무 베어 내 꽃다운 향풀을 보호한다오.

차에 도취했던 육우陸羽˙를 닮아 가고

밭일 배우려던 번지樊遲˙가 되고 싶네.

거나한 취흥으로 세월을 보내고

- **차에 도취했던 육우陸羽** 육우는 중국 당나라 때 사람으로 『다경』茶經을 지었으며, 다신茶神이라 일컬어질 정도로 차를 즐겼던 인물이다.
- **밭일 배우려던 번지樊遲** 번지는 공자孔子의 제자이다. 공자에게 벼를 심고 채소밭 가꾸는 방법을 묻자, 공자는 '농사와 채마밭 가꾸는 일은 늙은 농부가 나보다 더 잘 안다'고 대답하였다. 여기서는 한가로이 차밭이나 가꾸며 살고 싶다는 의미로 인용되었다. 『논어』論語 「자로」子路 참조.

거침없는 마음으로 이 세상 마치려오.
무너진 벽엔 굳은 이끼 끼었고
텅 빈 뜨락엔 잡초가 우거졌네.
어지러이 펼쳐진 천 권의 서책 속에
편복便腹*의 한 몸이 존귀하다네.
상자에는 가늘게 쓰인 책이 가득하고
장대에는 쇠코잠방이가 걸려 있네.
훌륭하다, 그대의 대범한 기상
언제나 나의 마음 끄는구려.
검은 사모를 반쯤 젖혀 쓰고
백옥 잔을 자꾸만 기울이지.
담소가 무르익다 보니 밝은 달 기울고
바둑을 물리고 나니 푸른 산 어둑하네.
약포藥圃에 물 줄 적엔 한 우물 사용하고
오이 모종할 땐 전원田園을 함께하려 하네.
문사文詞는 움키는 호랑이의 기세를 과시하고
금곡琴曲*은 날아가는 고니의 슬픔을 노래했네.
발 밖엔 미풍이 불고
처마 앞에는 해가 한창 따스하네.

- 편복便腹 배가 두둑한 것을 말함. 중국 후한 때 변소邊韶가 문학으로 이름이 높았는데, 그의 제자가 독서에 게으르다고 조롱하자 "내 두둑한 배는 오경五經 상자이다"라고 했다.
- 금곡琴曲 옛날 서로 화답하는 노래의 일종인 곤계곡鵾鷄曲.

꾀꼬리는 노래 소리 조절하고
나비는 꽃 그리던 숙원을 푸누나.
그대 부디 이곳을 찾아 주게.
시끄러운 세상 원만히 피할 수 있다오.

鷽溪來卜宅 鵠嶺正當軒

老檜森南巷 靑松覆小垣

桑麻饒野壟 籬落似山村

窓對禪宮塔(普濟寺) 樓臨酒店門

傍桃栽翠竹 剪棘護芳蓀

漸作顚茶陸 甘爲學圃樊

沈酣消日月 曠坦老乾坤

壞壁頑苔合 空庭旅草繁

亂書千卷裏 便腹一身尊

篋有蠅頭字 竿懸犢鼻褌

多君心偶儻 許我日攀援

半脫烏紗帽 頻斟白玉樽

語闌明月側 棋罷碧山昏

灌藥常同井 移瓜欲共園

詞場誇攫虎 琴曲弄離鵾

箔外風微颺 簷前日正暄

鸎調啼柳舌 蝶雪戀花冤

來往君何憚 猶堪避世喧

¹ 이 마을에 늙은 전나무가 있기 때문에 이름을 회동檜洞이라 하였다(洞有老檜 故洞名爲檜).
² 정원의 네 그루 소나무가 담장에까지 뻗쳤다(園有四株松倚墻).

출전: 『동국이상국전집』 권5

원제 앵계에 거처를 정한 뒤 우연히 초당의 한적한 풍경과 두 집안이 서로 오가던 정의를 아울러 서술하여 서편 이웃에 있는 양 각교에게 주다 卜居鸎溪 偶書草堂閑適 兼敍兩家來往之樂 贈西隣梁閣校

해설 이규보가 앵계라는 곳에 거처를 정하고 각교 벼슬을 하는 이웃의 양씨에게 준 시이다. 앵계는 고려의 수도였던 개성의 중부中部 팔방八坊 중 한 곳이다. 시의 내용 중에 "차에 도취했던 육우를 닮아 가고"라는 구절을 보면, 이 시절 이규보가 차에 심취해 갔음을 알 수 있다.

이규보 李奎報, 1168∼1241

시후관에서 쉬면서 憩施厚館

전부터 사마상여司馬相如의 소갈증˚ 있는데
무더운 여름에 다시 멀리 유람하노라.
시험 삼아 차 한 사발 맛보니
얼음과 눈이 내 목으로 넘어간다.
소나무 우거진 정자에 다시 잠깐 휴식하니
온몸에 가을 기분 느껴지네.
어린 종은 내 마음 모르고
오래 머문다 괴이하게 여기리.
내 성품 본래 활달하여
가는 곳마다 마음대로 머문다오.
웅덩이 만나면 곧 멈추고
물을 만나면 곧 배 띄운다오.
여기에 머무른들 무엇이 나쁠 것 있으며
저기에 간들 좋을 것 있겠나.
크나큰 천지의 안에
내 인생 편안하고 한가하다오.

• **사마상여의 소갈증** 이규보의 시 「남쪽 사람이 보낸 철병으로 차를 끓여 보다」의 '문원의 병' 주 참조(이 책 78쪽).

舊有文園病 盛夏復遠遊 試嘗一甌茗 氷雪入我喉

松軒復暫息 已覺渾身秋 童僕殊未解 怪我久夷猶

我性本曠坦 所至任意留 得坎卽可止 乘流卽可浮

此留有何惡 彼去有何求 大哉乾坤內 吾生得休休

출전: 『동국이상국전집』 권6

해설　한여름에 경기도 여주로 가는 도중에 쓴 시이다. 시후관施厚館은 개성에서 동문을 나서서 임진강 나루를 건너기 전에 있던 역참인 듯하다. "차 한 사발 맛보니 얼음과 눈이 내 목으로 넘어간다"라고 한 대목을 보면, 한여름에 마시는 한 사발 차의 시원함을 느낄 수 있다.

이규보 李奎報, 1168~1241

쌍령에서 자면서 宿雙嶺

길이 우거진 숲 속으로 들어가니 해 지는 것 겁나는데
홀연히 개 짖는 소리 들리니 인가 있음 알겠구나.
외로운 마을이라, 도적이 두려워 오히려 창을 비껴 들고
옛 절에서 중을 만나 잠깐 차를 맛본다오.
만 리에 돌아가는 구름은 한가하게 학을 전송하고
시내의 높은 버들에는 고요하게 까마귀 깃들었네.
이 몸이 마침내 강산의 주인이 되리니
황효黃驍가 영가永嘉와 같단 말 들었노라.[1]•

路入荒榛怯日斜 忽聞啼犬認人家 孤村畏盜猶橫戟 古院逢僧暫試茶

萬里歸雲閑送鶴 一溪高柳靜藏鴉 此身會作江山主 聞道黃驍似永嘉

[1] 황려黃驪의 다른 이름이 황효이다(黃驪一名黃驍).

출전: 『동국이상국전집』 권6

• 황효黃驍가 영가永嘉와 같단 말 들었노라   황효는 경기도 여주군의 옛 이름이며, 영가는 중국 진晉나라 왕희지와 송나라 사령운이 태수를 지낸 곳으로 이름난 산과 물이 있다. 즉 산과 물이 아름다운 여주에서 늙겠다는 뜻이다.

해설 쌍령雙嶺은 지금의 경기도 광주시 쌍령동에 있는 고개로 대쌍령과 소쌍령이 있었다. 이규보는 1196년 29세 5월에 개성을 떠나 관향인 여주로 향했다. 이때 시후관에서 자고 임진 나루를 건너고, 사평 나루를 건너서 자고, 또 이 쌍령에서 자고 나서 여주로 들어갔던 것으로 추측된다.

이규보 李奎報, 1168~1241

팔월 이일 八月二日

선방에서 밥을 먹고 잠깐 차를 마시었는데
산 중턱의 붉은 햇살이 벌써 서쪽으로 비끼었네.
앉아서 섬돌 가의 길들여진 학을 부르고
누워서 문 앞의 도적 쫓는 거위 소리를 듣네.
수많은 버들 그림자 속에는 남북으로 길이 갈라지고
한 시내 건너편엔 두세 집이로다.
갑자기 시구를 얻어 벽에 쓰노니
노승에게 말을 전해 거미줄 치지 못하게 해 주오.

食罷禪房暫啜茶 牛山紅日已西斜 坐呼階畔馴人鶴 臥聽門前警盜鵝

萬柳影中南北路 一溪聲外兩三家 卒然得句聊題壁 寄語闍梨莫冪紗

출전: 『동국이상국전집』 권6

해설　선방에서 저녁을 먹고 차를 마신 다음, 가을 해가 저물어 가는 한가로움을 읊은 시이다.

이규보 李奎報, 1168~1241

강가 마을에서 자다 宿瀨江村舍

강가에 방랑하며 스스로 형체를 잊고
날마다 갈매기와 물가에서 친하네.
묵은 서적은 다 흩어져 『약보』藥譜만 남았고
남은 저축을 점검해 보니 『다경』茶經이 있네.
흔들리는 나그네 마음 바람 앞의 깃발과 같고
떠다니는 외로운 종적 물 위의 마름이로세.
서울의 옛 친구에게 이렇게 부쳐 주시니
객지에서 나의 두 눈이 그대 때문에 반갑다오.

江邊放浪自忘形 日狎遊鷗傍渚汀 散盡舊書留藥譜 撿來餘蓄有茶經
搖搖旅思風前纛 泛泛孤蹤水上萍 寄謝長安舊知己 客中雙眼爲誰靑

출전: 『동국이상국전집』 권6

해설 여주 근방 어느 강가 마을에서 읊은 시이다. 그 내용을 보면 이규보가 육우의 『다경』을 소장하여 읽었음을 알 수 있다. '서울의 옛 친구'는 이규보 자신을 상대방 입장에서 가리켜 한 말이다.

이규보 李奎報, 1168~1241

다시 화답하다 復和

깊은 밤 종소리 댕그랑 울릴 제
그대여, 세 마디 말*로 같고 다름 말해 주오.
오랜 세월 도 닦았으나 자신도 구제하기 어렵고
한번 슬쩍 보고 나니 모두가 허사일세.
한유韓愈의「이조부」二鳥賦*는 듣기가 싫고
장자莊子의 이충설二蟲說*은 몹시 재미나구려.
타오른 불에 향기로운 차는 참으로 도道의 맛이고
흰 구름과 밝은 달은 곧 가풍家風이었네.
생공生公*의 법설은 말 기운이 날카롭고

• **세 마디 말** 중국 진晉나라의 사도司徒 왕융王戎이 완첨阮瞻을 처음 만나서 성인聖人의 명교名敎와 노장老莊의 차이점을 물었을 때 완첨이 "將無同"(아마 같지 않을 것이다)라고 대답하자, 왕융이 한동안 감탄하다가 추천하여 관속을 삼았으므로, 사람들이 세 마디 대답으로 얻어진 연이라고 했다.『진서』晉書「완첨전」阮瞻傳 참조.
• **이조부二鳥賦** 중국 당나라의 한유가 젊었을 때에 어떤 사자使者가 귀한 새 두 마리를 천자에게 진상하러 가는 것을 보고 지었다는 부賦.
• **이충설二蟲說** 『장자』「소요유」逍遙遊에서 "조그만 매미와 비둘기가 어찌 큰 붕새의 뜻을 알겠느냐"라고 한 논설을 말한다.
• **생공生公** 중국 양나라 때의 고승 도생道生을 말한다. 그가 돌을 모아 놓고 설법하자 돌들도 다 고개를 끄덕였다고 한다.『오군제산록』吳郡諸山錄 참조.
• **어풍御風** 바람을 타고 낢.『장자』「소요유」에 "열자가 바람을 타고 날아다녔다"는 대목이 있다.

열자列子의 어풍御風*은 육신의 해탈일세.

우연히 만나 서로 잊고 뜻을 펴니

그날의 방덕공龐德公*에 부끄럽지 않구려.

夜深蓮漏響丁東 三語煩君別異同 多劫頭燃難自救 片時目擊捴成空

猒聞韓子題雙鳥 深喜莊生說二蟲 活火香茶眞道味 白雲明月是家風

生師演法機鋒銳 禦冠乘冷骨肉融 邂逅忘形聊得意 不慙當日老龐公

출전: 『동국이상국전집』 권7

> **해설** 이 글은 비 오는 날 이규보가 응 선사鷹禪師를 방문하여 지은 두 번째 시이다. 앞서 선사가 술을 권하자 이에 대해 이규보는 사례의 시를 올렸고, 다시 이 시를 지은 것이다.

• **방덕공龐德公** 후한後漢 말엽 양양襄陽의 녹문산鹿門山에 들어가 은거한 고사高士로, 사마휘司馬徽와 가깝게 지냈고 제갈량諸葛亮은 그를 매우 존경했다 한다. 여기에서는 방덕공의 청빈한 은거 생활과 그의 교우관계를 아울러 떠올린 것이다.

이규보 李奎報, 1168~1241

또 화답하다 又和

만사 모두 공허하여 한 번 웃을 뿐인데
지금도 오수螯叟*는 부질없이 관리 노릇 하누나.
바위가 우물가에 잇닿아 구름이 늘 짙고
지대가 다창茶窓에 가까워 눈도 쉬이 녹도다.
쇠 지팡이 걸어 두고 하안거夏安居* 넘겼고
목불木佛을 마구 태워 추운 날씨 지내누나.
언젠가는 푸른 산이 옛 벗 되리니
깊은 계곡 꺼리지 말고 자세히 보아 두세.

萬事都空一笑端 尙欺螯叟漫爲官 巖連井榻雲長濕 地近茶窓雪易殘
閑掛鐵君經夏結 狂燒木佛禦天寒 靑山他日應爲舊 不憚幽蹊子細看

출전: 『동국이상국전집』 권7

해설　이 글은 이규보가 음력 11월 14일 벗과 함께 흥성사興聖寺의 성 선사成禪師를 방문하여 지은 시이다.

- 오수螯叟　오螯는 게〔蟹〕를 의미한다. 중국 진晉나라의 필탁畢卓이 게를 좋아했다 하여 그를 이르는 말로 쓴 듯하다.
- 하안거夏安居　여름 장마 때 중들이 선방에 들어앉아 수도하는 기간을 말한다.

이규보 李奎報, 1168~1241

또 운韻을 나누다가 악岳 자 운을 얻다 又分韻得岳字

성동城東의 한 움막집에 살면서
추위가 무서워 머리를 파묻고 지내네.
어쩌다 흥이 나서 성 밖에 나가면
석 자의 깊은 눈에 다리가 묻히누나.
절간에 와서 툭툭 문을 두드리니
한마디 기침 소리가 골짜기에 메아리치네.
문 안에 드니 대각臺閣을 본 듯 아찔하고
소공小空이 선각善覺 따르는 것*을 보는 듯하네.
숲 사이로 불 놓으니 자던 새 떨어지고
목마른 사람 차를 찾으니 샘물이 마르려 하누나.
이 속에서 하룻밤 즐겁게 지냄은
여산廬山에서의 삼소三笑*보다 훨씬 낫도다.

• **소공小空이 선각善覺 따르는 것** 선각은 마조도일馬祖道一의 법통을 계승한 중국 당나라 선사 화림선각華林善覺이다. 화림에게는 그를 모시는 호랑이 소공小空과 대공大空이 있었는데, 이 두 호랑이는 항상 선각의 일곱 걸음 뒤를 따라 다녔다고 한다.
• **삼소三笑** 중국 진晉나라의 고승 혜원慧遠이 도잠과 육수정陸修靜을 전송할 때, 호랑이 울음소리에 건너기를 꺼렸던 호계虎溪를 지나온 줄도 모르고 마음을 논하다 서로 크게 웃었다는 고사이다. 지금의 〈삼소도〉三笑圖가 여기서 나왔다.

卜居城東蝸一殼　怯寒無奈縮頭角　偶然乘興閑出郭　三尺雪深寒蘸脚

來打禪扉聲剝剝　警咳一聲虛谷答　入門眩悅見臺閣　似見小空隨善覺

隔林吹火棲鳥落　渴漢求茶泉欲涸　一夕忘懷這裡樂　大勝三笑遊盧岳

출전: 『동국이상국전집』 권7

해설　이 시 역시 홍성사에서 지은 것이다.

이규보 李奎報, 1168~1241

덕연원에서 자고 화답하다 和宿德淵院二首

1

지는 해에 석 잔 술로 취하고
맑은 바람에 외로운 베개 벗하였네.
속 빈 대나무 손(客)의 성품 닮았고
늙은 소나무 중(僧)의 나이와 비슷해.
들 물은 푸른 돌에 출렁이고
마을 밭은 산마루를 둘렀구나.
산 빛은 저물녘에 더욱 좋으니
시상詩想이 샘처럼 솟아나네.

落日三盃醉 淸風一枕眠 竹虛同客性 松老等僧年
野水搖蒼石 村畦繞翠巓 晚來山更好 詩思湧如泉

2

잔잔한 호수의 파란 물결 넘실거리고
꽃다운 풀은 멀리 우거졌네.
삼천리 곳곳에서 길을 물었으니

이름 알려진 지 사십 년이 되었구나.
서늘함이 좋아서 물가 난간에 기대었고
먼 데를 보려고 높은 봉우리에 오르네.
늙은 중들 일도 많구나
차 맛도 평하고 또 샘물도 평하려니.

碧湖晴瀲灩 芳草遠芊綿 問路三千里 知名四十年
愛涼憑水檻 睡遠上雲巓 老衲渾多事 評茶復品泉

출전: 『동국이상국전집』 권7

해설　덕연원德淵院이 어디에 있던 역인지는 미상이나, 대체로 이규보의 나이 40세 쯤의 시로 판단된다.

이규보 李奎報, 1168~1241

엄 선사를 찾다 訪嚴禪老……

1

도성에서 벼슬하던 영광을 잠시 떨어 버리고
홀로 타갈駝褐*을 걸치고 혜능慧能 같은 분 찾았지요.
조용한 가운데 지은 시 부처님께 바칠 만해
글씨를 쓸 때 벼루의 얼음, 입김으로 녹였네.

笑却東華一餉榮 獨披馳褐訪慧能
靜中得句堪呈佛 欲寫時呵玉硯氷

2

돌솥에 차를 달여 술 대신 마시며
화로를 끼고 둘러앉아 찬 옷을 말리누나.
향불은 뭉실뭉실 파란 연기 피어오르고
귤을 쪼개니 맑은 즙이 이슬처럼 날리네.

• **타갈駝褐** 낙타털로 짜서 만든 너절한 옷.

石鼎烹茶代酒巵 擁爐圍坐熨寒衣

香畦縈穗靑烟直 橘腦分漿玉露飛

출전: 『동국이상국전집』 권8

원제 엄 선로嚴禪老를 찾아가서 벽에 걸린 족자의 운을 따라 지은 두 수 訪嚴禪老用壁上書簇詩韻 二首

해설 엄 선사가 누구인지는 미상이다. 이 시는 잠시 벼슬길에서 물러나 엄 선사와 차를 마시고, 또 맛있는 귤을 먹는 정경을 읊은 것이다.

이규보 李奎報, 1168~1241

찬 수좌의 방장에 쓰다 題璨首座方丈

두 눈썹 펼 곳 없으니
누구와 함께 한번 웃어 보리.
해가 삼간三竿*쯤 올라온 무렵에
십 홀笏*쯤 걸어 방장方丈*에 왔네.
차두釵頭*로 자주 촛불 똥 지우니
품품品字 자처럼 모여 재가 되었구나.
차 마시며 재미있게 얘기하니
구태여 술을 찾을 게 뭐 있나.

雙眉無處展 一笑爲誰開 日欲三竿上 房尋十笏來

釵頭頻落炧 品字漸成灰 山室茶談足 何須索酒盃

출전: 『동국이상국전집』 권8

해설 찬 수좌璨首座를 찾아가 담소를 나누며 차를 마시는 정경을 읊은 시이다.

- **삼간**三竿　해가 세 길쯤 올라온 오전 8시경을 말한다.
- **십 홀**笏　1홀笏이 1척尺 6촌寸이므로, 가까운 거리를 말한다.
- **방장**方丈　주지가 기거하는 방. 중국 당나라 왕현책王玄策이 서역西域에 사신 가서 유마거사維摩居士의 석실石室을 수판手板으로 재어 보니 10홀笏이 되므로 방장이라고 하였다.
- **차두**釵頭　비녀처럼 생긴 불똥 지우개.

고려의 차 문화

이규보 李奎報, 1168~1241

마령 객사에서 자다
十一月二十日 出宿屬郡馬靈客舍……

쓸쓸한 옛 고을 산 밑에 있는데
대하는 사람이란 원숭이 닮은 아전衙前일세.
그대를 한번 만나 시주회詩酒會를 만드니
청신한 이야기로 공무에 시달림 씻노라.
찬 구름 뭉게뭉게 소나무 난간에 들고
마른 눈 쓸쓸히 대나무 처마에 들리네.
술 마신 뒤 함께 몽정차蒙頂茶*를 맛보며
부들방석에 둥글게 앉아 말마저 잊노라.

蕭條古縣枕山根 只對村胥貌似猿 一見暫開詩酒會 淸談聊洗簿書昏
寒雲苒苒侵松檻 乾雪騷騷響竹軒 飮罷共嘗蒙頂綠 蒲團栱坐旋忘言

출전: 『동국이상국전집』 권9

원제 11월 20일에 속군屬郡인 마령 객사에서 유숙하였는데, 중대당두重臺堂頭가 술을 가지고 왔으므로 시를 지어 주다 十一月二十日 出宿屬郡馬靈客舍 重臺堂頭 携酒來訪 以詩贈之

• **몽정차**蒙頂茶 중국 사천성 몽산蒙山 꼭대기에서 생산되는 명차.

해설 마령馬靈은 전북 진안군 마령면에 있던 고을이다. 이 시는 이규보가 32세 때인 1199년(신종 2) 9월에 전주목사로 부임하여 관내를 돌아보다 마령 객사에 이르러 지은 시이다.

이규보 李奎報, 1168~1241

임시로 천룡사에 살면서 짓다 寓居天龍寺有作

온 가족이 벽산 기슭에 와서 사는데
쭈그러진 모자에 가벼운 적삼으로 평상에 누웠네.
목마르니 시골 술 맛 좋은 줄 다시 알겠고
졸음 오니 들 차 향기 좋아라.
대 뿌리는 땅 위에 드러나 굽은 용 허리 같고
파초 잎은 창 앞에서 봉황새 꼬리처럼 길구나.
삼복엔 송사도 적어 일찍 쉬니
때로 공왕空王*을 다시 섬긴들 어떠리.

全家來寄碧山傍 矮帽輕衫臥一床 肺渴更知村酒好 睡昏聊喜野茶香
竹根迸地龍腰曲 蕉葉當窓鳳尾長 三伏早休民訟少 不妨時復事空王

출전: 『동국이상국전집』 권9

해설 천룡사天龍寺는 전주시 동쪽 성 밑에 있던 절이다. 이 시는 신종 3년(1200)에 지은 것으로, 『신증동국여지승람』「천룡사」조에도 실려 있다.

• **공왕**空王 모든 부처의 통칭. 불가에선 일체 공과 무無를 주장하기 때문에 공왕이라 한다.

이규보 李奎報, 1168~1241

보광사에서 자다 宿普光寺……

꿈길 끊긴 산창에 달빛조차 가셨는데
어깨 곧추세우고 해 저물 때까지 읊었구나.
땅 기운 따뜻하니 아직 푸른 숲이 남았고
정원이 오래되어 유달리 누른 버섯 많다.
일곱 잔 향긋한 차로 겨드랑이에 바람이 일고*
한 쟁반 써늘한 과일은 창자에 눈이 스미는 듯.
만약 석가釋迦와 노자老子를 부을鳧乙* 같다 본다면
우리 유가儒家에서 백양伯陽*을 숭상하는 것 탓하지 마라.

夢斷山窓落月光 聳肩吟到日蒼凉 地溫尙有林衣綠 園古偏多木耳黃
七椀香茶風鼓腋 一盤寒菓雪侵腸 若將釋老融鳧乙 莫斥吾家祖伯陽

출전: 『동국이상국전집』 권10

- **일곱 잔~바람이 일고** 임춘의 시 「요혜가 양식을 베풀어 줌을 사례한다」의 주 참조(이 책 69쪽).
- **부을**鳧乙 부새와 을새를 말하는데, 이 둘은 서로 비슷하지만 실제로는 전혀 다른 새이다. 장융張融의 「답주옹서」答周顒書에서는 도교와 불교가 서로 현격하게 다르다는 뜻으로 쓰였으나, 여기서는 서로 비슷하다는 뜻으로 쓰였다.
- **백양**伯陽 노자老子의 자.

원제   이날 보광사에서 잤다. 옛날 서기 왕의王儀가 남긴 시의 운자를 써서 주지 스님께 주었다. 是日宿普光寺 用故王書記儀留題詩韻 贈堂頭

해설   보광사普光寺는 전주시 동남쪽 고덕산에 있던 절이다. 이규보는 전주목사로 있던 1200년(신종 3)에 이 시를 지었는데, 시를 지은 지 얼마 되지 않아 모함을 받고 떠나게 되었다.

이규보 李奎報, 1168~1241

또 절구 여섯 수에 차운하다 又次絶句六首韻

늘그막에 세월 보내긴 맛 좋은 술뿐이요
사람을 놀래는 건 철 늦은 꽃이로다.
악수岳叟에게 차를 빌리고
이웃집의 대나무 구경한다.

送老唯芳酒　驚人忽晩花
乞茶憑岳叟　看竹懶隣家

출전: 『동국이상국전집』 권10

해설　전체 6수 중에서 여섯 번째 시이다. 악수岳叟는 일반적으로 호號에 악岳 자가 들어가는 사람을 친근하게 부르는 말인데, 여기서는 누구를 지칭하는지 알 수 없다.

이규보 李奎報, 1168~1241

또「새로 초가집을 빌리다」에 차운하다
又次新賃草屋詩韻五首

문 닫으니 손이 올 리 없어
차를 끓여 먹자고 중과 약속한다.
쟁기 메고 다시 농사 배우니
전원에 돌아갈 날 있으리라.
가난하니 빨리 늙는 것은 좋고
한가하니 더디 지는 해는 싫구나.
점차로 늙고 병들어 가니
등한하고 게으름 이뿐 아니로다.

杜門無客到 煮茗與僧期 荷耒且學圃 歸田當有時

貧甘老去早 閑厭日斜遲 漸欲成衰病 疎慵不啻玆

출전: 『동국이상국전집』 권10

해설　중국 당나라 때의 시인 두보杜甫의 시를 차운한 것으로, 전체 5수 중에서 첫 번째이다.

이규보 李奎報, 1168~1241

괴로운 비 苦雨歌……

지겨운 비 한 달 동안 강물을 쏟듯 하여
밤낮으로 깜깜하게 해와 달 가리웠네.
이미 거리에 교룡과 자라가 논다고 하니
다시 뜰에 조개와 소라가 생길까 걱정이네.
높은 담 갑자기 넘어지니 낙타가 누운 듯
작은 집 무너지니 말과 나귀가 엎어진 듯,
번개가 칼을 휘두르니 날을 갈아 세운 듯
벽 사이에서 도공陶公의 북*이 튀어나오는 듯,
바로 평지에다가 물웅덩이 만들어
남쪽 집 동쪽 집에서 오리와 거위를 풀어 놓았네.
성중의 모든 집이 파도 위에 떴으니
큰 것은 상선 같고 작은 것은 쪽배 같아,
온 나라가 바로 바다 가운데 왜국이 된 듯
왕래하는 나룻배를 만들어 서로 찾으려 한다.
강물과 호수가 서로 섞여 갈래를 못 잡겠는데
빈 배만 혼자 다닐 뿐 고기 잡는 이도 없다.

• **도공陶公의 북**　용을 가리킨다. 도공은 중국 동진東晉의 장군 도간陶侃을 말한다.『진서』 晉書 권66에 "도간이 젊었을 때 못에서 고기잡이를 하다가 북[梭] 하나가 그물에 걸려 나왔으므로 벽에 걸어 놓았더니, 조금 있다가 우레 치고 비가 쏟아지면서 용으로 변하여 갔다"고 하였다.

다북쑥 푸른 잔디

때 만났다 득의하여 산 둔덕에 찼구나.

아깝다, 남쪽 논의 벼 포기가 물 위에 떴으니

사해의 백성들은 어째야 될 것인가.

독 안의 좋은 술 향기 이미 변했으니

어찌 마실 것이며 마신들 취하겠는가.

상자 속의 좋은 차는 맛이 많이 변했으니

끓여 먹은들 잠을 쫓지는 못하리라.

이불을 뒤집어쓰고 꼼짝 않고 자고 싶건만

요란한 빗방울이 창을 때리니 무슨 수를 쓰겠나.

물막이꾼들 모두 넘어지고 자빠지니

지겹구나! 이 비가 하늘의 조화를 손상하네.

새는 둥지에 숨고 벌은 구멍에 들어가고

길에는 마차 끊어져 방울 소리도 없구나.

이런 때 행인인들 무슨 재주 있겠나

진흙이 허리까지 빠지니 신이 소용없다.

나는 다행히 문 닫고 병 조리하고 있으니

느지막이 일어난들 누가 꾸짖으랴.

갑자기 마음 내켜 고우가苦雨歌를 짓는다.

愁霖一月如懸河 晝夜昏黑藏羲娥

已聞街巷游蛟鼉 復患庭除生蚌螺

高墻忽倒臥橐駝 短屋還頼仆馬騾

雷公揮劒刃似磨 壁間躍出陶公梭

直敎平地轉盤渦 南宅東家放鴨鵝
城中萬屋浮濤波 大者如舶小如艖
一國正作海中倭 擬營舡舫相經過
江湖混混莫分沱 空舟獨艤無漁蓑
蓬蒿蕭艾與綠莎 時哉得意盈山阿
可惜南畝漂嘉禾 其奈四海蒼生何
甕中美酒香已訛 詎可酣飮令人酡
箱底芳茶貿味多 不堪烹煮駈眠魔
掩被雖欲寐無吧 打窓喧䨺可從他
凡百防人多跌蹉 久矣此雨傷天和
鳥藏巢底蜂藏窠 路絶車馬無鳴珂
此時行者理則那 泥沒腰脊況襪靴
我幸杜門聊養痾 日晏而興誰復訶
率然忽作苦雨歌

출전: 『동국이상국전집』 권10

원제   고우가. 쌍운으로 짓다가 아래는 방운으로 짓기도 하였다. 苦雨歌 雙韻下犯傍韻

해설   연일 이어지는 비에 괴로운 심정을 노래한 시이다. 그 와중에 독 안의 술과 상자 속의 차가 변질될까 염려한 구절 또한 흥미롭다. 일반적으로 한시에서는 두 구마다 한 번씩 운을 다는데, 쌍운雙韻이란 각 구마다 운을 다는 것을 말한다. 방운傍韻이란 같은 운자는 아니지만 서로 통용하는 글자를 대체하여 압운하는 것을 말한다.

이규보 李奎報, 1168~1241

문 장로의 화답시에 받들어 올리다
文長老見和 多至九首……

오승吳僧과 차 품질의 우열을 다투고
봉등鳳燈 아래서 맑은 술잔 기울여 취하네.
손이 서투니 금로金露*의 액을 맞추지 못하고
몸이 쇠약하니 옥대의 층층대 오르기 어렵도다.
남쪽으로 돌아가기 글렀으니 눈을 어이 피하랴만
내 몸은 얼음 같아 마음 견고하다네.
임금의 은혜 대강 갚고 돌아가려 하지만
잘못 들추어내는 뭇 비방 어이 견디랴.

懶將茶品鬪吳僧 愛把淸樽醉鳳燈 手澁未調金露液 骨昏難躡玉臺層
計乖南鴈寧違雪 身似東簂已慣氷 粗報君恩便歸去 覓瘢群謗可能勝

출전: 『동국이상국전집』 권11

• **금로金露** 중국 한나라 무제가 감로甘露를 받기 위하여 건장궁建章宮에 만들어 놓았던 구리 쟁반인데, 그 이슬에 옥가루를 타서 마시면 장생불사한다고 한다. 여기서는 찻잔에 비유한 것이다.

원제　문 장로의 화답이 아홉 수에 이르렀는데 편마다 모두 지둔한 나를 일깨우고 책려하였기에 힘써 수대로 갖추어 받들어 올리다 文長老見和 多至九首 每篇皆警策遲鈍 勉强備數奉廣耳

해설　전체 9수 중 일곱 번째 시이다. 문 장로는 『동국이상국집』에 자주 등장하는 인물로, 자세한 것은 미상이나 시를 잘 지었던 스님이다.

이규보 李奎報, 1168~1241

박공과 동래 욕탕지로 떠나려 하면서 입으로 부르다 同朴公將向東萊浴湯池口占

처음엔 써늘하게 샘물 솟나 했더니

도리어 모락모락 저녁 연기 나는 듯,

산속에 들어앉아 설 보내는 고승은

나물 삶고 차 달이는 불 필요 없으리.

瑟瑟初疑瀉冷泉 濛濛還似起昏烟

高僧坐度山中臘 煮菜瞥茶不火煎

출전: 『동국이상국전집』 권12

해설 전체 2수 중 첫째 수이다. 여기서 동래 욕탕지란 지금의 동래 온천이 아닌가 여겨진다.

이규보 李奎報, 1168~1241

운봉에 있는 규 선사께 雲峯住老珪禪師……

세상의 모든 맛은 햇것이 귀하니
하늘이 사람 위해 계절을 바꾸어 주네.
봄에 자라고 가을에 성숙함이 당연한 이치이니
이에 어긋나면 괴상한 일이건만.
근래의 습속은 기괴함을 좋아하니
하늘도 인정의 즐거움을 따르는구나.
시냇가 차 잎사귀 이른 봄에 싹 트게 하여
황금 같은 노란 움 눈 속에 자라났네.
남방 사람들은 맹수도 두려워하지 않아
험난함을 무릅쓰고 칡덩굴 휘어잡아,
간신히 채취하여 덖어서 덩이를 만들고
남보다 앞서 임금님께 드리려 하네.
선사는 어디에서 이런 귀중품을 얻었는가,
손에 닿자 향기가 코를 찌르는구려.
이글이글한 풍로風爐 불에 직접 달이고
꽃무늬 자기에 찻잎 우려 색깔을 자랑하누나.
입에 닿자 달콤하고 부드러워
어린아이의 젖 냄새 비슷하구나.
부귀한 집에서도 보지 못했는데
우리 선사 이를 얻음이 신기하구려.

청자완(해무리굽완), 고려 11~12C

남방 사람들이 선사의 거처를 알 턱이 없으니
찾아가 드리고자 한들 어이 이를쏜가.
이는 아마도 깊은 구중궁궐에서
높은 선사 대우하여 예물로 보냄이겠지.
차마 마시지 못하고 아끼고 간직하다가
임금의 하사품을 중사中使시켜 보내왔겠지.
세상살이를 모르는 쓸모없는 나그네가
더구나 혜산惠山˙의 물까지 맛보았네.
평생을 불우하여 만년을 탄식했는데
일품을 감상함은 오직 이것뿐일세.
귀중한 유차孺茶 마시고 어이 사례 없을쏜가
공에게 맛있는 봄 술을 빚기 권하노니,
차 들고 술 마시며 평생을 보내면서
오락가락하며 풍류놀이 시작해 보세.

人間百味貴早嘗　天肯爲人反候氣
春榮秋熟固其常　苟戾於此卽爲異
邇來俗習例好奇　天亦隨人情所嗜
故敎溪茗先春萌　抽出金芽殘雪裏
南人曾不怕髮鬢　冒險衝深捫葛虆

˙ 혜산惠山　혜산천惠山泉. 중국 강소성江蘇省 무석현無錫縣 서쪽에 있는 샘물로 물맛이 좋기로 유명하다.

辛勤採摘焙成團　要趁頭番獻天子
師從何處得此品　入手先驚香撲鼻
塼爐活火試自煎　手點花甆誇色味
黏黏入口脆且柔　有如乳臭兒與稚
朱門琁戶尙未見　可恠吾師能得致
蠻童曾未識禪居　雖欲見餉何由至
是應蘂闥九重深　體貌禪英情禮備
愛惜包藏不忍啜　題封勑遣中使寄
不分人間無賴客　得嘗況又惠山水
平生長負遲暮嗟　第一來嘗唯此耳
餉名孺茶可無謝　勸公早釀春酒旨
喫茶飮酒遣一生　來往風流從此始

출전: 『동국이상국전집』 권13

원제 운봉의 연로한 주지 스님 규 선사가 조아차를 얻어 나에게 보여 주기에 유차라 이름을 붙이고서 시를 청하기에 지어 주다 雲峯住老珪禪師 得早芽茶示之 予目爲孺茶 師請詩爲賦之

해설 규 선사에게서 귀한 차를 얻어 마시고 유차라는 이름을 붙이고 지은 시이다. 뒤에 나오는 시를 보면 운봉이 지리산 화계 지역임을 알 수 있다.

이규보 李奎報, 1168~1241

다시 앞의 운자를 써서 보내다 復用前韻贈之

서북쪽은 혹한으로 손가락이 빠질 듯한데
남방에는 섣달 기후가 봄날 같구나.
좁쌀 같은 누런 싹 마디마다 맺혔으니
같은 하늘 아래 지방 절후 각기 다르네.
선가禪家의 격조는 크고도 높으니
시고 단맛을 속세 따라 즐길쏜가.
쓸쓸한 방장方丈엔 물건 하나 없고
솥에서 차 끓는 소리만 듣기 좋네.
차와 물을 평론하는 것이 불교의 풍류이니
양생하는 천 년의 복령茯笭이 필요치 않네.
고맙게도 막 돋은 찻잎을 얼른 따서
늙은 선사에게 먼저 바치려 한 것인 듯.
잠꾸러기 종놈이 훔쳐 마시고는
전날의 우레처럼 코 골던 소리 잠잠하구나.
옛날 한가롭게 남쪽을 유람하던 시절에
사계절 철따라 새롭던 맛 떠오르는구려.
덥기 전에 향기로운 차 많이 얻기 어려우니
소반에 가득한 봄 죽순과는 판이하구나.
수많은 잎 따서 한 덩이 이루었으니
한 덩이에 천금인들 어이 쉽게 구할쏜가.

더구나 이제 서울에서 곤경에 빠졌으니
뉘라서 나를 위해 발이 부르트며 찾아올쏜가.
우리 선사는 스님 가운데 영수領袖라
계율에 어김 없고 덕행도 구비했네.
산같이 쌓인 금백도 시주하려 하거든
뉘라서 향기로운 차 아껴 보내오지 않으리.
부디 간직하여 남에게 함부로 주지 말게나,
마음의 티끌 씻어 물같이 맑게 한다오.
선사께 봄 술을 빚으라 권함이 어이 잘못이겠나,
만취한 후에야 차의 참맛을 알기 때문이지.
굶주린 서생 오래도록 군침을 흘려
구복口腹만을 위해 진미珍味를 생각하였다오.
만약 유차孺茶를 보내 주고 술도 생긴다면
거룩한 일 우리들로부터 시작되리.

西北寒威方墮指 南方臘月如春氣
金粟黏枝已結纇 均天所覆地各異
禪家調格大高生 豈把酸甜隨俗嗜
蕭然方丈無一物 愛聽笙聲號鼎裏
評茶品水是家風 不要養生千歲蘂
憐渠給給抽早芽 似欲先供老衲子
睡鄕癡漢亦偸嘗 失却從前雷鮇鼻
憶昔閑遊蠻國天 四時隨分嘗新味
火前香茗得未多 不似盈盤春笋稚

摘將萬粒成一餠　一餠千錢那易致

況今惟悴京華中　爲我何人重跋至

吾師也是僧中龍　梵行無虧禪德備

山堆金帛尙欲施　誰秘新香忍不寄

收藏愼勿輕與人　除却靈臺澄似水

勸師早釀豈妄云　欲識茶眞先醉耳

書生寒餓長流涎　只將口腹營甘旨

若遣孺茶生稚酒　勝事眞從吾輩始

출전: 『동국이상국전집』 권13

해설　앞의 시에 이어서 지은 시이다. 만취한 후에야 차의 참맛을 알 수 있다고 하며, 선사에게 봄 술을 빚으라고 한 대목을 보면 이규보의 익살스런 성격이 잘 드러나 있다. 시 구절 중 "잠꾸러기~잠잠하구나"라는 내용을 볼 때, 차의 효능 중에 잠을 편하게 하는 효과가 있었던 게 아닌가 짐작된다.

이규보 李奎報, 1168~1241
다시 운을 따라 화답하다 孫玉堂得之……

옛날에 신농씨神農氏*가 온갖 초목 맛보고
의서醫書를 저술함은 기혈을 보충하기 위함인데,
유독 차만은 기록 없이 버려두어
온갖 품종과 효험을 논하지 아니하였네.
성인이 말하지 않은 차를 누가 먼저 평론했던가
견혼䂨昏 석연釋䭾*이 더욱 즐겨하던 바로세.
요사이 사고파는 데 속임수 많아
간사한 상인의 수중에 모두 떨어졌구나.
세속의 의원들은 선방仙方에 어두운 듯
망령되게 산머루를 가리켜 칡덩굴이라 하는데,
그 가운데 품평에 정묘한 자 있으니
오직 운봉雲峯에 숨어 있는 한 선사일세.
섣달에 움트는 싹 평소에 가장 사랑하니
맵고 강렬한 그 향기 코를 찌르는구나.
몽산蒙山에서 먼저 딴 차 우연히 구입하여
끓이기도 전에 우선 맛보았네.

• **신농씨**神農氏 중국 고대 전설 속 삼황三皇 중 한 사람. 그가 온갖 초목을 맛본 후에 비로소 의약이 있게 되었다고 한다.
• **견혼**䂨昏 **석연**釋䭾 스님의 이름인 듯하나, 미상이다.

미친 객이 한번 맛보고 유차儒茶라 이름 했으니
늙은 나이에 어린애처럼 탐내는 데야 어찌하겠나.
강남 눈 속에서 따지 않았다면
2월 중에 어이 서울 당도하리.
물건 팔림이 모두 사람에 달렸으니
구슬도 다리 없지만 스스로 찾아오네.
시로써 논평하여 다보茶譜를 대신하고 싶지만
붓끝에 혀 없으니 자세히 진술할 수 없구나.
유선儒仙으로 하여금 그 정수를 발췌하게 하여
뻣뻣한 종이에 거친 글씨로 써 보내오.[1]
다섯 친구들 연원 찾는 데 노력하였기에
거울에 비치듯 조금도 어긋남이 없네.
시를 감상해 보니 『다경』보다 나으이,
육생陸生의 품평도 찌꺼기에 불과하구려.[2]
격조 높은 「이소경」離騷經에 붙일 것은 못 되지만
시편의 뒤에 이을 정도는 되리.

昔者神農嘗草木 著之方經要補氣 獨於茗飮棄不收 不與萬品論同異
聖所未到誰唱先 濁昏釋悁尤所嗜 近遭販鬻多眩眞 競落點商謀計裏
有如俗醫迷仙方 妄把蘡薁云是藥 篋中評品妙且精 唯有雲峯一禪子
平生自笑臘後芽 辛香辣氣堪掩鼻 偶得蒙山第一摘 不待烹煎先嚼味
狂客一見呼儒茶 無奈老境貪幼稚 不是江南冒雪收 京華二月何能致
物之自售皆由人 珠玉亦猶無脛至 作詩論詰欲代譜 筆端無舌莫詳備
要令儒仙抉其精 硬牋麤字書以寄 五君騁思探淵源 毫髮莫逃如印水

見詩猶勝見茶經 陸生所品糟粕耳 調高未合綴離騷 當繫詩篇聯四始

¹ 한 부를 써서 금림禁林*의 여러 분에게 보였다(書一本 示禁林諸公).
² 한 구절은 실전失傳하였다(失一句).

출전: 『동국이상국전집』 권13

원제　옥당玉堂 손득지孫得之, 사관史館 이윤보李允甫, 사관 왕숭王崇, 내한內翰 김철金轍, 사관 오주경吳柱卿이 화답시를 보내왔기에 다시 운을 따라 화답하다 孫玉堂得之 李史館允甫 王史館崇 金內翰轍 吳史館柱卿見和 復次韻答之

해설　앞의 시에 대해 여러 사람으로부터 화답시를 받고, 다시 지은 시이다. 그 내용 중에서 '운봉에 숨어 있는 한 선사'란 귀한 차를 맛보게 해 준 규 선사이며, '미친 객'이란 이규보 자신을 가리킨다.

• **금림禁林**　금원禁苑의 숲이라는 뜻으로 상림上林과 같은데, 한림원의 별칭이다.

이규보 李奎報, 1168~1241

손한장이 다시 화답하기에 차운하여 부치다
孫翰長復和次韻寄之

옛날부터 지금까지 수많은 문장가가
초목을 품평하여 호탕한 기개 발휘했네.
문장을 다듬어 스스로 기이함을 자랑하니
사람마다 읊조림이 각각 다르구나.
그 가운데 장원狀元의 시만 아름다움을 다했으니
진귀한 문장을 뉘라서 찬탄하지 않으리.
임금님이 구중궁궐에 불러들여
은대銀臺의 요직에 등용하였네.
그대가 낙락한 천 길 소나무라면
불초한 이 몸은 칡덩굴 같으이.[1]
경솔하게 지은 유차시孺茶詩가
그대에게 전해질 줄 어이 알았으리.
시를 보자 문득 화계에서 놀던 시절이 생각나서[2]
옛일을 회상하니 아련히 콧등이 찡하네.
운봉차를 품평한 구절엔 향취가 없으나
남방에서 마시던 맛 완연히 느껴지네.
이어서 화계에서 차 따던 일 논하였으니
관에서 감독하여 늙은이와 어린아이까지 징발하였네.
험준한 산중에서 간신히 따 모아

머나먼 서울에 등짐 져 날랐네.
이는 백성의 애끊는 고혈이니
수많은 사람의 피땀으로 얻은 것이네.
한 편 한 구절이 모두 뜻 있으니
시의 육의六義가 이에 갖추었구나.
농서隴西의 거사居士는 참으로 미치광이라
한평생을 이미 술독에 빠져 지냈다오.
술 얼근하매 낮잠이 달콤하니
어이 차 달이는 일로 물을 허비할쏜가.
일천 가지 망가뜨려 한 모금 차 마련했으니
이 이치 생각한다면 참으로 어이없구려.
그대가 다른 날 간관諫官이 되거든
내 시의 은밀한 뜻 부디 기억하게나.
산림과 들판 불살라 차의 공납을 금한다면
남녘 백성들 편히 쉼이 이로부터 시작되리.

古今作者雲紛紛　調戲草木騁豪氣
磨章琢句自謂奇　到人牙頰甘苦異
狀元詩獨窮芳腴　美如熊掌誰不嗜
玉皇召入蓬萊宮　揮毫吮墨銀臺裏
君材落落千丈松　攀附如吾類縈虆
率然著出孺茶詩　豈意流傳到吾子
見之忽憶花溪遊　懷舊悽然爲酸鼻
品此雲峯未嗅香　宛如南國曾嘗味

因論花溪採茶時　官督家丁無老稚

瘴嶺千重眩手收　玉京萬里鎭肩致

此是蒼生膏與肉　臠割萬人方得至

一篇一句皆寓意　詩之六義於此備

隴西居士眞狂客　此生已向糟丘寄

酒酣謀睡業已甘　安用煎茶空費水

破却千枝供一啜　細思此理眞害耳

知君異日到諫垣　記我詩中微有旨

焚山燎野禁稅茶　唱作南民息肩始

1 손한장과는 동료가 아니므로 이렇게 말한 것이다(不與君同寮故云).
2 화계는 차의 산지인데, 손한장이 진주에서 부기簿記를 맡아 볼 때 방문한 적이 있으므로 화답한 시에 언급하였다(花溪茶所産 君管記晉陽時往見 故來詩及之).

출전: 『동국이상국전집』 권13

해설　손한장孫翰長은 앞에 나온 손득지이다. 이 시의 전반부를 보면 화계(경남 하동 지역)에 야생 차의 산지가 있었으며, 여기서 나던 차를 운봉차라 하였음을 알 수 있다. 후반부를 보면 운봉차를 채취하여 서울까지 등짐을 져서 나르느라 백성들의 고생이 극심하였음을 알 수 있다. 여기에서 우리나라 차가 대량 재배되지 못한 주요 원인을 짐작해 볼 수 있다.

이규보 李奎報, 1168~1241

장원 방연보房衍寶가 화답시를 보내왔기에 차운하여 답하다 房狀元衍寶見和 次韻答之

거사께서는 근년 들어 일만 인연 마쳤는데
다만 시에 미친 습관만은 남아 있구려.
세상에는 범상하게 보아 넘기지 못할 물건도 있으니
하나하나 분석하여 그 기이함을 기록했구나.
이 차가 고급품인데 어이 시가 없을쏜가
하물며 평소에 가장 즐기던 것임에랴.
뉘라서 멀리 이곳까지 보내 준 것인가
아마도 안개 자욱한 물가에서 보내왔으리.
맑은 향취 새어 나갈까 염려하여
상자 속에 겹겹이 넣고 칡덩굴로 묶었어라.
꼭꼭 숨겨 친한 친구에게도 보여 주지 않은 것이니
녹록한 나머지 사람들이야 말할 게 있나.
마음에 간직하여 차 알아주는 사람만 기다렸으니
지기가 아니라면 뉘라서 그 진가를 알아주리.
퉁노구 깨뜨리고 불도 끈 채 오래도록 달이지 않았으니
경망한 아이들이 훔쳐 마실까 염려한 것이네.
비유컨대 부귀한 집 깊은 규중에서
어여쁜 처녀 기르듯이 하는구나.
눈이 높아 범상한 신랑에게 시집갈까 두려워했고

동상東床˙의 아름다운 낭군 만나기를 원하였네.

내가 누구기에 감히 귀한 차 맛보는가

뜻밖에 신선의 연분 만나서이네.

방공房公은 어엿한 하늘 위 사람이라[1]

저부褚裒˙의 가슴속에 『춘추』春秋 의리 갖추었네.

인물을 평론하는 여가에 차를 언급하여

그 내력 해설하여 보내왔구나.

읊어 보매 모든 번민 말끔히 씻겨 버려

술 취한 얼굴에 찬물 뿌린 듯하여라.

차 대하여 술 찾음이 미치광이 같으니

우습구나, 먼저 말은 참으로 희롱이라오.

다른 날에 그윽한 암자 찾아가

두어 권 서책 펼치고 현묘한 이치 토론하리.

이 몸 늙었으나 물은 길을 수 있으니

한 사발 물 떠 놓고 참선에 들까 하노라.

居士年來了萬緣 唯有詩狂餘習氣

物或不類尋常看 窮搜細剖狀其異

此茶品絶可無詩 況復平生素酷嗜

● **동상**東床 중국 진晉나라 극감郗鑒이 왕도王導의 문하에서 사윗감을 간택하였는데, 여러 젊은이가 모두 자신을 자랑하였으나, 왕희지만은 배를 드러내고 동상東床에 누워 모른 체하자 그를 사위로 삼았다.

● **저부**褚裒 중국 진晉나라 때의 명신으로 젊어서부터 고상한 운치가 있어, 환이桓彝가 그를 두고 "가슴속에 『춘추』의 의리가 있다"고 하였다.

悠然到此誰所餉　想自江淮煙瘴裏

爲恐淸香先發洩　牢鎖縹箱纒紫蘂

秘之不敢示情親　琭琭何曾數餘子

寓心獨待識茶人　不是風斤誰斲鼻

碎鐺撲火久不煎　正怯兒曹輕品味

譬如富貴深閨中　養得嬌姹䲶頭稚

眼高深恐嫁凡婿　着意東床期欲致

我今何者敢來試　意外忽逢仙分至

房公落落天上人　褚裏皮裏陽秋備

評人餘論移於茶　說脉論源聊見寄

讀了冷冷洗煩悶　恰如醉面灑寒水

對茶索酒頗似狂　可笑前言眞戲耳

草庵他日叩禪居　數卷玄書討深旨

雖老猶堪手汲泉　一甌卽是參禪始

[1] 방공이 이때 내시로 있었다(房爲內侍).

출전:『동국이상국전집』권13

해설　방연보가 과거에 장원을 한 것은 1197년 음력 5월이다. 이 시는 그가 보낸 화답시를 받고, 귀한 차를 주제로 다시 차운하여 읊은 것이다.

이규보 李奎報, 1168~1241

구품사에서 놀다가 날이 저물다 遊九品寺迫晚

산 험하니 말이 터덕거리고
길은 멀어서 사람 피곤해라.
놀란 다람쥐 풀 속으로 들어가고
잠자는 새들 가지에 깃들었네.
빈집엔 가을이 일찍 오고
높은 봉우리엔 달 뜨기 더디네.
한가한 중 일도 없어
차 마심도 잊었구나.

山險馬猶蹶　路長人易疲　驚鼯潛入草　宿鳥已安枝
虛閣秋來早　危峯月上遲　僧閑無一事　除却點茶時

출전: 『동국이상국전집』 권14

해설　이 시는 『동문선』 권9에도 수록되어 있다.

이규보 李奎報, 1168~1241

차맷돌을 준 사람에게 감사하다 謝人贈茶磨

돌 쪼아 바퀴 하나 이뤘으니
돌리는 덴 한 팔만 쓰누나.
자네도 차를 마시면서
왜 나에게 보내 주었나.
내가 유독 잠 즐기는 걸 알아
그래서 나에게 부쳐 온 게지.
갈수록 푸른 향기 나오니
그대 마음 더욱 고맙네그려.

琢石作孤輪 迴旋煩一臂 子豈不茗飮 投向草堂裏

知我偏嗜眠 所以見寄耳 硏出綠香塵 益感吾子意

출전: 『동국이상국전집』 권14

해설 누구에게선가 차맷돌을 선물 받고 쓴 시로, 직접 차를 갈며 차 가루 향기를 맡고 읊은 시이다.

이규보 李奎報, 1168~1241

안화사 당 선사를 찾다 訪安和寺幢禪師……

청산이 참된 친구라
내 오는 걸 즐기는 듯,
내 올 때 맑은 경치 보여 주니
날씨가 곱고도 아름다워라.
더구나 산에 온 지 얼마 안 되어
빗소리 다시 좋기도 하네.
머리털 풀고 난간에 누우니
코 고는 소리 우레 같구나.
다시 일어나 갠 날을 보니
둥그런 해가 나무 끝에 걸렸군.
매미들은 잎 속에서 울고
새들은 나뭇가지에서 싸운다.
중들은 제 손으로 차 달여
나에게 향기와 빛을 자랑하네.
나는 말하노라, 늙고 병든 몸이
어느 겨를에 차 품질 따지랴고.
일곱 사발에 또 일곱 사발
바위 앞 물을 말리고 싶네.
때는 마침 초가을이라
늦더위 다하지 않았으니,

낮이면 비록 찌는 듯하나
서늘한 저물녘의 기운 더욱 좋구나.
수정 같은 푸른 외 먹으니
얼음같이 찬 액체에 이가 시리다.
볼처럼 붉은 복숭아
씹어 먹으니 잠 쫓기 알맞네.
누웠다 앉았다 하며 돌아가길 잊으니
이 놀음이 참으로 내 뜻에 맞구려.

青山眞故人 似喜幽人至 來時貺淸景 風日正姸媚
到山未云幾 蕭簫雨聲美 散髮臥風軒 一場雷鼾鼻
起視復澄霽 木末掛規燈 鳴蟬翳葉嘖 鬪雀爭枝墮
衲僧手煎茶 誇我香色備 我言老渴漢 茶品何暇議
七椀復七椀 要涸巖前水 是時秋初交 殘暑未云弭
當午雖敲蒸 晚涼聊可喜 靑瓜嚼水精 氷液寒侵齒
碧桃雙頰紅 嚼罷堪祛睡 偃仰自忘還 玆遊眞適意

출전: 『동국이상국전집』 권14

원제 안화사 당 선사를 찾았더니 선사가 시 한 편을 청했다 訪安和寺幢禪師 師請賦一篇

해설 안화사安和寺는 개성의 자하동에 있던 절로, 그곳을 찾아 차와 과일을 대접받고 지은 시이다.

이규보 李奎報, 1168~1241

유 시랑 집에서 술을 마시고 飮兪侍郎家……

푸른 시냇물 얼음처럼 맑고
복사꽃 살구꽃은 붉은빛으로 흠뻑 물들었네.
발은 미풍에 나부끼고 서늘한 정자 고요한데
짹짹거리는 새소리 졸음을 깨우도다.
쟁반에 쌓은 맛 좋은 안주에
술병 더해 가며 자꾸만 권하누나.
세 사람은 차만 마시는데[1]
부끄럽다, 나만 술을 마시니.
비뚤어진 의관 다시 바로잡고
이야기 끝나 돌아오니 해가 기우네.

藍翠潑溪氷破鏡　酣紅浸暈生桃杏
簾颺輕風涼榭靜　喃喃啼鳥呼睡醒
兼味佳肴飣盤皿　添壺頻勸督嚴令
三人高絶淸飮茗　憨我獨傾杯倒罄
衫帽著顚斜復整　談罷始還方側景

[1] 주인과 두 손은 마시지 않았다(主人與兩客不飮).

출전: 『동국이상국전집』 권16

원제 유 시랑 집에서 술 마시고 이튿날 쌍운회문시雙韻廻文詩로 사례하다 飮兪侍郎家 明日以詩謝之 雙韻廻文

해설 53세 때인 고종 7년(1220)경에 지은 차시인 듯하다. 유 시랑의 집을 방문하여 지은 시로, 유 시랑은 아마도 유승단兪升旦(1168~1232)이라는 인물이 아닌가 추측된다. 원제에 나오는 쌍운회문시雙韻廻文詩란 위에서 내리 읽거나 밑에서 거슬러 읽거나 평측平仄과 운이 맞도록 구성되어 있는 데다, 매 구의 첫 글자와 마지막 글자에 각기 운자를 붙인 시이다.

이규보 李奎報, 1168~1241

유 시랑이 화답시를 보고 찾아오다
俞公見和訪來……

검은 머리 백발 되어 거울 보고 수심 겹더니
불그스레 취한 얼굴 살구꽃 같아라.
발 걷힌 창문에 평상平床은 고요하고
짹짹거리는 새소리에 술이 깨누나.
술과 안주 그릇에 가득하니
등불 밝히고 시를 짓도다.
석 잔 술 다 들고 다시 차 달이는데
나는 시상詩想이 떠오르지 않아 부끄럽네.
흐트러진 의관 여미고 바르게 앉아
담소 무르익어 좋은 광경 선뜻 떠날 수 없네.

藍換雪鬢愁曉鏡　醺顏伙得伴紅杏
簾卷午窓閑榻靜　喃喃話到醉還醒
兼酒與肴盈器皿　添燈夜席詩開令
三杯淺酌交湯茗　憨愧吾腸詞竭罄
衫生皺任坐敬整　談劇未輕抛好景

출전: 『동국이상국전집』 권16

원제 유공이 화답하고 찾아왔으므로 술 마시며 다시 답하다 兪公見和訪來 因置酒復答

해설 앞의 시에 바로 이어지는 시로, 두 시의 첫 글자와 마지막 글자가 역시 동일하다. 유 시랑의 방문을 받고 술 마신 뒤 차를 마시는 정경을 읊었다.

이규보 李奎報, 1168~1241

천마산에서 노닐며 遊天磨山有作

산에 들어 길 잃고 숲 속에 빠지니
빈 골짜기 그윽한 꽃은 절로 피고 지며,
깊은 시냇물은 산 허리를 밟아 돌고
하늘의 한 줌 구름은 절벽 위에 외롭구나.
몇 백 척 암벽 위에 올라가
나무 사이 뛰어다니며 원숭이와 다투네.
칼날 같은 창바위는 누구를 찌르려느뇨.[1]
딱딱한 돌북은 어찌 울리랴.[2]
바람은 속인의 얼굴을 쓸어버릴 듯 불어오고
골짜기는 사람 소리에 대답하듯 메아리치네.
울퉁불퉁 돌밭길 따라가다가
되돌아서 소나무 사립문 두드리니,
문에 나와 웃으며 손을 맞는 스님은
그 모습이 늙은 소나무에 천 년 학이 깃든 듯.
곤하여 송헌松軒에 누우니 산 달은 훤하고
차 달이는데 암천巖泉이야 마를 것을 상관않네.
나는 즐거워 시름 잊는다 하니 스님은 껄껄 웃으며
본래 시름 없거늘 무어 그리 즐거우랴 하네.
내일 아침에는 완부阮孚의 나막신에 밀 칠하리니*
무엇하러 다시 도퇴桃椎의 짚신*을 사리오.

고려의 차 문화

入山迷路墮叢薄 空谷幽花自開落 深溪流水山半脚 絶壁孤雲天一握
跳上巉巖幾百尺 身行木末爭猿玃 戟巖攢鍔欲誰格 鼓石無聲那得咢
風吹俗面似掃掠 谷答人聲如唯諾 初從石徑行犖确 旋向松扉敲剝啄
山僧出門笑迎客 貌古松頭千歲鶴 困臥松軒山月白 煎茶不問巖泉涸
我樂忘憂師大噱 本自無憂誰是樂 明朝共蠟阮孚屐 何必更買桃椎屩

¹ 흰 바위가 창과 같아서 사람들이 창바위라 한다(白巖如戟人號戟巖).
² 북 같은 바위가 있다(有石如鼓).

출전: 『동국이상국전집』 권16

해설　이 시의 제목에 나오는 천마산은 개성 북쪽에 있던 산인데, 이규보는 20대에 이곳에 머물면서 백운거사白雲居士로 자칭하였다.

- **완부阮孚의 나막신**　중국 진晉나라 완부가 나막신을 매우 아껴 항상 신에다 밀랍을 칠하여 신고 다닌 일을 말한다.
- **도퇴桃椎의 짚신**　중국 당나라 주도퇴朱桃椎가 산에 오막살이를 짓고 살면서 짚신을 삼아 길거리에 갖다 놓았는데, 사람들이 보고 "주 거사의 신이다" 하고 쌀로 바꾸어 갔다고 한다.

이규보 李奎報, 1168~1241

잠시 감불사에서 놀다가 주지인 늙은 비구에게 주다 暫遊感佛寺 贈堂頭老比丘

유언비어로 인해 남쪽 고을에 떨어졌다가
자비롭고 화평스런 부처님을 보았네.
이끼를 헤치고 돌길을 걸어
굽이진 숲 속을 뚫고 절을 찾았네.
바다 가운데 외딴 섬에는 등불이 밝았고
집 모퉁이 대숲은 창날같이 솟았네.[1]
도를 묻다가 이미 귀양살이 한을 잊었는데
초나라 신하는 어찌하여 상강湘江에 빠져 죽었는고.•
개미 나라에서의 영욕•은 꿈처럼 덧없는데
승방僧房에선 도리어 함께 담소하네.
뜬 이름은 다 마음 밖에 멀어졌고
오묘한 도는 오히려 목전에 있네.
돌솥에 차를 끓이니 향기로운 젖이 희고

• **초나라 신하 …… 죽었는고**   중국 초나라의 신하였던 굴원屈原을 말한다. 그는 초나라 회왕 때 삼려대부三閭大夫가 되었다가 모함을 받아 귀양 간 후, 상강에 몸을 던져 죽었다고 전한다.
• **개미 나라에서의 영욕**   순우분淳于棼이라는 사람이 느티나무 아래서 잠을 자다가 꿈속에서 온갖 부귀를 누리고 깨어 보니, 자기가 노닐던 곳이 느티나무 아래 개미 나라였다는 남가일몽南柯一夢의 중국 고사를 일컫는다.

벽돌 화로에 불을 붙이니 저녁놀같이 붉구나.
인간의 영욕을 대략 맛보았으니
이제부터 강산의 방랑객이 되리라.

賴因飛語落蠻鄕 得見慈和大法王 細破蘇紋行石徑 曲穿林罅覓蓮莊
海心遙島燈抽炷 屋角脩篁槊聳鋩 問道已忘流謫恨 楚臣胡奈浪沈湘
蟻國升沈一夢空 却因僧舍笑談司 浮名摠落心虛外 妙道猶存目擊中
石鼎煎茶香乳白 塼爐撥火晚霞紅 人間榮辱粗嘗了 從此湖山作浪翁

[1] 누대 밖에 죽원竹園이 있는데 대나무가 삼대같이 서 있었다(樓外有竹園 植植麻立).

출전: 『동국이상국전집』 권17

해설 감불사는 전북 부안군에 있는 절로, 이규보는 1230년 63세 때에 부안현 위도 猬島로 귀양을 간 적이 있다. 이 시는 아마도 이때 지은 것으로 추측된다.

이규보 李奎報, 1168~1241

일암거사 정분鄭奮이 차를 보내준 데 감사하며
謝逸庵居士鄭君奮寄茶

1

꽃다운 소식 몇 천 리를 날아왔는고,
하얀 종이 바른 함에 붉은 실로 얽었네.
내가 늙어서 잠 많은 줄 알고서
새로 나온 찻잎을 달여 먹으라 구해 주었네.

芳信飛來路幾千 粉牋糊櫃絳絲纏
知予老境偏多睡 乞與新芽摘火前

2

벼슬은 높아도 검소하여 나보다 나을 것 없는데
여느 것도 없거든 하물며 선다仙茶임에랴.
해마다 홀로 어진 이의 덕을 입으니[1]
이제야 이 세상 재상집 구실하누나.

官峻居卑莫我過 本無凡餉況仙茶

年年獨荷仁人貺 始作人間宰相家

¹ 지난해에도 보내 주었다(前年亦送).

출전: 『동국이상국전집』 권18

해설　정분鄭奮은 고려 고종 때의 무신으로 참지정사를 역임하였으며, 집권자였던 최우崔瑀와는 처남 매제 간이었다. 마지막 구에서 "이제야 이 세상 재상집 구실하누나"라고 한 것은 평소 검소한 생활을 하던 그가 재상가에서나 볼 수 있는 진귀한 차를 보내 주었다는 의미이다.

이규보 李奎報, 1168~1241

엄 스님을 찾다 訪嚴師……

내가 지금 산방을 찾아온 것은
술을 마시려고 해서가 아닌데,
올 때마다 술자리 베푸니
얼굴이 두꺼운들 어찌 땀이 나지 않겠소.
스님의 격조 높음은
오직 향기로운 차를 마시기 때문.
몽정의 새싹을 따서
혜산의 물로 달인 것이 제일일세.
차 한잔 마시고 한마디씩 나누며
점점 심오한 경지에 들어가네.
이 즐거움 참으로 청담하니
굳이 술에 취할 필요가 있겠나.

我今訪山家 飮酒本非意 每來設飮筵 顔厚得無泚
僧格所自高 唯是茗飮耳 好將蒙頂芽 煎却惠山水
一甌輒一話 漸入玄玄旨 此樂信淸淡 何必昏昏醉

출전: 『동국이상국전집』 후집後集 권1

원제   엄 스님을 찾다(이 스님은 여간해서는 술을 내놓지 않으나 나에게만은 반드시 술을 대접하였다. 그래서 이 시를 지어 사양한 것이다.) 訪嚴師(此師稀置酒 見我必置 故以詩止之)

해설   엄 스님은 앞의 시에서도 나온 인물인데, 유독 이규보에게만은 술을 대접하였음을 알 수 있다. 이에 대해 이규보는 자신이 엄 스님을 찾는 것은 술보다는 차 한 잔에 뜻이 있음을 익살스럽게 말하고 있다.

이규보 李奎報, 1168~1241

남행일기 南行月日記

하루 먼저 변산 소래사蘇來寺*에 가니 절간 벽 위에 청평거사 이자현 李資玄의 시가 있어 나도 2수를 화답하여 벽에 썼다. 이튿날 부령현령 이군李君 및 나머지 손님 6~7명과 함께 원효방元曉房에 이르렀다. 수십 칸 높이의 나무 사다리가 있어서 발을 후들후들 떨며 조심조심 올라가니, 뜰 계단과 창문이 수풀 위로 솟아 있었다. 들으니 이따금 호랑이나 표범이 사다리를 타고 올라오다가 결국 올라오지 못한다고 한다. 곁에 한 암자가 있는데, 세상에 전하기를 사포성인蛇包聖人이란 이가 옛날 머물던 곳인데, 원효元曉가 와서 살았으므로 사포蛇包도 와서 모시고 있었다고 한다. 사포가 차를 달여 원효에게 올리려 하였으나 샘물이 없어 안타까워하였다. 그러던 차에 물이 바위 틈에서 갑자기 솟아났는데 맛이 매우 달아 젖과 같으므로 이 물로 차를 달였다 한다. 원효방은 겨우 8척쯤 되는데, 한 늙은 중이 거처하였다. 삽살개 눈썹에 해어진 누비옷을 입은 모습이 고고하였다. 방 한가운데를 막아 내실과 외실을 만들었다. 내실에는 불상과 원효의 초상이 있고, 외실에는 병甁 하나, 신 한 켤레, 찻잔과 경궤經机만이 있을 뿐, 취사 도구도 없고 모시는 사람도 없었다. 그는 다만 소래사에 가서 하루 한 차례의 재齋에 참여할 따름이라 한다.

* **소래사**蘇來寺　전라북도 부안군 변산에 있던 절로 지금의 내소사來蘇寺이다.

先一日 遂往邊山蘇來寺 壁上有故資玄居士詩 予亦和二首 書于壁 明日與扶寧縣宰李君及餘客六七人 至元曉房 有木梯高數十級 疊足凌兢而行 乃得至焉 庭階窓戶 上出林杪 聞往往有虎豹 攀緣而未上者 傍有一庵 俗語所云 蛇包聖人所昔住也 以元曉來居故 蛇包亦來侍 欲試茶進曉公 病無泉水 此水從巖罅忽湧出 味極甘如乳 因嘗點茶也 元曉房才八尺 有一老闍梨居之 厖眉破衲 道貌高古 障其中爲內外室 內室有佛像元曉眞容 外則一瓶雙屨 茶瓷經机而已 更無炊具 亦無侍者 但於蘇來寺 日趁一齋耳

출전: 『동국이상국전집』 권23

해설 이 「남행월일기」南行月日記는 이규보가 1200년 전주목 사록겸장서기로 임명되어 1201년 1년 4개월 만에 해직될 때까지의 기록이다. 여기서는 앞뒤 내용을 생략하고 변산 내소사 인근의 원효방을 방문한 내용만을 수록하였다.

백비화 白賁華, 1180~1224

속명사에 이르러 到續命寺 ……

누대는 아득히 하늘을 찌르고
집 앞에는 스산한 몇 자락 산.
구름 그림자는 도안道眼에 (원문 결락)
물빛은 자리에 비쳐 (원문 결락)
(원문 결락) 소나무 아래에서 노래 부르고
(원문 결락) 대나무 사이에서 차를 달이네.
응당 기이한 (원문 결락) 이곳에 왔으니
온 산의 암석이 모두 아름답도다.

樓臺縹渺倚天關 對屋蕭條數朶山 雲影拂○○道眼 水光侵榻○詩○ ○來○○歌松下 ○○名茶煎竹間 應是奇○曾過此 滿山嵓石○斑斑

출전: 『남양선생시집』南陽先生詩集 권상卷上

원제 속명사에 이르러 문득 벽에 적힌 선인들의 시 몇 수를 보고 삼가 차운하여 시판詩板 끝에 쓴다 到續命寺 忽覩壁上先人所題數首 謹次其韻 留于板尾

해설 속명사續命寺는 황해도 오덕산五德山에 있던 절로 추정된다. 글자가 마멸된 곳이 많아 시의 내용을 정확히 알 수는 없으나, 속명사 대나무 숲 사이에서 차를 달이는 운치를 읊고 있다.

백비화 白賁華, 1180~1224

차운하여 봉서사에 적다 次韻題鳳棲寺

가람 가득한 소나무 삼나무 신선 세계 같은데
베개가 차가우매 홀연 이슬 맺힌 줄 알았네.
원옥차圓玉茶* 달이는 연기가 벌써 피어오르니
울금주鬱金酒* 마셔도 술자리 또한 흥겹겠지.
만 골짝의 맑은 물은 귀를 씻기 알맞고
한 누대의 밝은 달은 마음 전하기 좋아라.
이 사이 도의 맛을 누가 (원문 결락)
보수寶樹*는 바람 없어도 절로 묘하게 울리네.

滿院松杉似鄧林 枕寒方覺露華侵 茶煙已許烹圓玉 酒席何妨酌鬱金
萬壑清流宜洗耳 一軒明月可傳心 此間道味誰○遍 寶樹無風自妙音

출전: 『남양선생시집』 권하卷下

- **원옥차圓玉茶** 구슬처럼 동글동글하게 만든 차이다.
- **울금주鬱金酒** 울금으로 빚은 술로, 제례에 쓰이는 귀한 술이다. 여기서는 그냥 맛 좋은 술이란 의미이다.
- **보수寶樹** 극락세계에 있다는 전설의 나무인데, 잎이 모두 칠보七寶로 되어 있어서 가벼운 바람이 불어도 보석들이 서로 부딪혀 몹시 아름다운 소리를 낸다고 한다.

해설　봉서사鳳棲寺는 전라도 전주 서방산에 있던 절이 아닌가 추측되지만, 자세한 것은 미상이다. 이 시 역시 마멸된 글자가 있으나, 차에 대한 풍류와 애호를 느낄 수 있다. 참고로 '백비화'白賁華라는 이름은, 『주역』「비괘」賁卦 상구上九의 "백비白賁면 무구無咎니라"(꾸밈을 질박하게 하면 허물이 없다)라는 뜻에서 온 것이다. 그래서 '백분화'라 읽지 않고 '백비화'라 읽는다. 그의 자가 무구無咎이다.

이승휴 李承休, 1224~1300

진 시랑의 고시古詩에 차운하여 올리다
丙寅正月 大雪彌旬……

봄눈이 열흘 넘게 내리니
처맛물이 비처럼 떨어지네.
쌓인 옥가루가 한 길이 넘으니
찬 기운이 술기운을 누르누나.
쉼 없이 나부껴
언덕처럼 쌓이려는 듯.
지척 거리에도 왕래가 막혀
책상에 앉아 오래도록 팔짱만 끼고 있네.
솜 같은 것이 바람에 나부끼는 것만 보일 뿐
문 앞에 흔들리는 버들은 감상할 수 없네.
멀고 가까운 것이 하나같이 평평하니
들인지 산인지 구별이 되지 않네.
일찍이 연지산에 눈이 많이 왔다고 들었는데
그때도 지금처럼 이랬는지.
문 닫고 들어앉아 글만 읽을 뿐

배를 타고 어떻게 친구를 찾으랴.*
흰 귀밑머리로 차를 달이며
샘물을 품별하며 육우를 평하네.
만약 그대가 시 읊어 주기를 기다린다면
소금과 솜 같은 눈이 모두 더러워질 거요.

春雪洒彌旬 簷漏滴如雨 積玉丈許深 寒氣殺醇酒
飄颻無時休 似欲堆至斗 咫尺阻往來 几坐長袖手
但見絮飜風 未賞門搖柳 遠近一般平 未辨郊與岫
曾聞燕支山 其奈如斯不 閉門但讀書 乘舟那訪友
鬢絲理茶煙 泉品評陸羽 若奉賢俟哦 鹽絮皆陳舊

출전: 『동안거사행록』動安居士行錄 권2

원제 병인년 정월 큰눈이 열흘이 넘게 온다. 안집사 진 시랑이 진주부에서 읊어 보내 준 고시에 삼가 차운하여 올리다. 丙寅正月 大雪彌旬 安集陳侍郞在眞珠府 賦古調示之 謹次韻奉呈

해설 후반부의 "흰 귀밑머리로 …… 육우를 평하네"라는 구절을 보면, 당시에 이미 육우의 『다경』이 이미 읽히고 있었음을 알 수 있다.

---

* 배를 타고~찾으랴 중국 진晉나라 왕휘지王徽之가 큰 눈이 오는 날 친구 대규戴逵가 생각나서, 배를 타고 그 집 문 앞까지 갔다가 돌아온 고사. 돌아온 이유를 묻자, '흥이 다하니 굳이 친구를 만나 무엇하겠느냐'고 대답했다고 한다.

홍간 洪侃, ?~1304

김둔촌의 사계절 시에 화답하여
次韻和金鈍村四時歐公韻 四首

송강松江*의 총서를 쉬임 없이 베껴 쓰니
종이가 차곡차곡, 상자가 작구나.
구기자는 가시나무 되지 않고 국화는 잔디 되지 않으니*
생선회 배불리 먹는 사람들 무어 부러워하리.*
다섯 마리 오나라 소가 밭 두 이랑을 가는데
서산으로부터 한바탕 아침비가 좋구나.
몸소 삼태기와 가래 지고 텃밭을 손보노라니
나무 울타리 개울둑에 물새가 앉았구나.
고저顧渚에 또 차밭을 두었으니
『다보』茶譜와 『수경』水經*을 일찍부터 알았도다.
이 중의 맑은 바람을 그 누가 알랴
부강浯江의 어부요 자계紫溪의 늙은이라오.¹*

松江叢書不輟草 紙札相壓筐箱小 杞未棘兮菊未莎 肯羨人間擊鮮飽
十角吳牛二頃田 西山朝來一雨好 躬負畚鋪理吾稼 木柵隄邊立水鳥

顧渚又復置茶園 茶譜水經推勘早 此中淸風知者誰 涪江漁父紫溪老

¹ 천수자天隨子의 여름시를 본뜬 것이다(右夏 記天隨子).

출전: 『홍애선생유고』洪崖先生遺稿

해설 중국 송나라의 구양수歐陽脩 시의 운을 따라 쓴 둔촌鈍村 김훤金喧의 시에 홍간이 다시 차운하여 화답한 시이다. 원래 춘하추동을 소재로 4수가 있으나, 여기서는 두 번째 여름시만을 수록하였다. 그 내용은 대개 고저산顧渚山에 차밭을 두고 전원생활을 즐기던 육구몽의 삶을 노래한 것이다. 『동문선』권6에도 수록된 시이다.

- **송강**松江　중국 당나라 육구몽陸龜蒙의 호. 그는 송강의 보리甫里에 살면서 구기자와 국화를 심어 식용으로 하였으며, 차를 좋아하여 고저산顧渚山 밑에 다원茶園을 두었다. '송강의 총서'란 육구몽의 『입택총서』笠澤叢書를 가리키는 것으로 보인다. 원주에 나오는 천수자天隨子 역시 육구몽의 호이다.
- **구기자는~않으니**　육구몽의 「기국부」杞菊賦에 나오는 구절이다.
- **생선회~부러워하리**　육구몽의 친구가 육구몽에게 "이 고을에서 매일 생고기로 회를 쳐서 그대를 배부르게 할 사람이 있을 터인데, 왜 문을 닫고 주린 창자에 옛글만 읽고 있는가"라고 물었다. 그러자 육구몽이 "내가 몇 해 동안을 주림을 참고 경을 외웠다. 그러나 어찌 백정이나 술 파는 자 집에 술과 음식이 있는 줄 모르겠는가"라고 대답하였다.
- **「다보」**茶譜**와 「수경」**水經　차를 품평하고 맛 좋은 물을 기록한 책을 통칭한 말이다.
- **부강**涪江**의~늙은이라오**　부강의 어부는 부강에 은거했던 육구몽을 말하고, 자계의 늙은이는 자계에 은거했던 중국 송나라의 소식을 말한다. 소식은 육구몽의 「기국부」를 본떠 「후기국부」後杞菊賦를 지었다.

안축 安軸, 1282~1348

삼척의 서루 팔영 三陟西樓 八詠

1 대나무 담장 두른 옛 절 竹藏古寺

대나무는 오래되어 절간을 에워쌌는데
대나무 심고 살던 스님은 이제 없네.
참선하는 자리와 차 마시는 방은 깊어 보이지 않고
숲을 뚫고 물총새만 홀로 돌아갈 줄 아네.

脩篁歲久盡成圍 手種居僧今已非

禪榻茶軒深不見 穿林翠羽獨知歸

8 담장 사이로 중을 부르다 隔墻呼僧

우뚝한 관청 누각은 강물을 임했고
담장 사이 절간은 바위에 기대어 있네.
스님이 좋아한 참된 흥취는 사람 없음이니

십 리 밖의 차 연기 대나무 바람에 날아오르네.

聳壑郡樓臨水府 隔墻禪舍倚巖叢

愛僧眞趣無人會 十里茶煙颺竹風

출전: 『근재집』謹齋集 권1

해설   삼척의 서루는 '죽서루'竹西樓가 아닐까 짐작된다. 이 시는 그곳에서 바라본 8가지 경치를 읊은 시 중에서 첫 번째와 여덟 번째이다. 안축은 충숙왕 17년(1330)에 강원도존무사가 되어 삼척에 이르렀는데, 아마도 이 시는 이때 지은 것으로 보인다.

안축 安軸, 1282~1348

한송정에 쓰다 題寒松亭

네 선랑仙郞 일찍이 여기에 모였으니
마치 맹상군孟嘗君의 문객 같았네.
구슬 신발 구름에 자취 없고
푸른 소나무는 불타고 없네.
참됨을 찾아 푸르고 무성함 생각하며
옛일을 생각하다 황혼까지 섰도다.
다만 차 달이던 우물만
예전과 다름없이 돌뿌리에 있도다.[1]

四仙曾會此 客似孟嘗門 珠履雲無迹 蒼官火不存

尋眞思翠密 懷古立黃昏 唯有煎茶井 依然在石根

[1] 소나무는 근래 산불로 타 버렸기 때문에 이렇게 읊은 것이다(松近爲山火所燒故云).

출전: 『근재집』 권1

해설   충숙왕 18년(1331)경에 지은 시로, 한송정寒松亭은 강릉에 있던 유명한 정자이다. 이곳에 있던 차와 관련된 유적은 『신증동국여지승람』 권44에도 나온다. 이 시는 『동문선』에도 수록되어 있다.

이제현 李齊賢, 1287~1367

우연히 쓰다 偶成

남은 취기 몽롱하고 흰눈은 비녀에 가득한데
차 달이는 소리 속에 날이 저무누나.
아, 딱하다, 계집아이는 시름도 없이
손으로 어린 뽕잎 자르며 양잠을 배우누나.

殘酒憐騰雪滿簪 煮茶聲裏日西南
最憐稚女無愁思 手翦柔桑學餧蠶

출전: 『익재집』益齋集 권3

해설 술을 마신 뒤에 차를 마시며 지은 시로 보인다. 양잠을 배우는 어린 여자아이를 바라보는 작자의 시선에서 애민愛民 의식을 엿볼 수 있다.

이제현 李齊賢, 1287~1367

송광 화상이 새로 난 차를 부쳐 주다
松廣和尙寄惠新茗……

술 끊으니 마른 창자에 연기가 나려 하고
책을 보니 늙은 눈에 안개가 가린 것 같네.
무엇으로 두 가지 병을 말끔히 없앨 건가
나는 평소에 좋은 약 얻어 오는 데가 있네.
동암東菴은 옛날 녹야綠野에 노닐었고*
혜감慧鑑은 조계주曹溪主가 되어 떠났으나,*
좋은 차 보내오고 안부를 물을 때면
장편 글로 보답하여 깊은 흠모 표하였네.
두 늙은이 풍류는 유불儒佛의 으뜸
한평생의 생사가 아침저녁 같구나.
화상께선 사부의 의발을 받아 이 산에 머물렀으니
사람들은 그 법도가 조사祖師보다 낫다 하네.
내 평생 글 짓는 일을 후회하지 않으나

• **동암東菴은~노닐었고** 동암은 이제현의 부친 이진李瑱의 호인데, 그가 벼슬에서 물러나 은거했다는 뜻이다. 녹야는 중국 당나라 때 배도裵度가 벼슬에서 물러나 은거하던 녹야당綠野堂을 말한다.
• **혜감慧鑑은~떠났으나** 혜감은 고려의 국사國師였던 만항萬恒의 시호로, 그가 중이 되었다는 뜻이다. 조계주는 절의 주승主僧을 뜻하는 말로, 중국 양梁나라 때 지약智藥이 조계수曹溪水의 상류에 절을 지은 데서 유래한다.

가업을 계승하기 참으로 부끄럽네.

향화香火의 인연* 맺기로 전해왔으나

속세에 끌려 장구杖屨를 모실 수 없었네.

외로운 이의 안부까지 물으실 줄 어찌 기대했으랴

가는 길 다르다고 조금도 혐의 않네.

가을 감을 먼저 따서 나에게 부쳐 주고

봄볕에 말린 작설차 여러 번 보내왔네.

대사는 옛 정분을 못 잊어 그렇지만

나는 공도 없이 많이 받기 부끄럽네.

낡은 집 몇 칸 풀이 뜰에 우거지고

6월의 궂은 장마 진흙이 길에 가득.

문 두드리는 소리에 놀라 보니 대바구니 보내와

옥과玉䱉*보다 더 좋은 신선한 차를 얻게 되었네.

맑은 향기 맡아 보니 화전춘火前春*인가

고운 빛깔을 보니 숲 속의 이슬을 머금은 듯.

돌솥에 끓는 소리 솔바람 부는 듯

자기 잔에 도는 무늬 망울을 토해 내네.

산곡山谷이 운룡雲龍을 자랑할 수 있겠는가*

설당雪堂의 월토月兎보다 월등함을 깨달았네.*

• **향화香火의 인연** 전대前代에 이어서 불가와 인연을 맺는 일을 의미하는 것으로 보인다.
• **옥과玉䱉** 차의 일종인 듯하나 자세한 것은 알 수 없다.
• **화전춘火前春** 한식절의 금화禁火 이전에 채취하여 만든 차로, 화전차火前茶 혹은 화전火前이라고도 한다. 『송사宋史』 「식화지食貨志」에 "가장 좋은 차는 사일社日 이전에 딴 사전차社前茶이고, 그 다음은 한식 이전에 딴 화전차이다"라는 말이 있다.

서로 사귐에 진정 혜감의 기풍이 있으나
사례를 하려 해도 동암의 글재주 없구려.
붓 솜씨도 노동盧소을 본받을 수 없는데*
더구나 육우 따라 『다경』을 쓰겠는가.
산사의 옛 관례를 더 이상 따르지 마오
나도 지금부터 시에 전념하리다.[1]

枯腸止酒欲生煙　老眼看書如隔霧
誰敎二病去無蹤　我得一藥來有素
東菴昔爲綠野遊　慧鑑去作曹溪主
寄來佳茗致芳訊　報以長篇表深慕
二老風流冠儒釋　百年存沒猶晨暮
師傳衣鉢住此山　人道規繩超乃祖
生平我不悔雕蟲　事業今宜慚幹蠱
傳家有約結香火　牽俗無由陪杖屨
豈意寒暄問索居　不將出處嫌異趣

• 산곡山谷이~ 있겠는가　산곡은 중국 송나라 황정견黃庭堅의 호이다. 운룡은 황정견이 학원壑源에서 나는 차를 보내 준 것에 감사하여 지은 시에서 유래한 것으로, 좋은 차를 의미한다.
• 설당雪堂의~ 깨달았네　설당은 중국 송나라의 소식이 거처하던 당 이름으로 사방의 벽에 설경雪景을 그려 놓은 데서 유래한다. 월토는 소식의 시에서 유래한 차 이름이다. 송광 화상이 보내 온 차가 그에 뒤지지 않는다는 뜻이다.
• 붓 솜씨도~없는데　중국 당나라의 시인 노동이 간의대부 맹간孟簡이 차를 보내 주자 시를 지어 사례했으므로, 이렇게 말한 것이다.

霜林蚪卵寄曾先　春焙雀舌分亦屢

師雖念舊示不忘　我自無功愧多取

數間老屋草生庭　六月愁霖泥滿路

忽驚剝啄送筠籠　又獲芳鮮逾玉胯

香淸曾摘火前春　色嫩尙含林下露

颼颼石銚松籟鳴　眩轉瓷甌乳花吐

肯容山谷託雲龍　便覺雪堂羞月兎

相投眞有慧鑑風　欲謝只欠東菴句

未堪走筆效盧仝　況擬著經追陸羽

院中公案勿重尋　我亦從今詩入務

[1] 처음에 혜감이 동암에게 차를 보내면서 글로 희롱하기를 "전의 관례로 산차 약간을 부친다" 하였고, 동암은 반드시 시로 답을 하였는데 지금 법주法主도 익재에게 차를 부쳐 연례행사처럼 되었기 때문에 이런 말을 하였다(初慧鑑以新荅寄東菴 其書戲云 前公案付山茗若干 東菴必以詩爲答 今法主亦寄茶於益齋 爲年例故云).

출전: 『익재집』 권4

원제　송광 화상이 차를 보내 준 데 대하여 붓 가는 대로 써서 어르신 앞에 바칩니다 松廣和尙寄惠新茗 順筆亂道 寄呈丈下

해설　이제현의 부친 이진李瑱이 혜감 국사와 차와 글로 교유하였던 사실에 빗대어, 송광 화상과 자신의 아름다운 교유를 읊은 시이다.

이제현 李齊賢, 1287~1367

묘련사 석지조기 妙蓮寺石池竈記

삼장순암 법사三藏順菴法師가 천자의 조서를 받들어 풍악산 절에 불공을 드리고 그 길로 한송정을 유람하였다. 그 위에 석지조石池竈가 있으므로 주민에게 물으니, 이는 옛날 사람들이 차를 끓여 마시던 것인데, 어느 시대에 만들었는지는 모른다고 하였다. 법사가 혼자서 생각하기를 어릴 때 일찍이 묘련사妙蓮寺에서 두 개의 돌이 풀 속에 있는 것을 보았는데 모양을 떠올려 보면 이런 물건이 아닌가 하였다. 그리고 돌아와서 찾아보니 과연 있었는데, 그 하나는 사방을 네모나게 다듬어 되처럼 만들고 그 가운데를 절구처럼 하였으니 샘물을 담기 위함이고, 그 아래에는 주둥이처럼 구멍을 내었으니 열어서 찌꺼기를 빼고 닫아서 맑은 물을 담는 것이다. 다른 하나는 두 곳이 움푹한데 둥근 것은 불을 때는 곳이고 길쭉한 것은 그릇을 씻는 곳이다. 또 구멍을 조금 크게 하여 움푹하게 둥근 곳과 통하게 하였으니, 이는 바람이 들어오게 한 것이다. 이것들을 합하여 이름 하기를 석지조라고 하는 것이다. 이에 10명의 인부를 시켜 굴려다 지붕 아래에 놓고 손님을 초청하여 거기에 둘러앉게 한 다음, 백설 같은 샘물을 길어다 황금 같은 차를 끓이면서 익재에게 말하였다.

三藏順菴法師 奉天子之詔 祝釐于楓岳之佛祠 因游寒松之亭 其上有石池竈焉 訊之土人 蓋昔人所以供茗飮者 而不知作於何代 師自念曰 幼時嘗於妙蓮寺 見二石草中 想其形製 豈此物耶 及歸 物色而求 果得之 其一方劑之如斗爲圓 其中如臼

所以貯泉水也 下有竅如口 啓以洩其渾 塞以畜其淸也 其一則有二凹 圓者所以厝火 橢者所以滌器 亦爲竅差大 以通凹之圓者 所以來風也 合而名之 所謂石池竈也 於是 命十夫轉置之宇下 邀賓客列坐其次 挹白雪之泉 煮黃金之芽 因謂益齋曰

출전: 『익재집』 권6

해설　이 글은 「묘련사 석지조기」의 전반부이다. 묘련사妙蓮寺는 경기도 개성 삼현리에 있던 절이다. 『신증동국여지승람』 권5에는 이 글이 이제현의 「묘련사 중흥비」와 함께 실려 있다. 한편 뒤에 나오는 기록을 보면, 이 글은 1337년 8월 15일에 쓴 것임을 알 수 있다.

민사평 閔思平, 1295~1359

금강산 유람을 떠나는 선주 총법사를 보내며
送善住聰法師游楓岳

법사는 참된 본성대로 살아
마음이 저 구름과 같아라.
용맹정진으로 선법禪法을 통했고
열띤 강론에 진여眞如˚를 설파하네.
머무르지 않는 것이 참으로 잘 머무르는 것이니
동쪽이 없는데 서쪽이 어이 있겠나.
금강산이 어드메뇨
만 길 눈이 쌓인 곳.
일만 이천 봉우리 아래
아흔아홉 암자가 있지.
소나무 오솔길로 죽장을 짚고
들밥을 먹으며 채소를 따네.
구속을 시원히 벗고자 하는 지금

• **진여**眞如   생사生死와 공색空色을 초월한 절대 진리의 경계.

더구나 푸른 노새 한 마리가 있음에랴.
문득 함께 따라가
산중에서 불법을 배우고 싶지만,
속세의 인연이 아직 남아서
고개 돌리며 머뭇거린다오.
법사여 차나 한잔 마시고 가오
나는 또한 나의 집을 사랑하노니.

法師任眞性 心如雲卷舒
苦學通禪敎 揮塵說眞如
不住眞善住 無東豈有西
楓巒在何許 積雪萬仞餘
萬二千峯下 九十九菴居
松蹊携竹杖 野飯撮香蔬
有人當一見 玩物莫躊躇
我今謝羈束 況有一靑驢
便欲相隨去 山中學佛書
塵緣尙未盡 回首且趑趄
請師喫茶去 吾亦愛吾廬

출전: 『급암선생시집』及菴先生詩集 권1

해설 고려 시대 문인과 승려의 교유 양상과 차 문화 수준을 짐작하게 하는 시이다. 또 마지막 연의 "법사여 차나 한잔 마시고 가오"는 중국 당나라 조주 선사趙州禪師가 누구에게나 '차 한 잔 마시고 가라'(喫茶去)라고 한 선종의 화두를 인용한 말인데, 이를 보면 조주 선사의 유명한 화두가 민간에 전파되어 있었음을 짐작할 수 있다.

이곡 李穀, 1298~1351

음주시 한 수를 백화보, 우덕린과 함께 짓다
飮酒一首 同白和父 禹德麟作

좋고 싫음은 사람 따라 엷기도 진하기도 하지만
그 모두가 조화의 용광로 속에서 나오는 것.
완부阮孚는 나막신을, 화교和嶠는 돈을 좋아했는데*
이는 달인이 들으면 얼굴이 붉어질 일.
우리들의 취미는 이런 것과는 달라서
늘 만나는 곳은 꽃 앞이나 달 아래.
백씨白氏는 술을 좋아해서 손을 멈추지 않고
우군禹君은 닷 말쯤 마셔야 가슴이 트인다고 하고,
이생李生은 평생 술 끊을 생각은 하지 않고서*
눈 들어 술 단지 빈 것을 보면 질색한다오.
형체를 잊고 너 나 하며 천지를 도외시하나니

- 완부阮孚는~ 좋아했는데 중국 진晉나라 완부는 나막신에 항상 밀랍을 반들반들하게 칠해서 신는 괴이한 습벽을 지니고 있었고, 화교는 재산이 많았으나 돈을 모으기만 할 뿐 지극히 인색하였다고 한다.
- 이생李生은 않고서 원문의 '입무'入務는 금주를 뜻하는 중국 송·원 시기의 속어이다.

국생麴生˚이야말로 우리들에게 참으로 공이 있다 하리.
그대도 들었겠지만
천종千鍾과 백고百觚를 마신 분들처럼˚
역사 이래 통음한 이는 모두가 영웅이었다오.
취흥이 도도한 가운데 득실을 똑같이 보면 되지
일일이 같고 다른 점을 계교할 것이 뭐 있겠소.
사람의 일이란 예로부터 어긋남이 많은 법
예구羿彀에서 노닐면서 맞지 않는 때도 혹 있다오.˚
잔을 들고 흘겨본 최종지崔宗之˚나
비녀장 던져 넣은 진맹공陳孟公,˚
일곱째 잔에 겨드랑이에 맑은 바람 인다˚고 한
노동의 착각을 응당 비웃어 주리다.

˚ 국생麴生　누룩으로 빚은 술을 의인화한 별칭으로, 국선생麴先生 혹은 국수재麴秀才라고도 한다.

˚ 천종千鍾과~분들처럼　『공총자』孔叢子「유복」儒服에 "요순은 한자리에서 천종의 술을 마셨고, 공자는 백고의 술을 마셨다"(堯舜千鍾 孔子百觚)라는 말이 있고, 중국 한나라 공융孔融의「여조조논주금서」與曹操論酒禁書에는 "요임금은 천종의 술이 아니었으면 태평시대를 세울 수 없었고, 공자는 백고의 술이 아니었으면 지고의 성인이 될 수 없었다"(堯不千鍾 無以健太平 孔非百觚 無以堪上聖)라는 말이 나온다.

˚ 예구羿彀에서~있다오　『장자』「덕충부」德充符에 "명사수인 예羿의 사정거리 안에서 노니는 자 가운데 그 한복판에 있는 자는 적중되기에 꼭 알맞지만, 그럼에도 그 화살을 맞지 않는 것은 운명이다"(遊於羿之彀中 中央者中地也 然而不中者命也)라는 말이 있다.

˚ 최종지崔宗之　중국 당나라 현종 때의 풍류 문인으로, 두보가「음중팔선가」飮中八仙歌에서 "우리 최종지는 티 없이 맑은 미소년. 잔을 들고 푸른 하늘 흘겨볼 때면, 깨끗하기가 바람 앞에 선 옥수와 같다 할까"(宗之蕭灑美少年 擧觴白眼望靑天 皎如玉樹臨風前)라고 하였다.

物情好惡淡且濃 俱出造化爐中鎔

阮孚好履和嶠錢 達人聞之面發紅

吾徒所好異於此 長向花前月下逢

白氏好飮不停手 禹君五斗方灔胷

李生平生不入務 擧眼厭見金樽空

忘形爾汝外天地 麴生於我良有功

君不聞千鍾與百觚 古來痛飮皆英雄

但可陶陶齊得喪 安用惺惺較異同

人事古多違 羿彀或未中

擧觴崔宗之 投轄陳孟公

應笑盧仝七椀茶 誤疑兩腋生淸風

출전: 『가정집』稼亭集 권14

해설 이곡이 백화보, 우덕린과 함께 지은 시이다. 이들은 아마도 대단한 술친구였던 듯, 중국의 풍류 문인이었던 최종지나 진맹공에 자신들을 빗대고, 차를 사랑했던 노동을 들어 술을 예찬하고 있다. 『동문선』 권7에도 수록된 시이다.

- **진맹공陳孟公** 중국 한나라 진준陳遵으로 자字가 맹공孟公이다. 그는 술을 좋아해서 주연을 벌이곤 하였는데, 그때마다 손님들이 가지 못하도록 문을 잠그고 손님들의 수레바퀴에서 비녀장을 빼내 우물 속에 던져 넣었다고 한다. 비녀장은 수레바퀴가 빠지지 않도록 굴대 머리 구멍에 지르는 큰 못이다.
- **일곱째 잔에~바람 인다** 임춘의 시 「요혜가 양식을 베풀어 줌을 사례한다」의 주 참조(이 책 69쪽).

청자음각화형탁잔, 고려 12C

이곡 李穀, 1298~1351

홍 합포洪合浦가 귤과 차를 부쳐 준 것을 감사하다 謝洪合浦寄橘茶

1

늦은 식사에는 나물국도 맛이 좋은데
동정향洞庭香*을 나눠 주다니 이것이 웬 떡이오.
안개 낀 강의 생선회는 구할 길이 없다 해도
이따금 금제金虀 대하면 흥을 가누지 못한다오.*

晚食藜羹味亦長 忽驚分我洞庭香

煙江玉膾雖無計 時對金虀發興忙

• **동정향洞庭香**   동정귤洞庭橘의 짙은 향기. 감귤에는 금귤金橘·동정귤·청귤靑橘·산귤山橘·왜귤倭橘 등 5종이 있는데, 동정귤은 상품에 속한다고 한다.
• **안개 낀 ~ 못한다오**   가늘게 썬 생선회에 감귤을 껍질째 짓이겨서 함께 섞어 버무린 것을 금제옥회金虀玉膾라고 한다. 감귤은 황금같이 노랗고, 생선회는 백옥같이 하얗다는 뜻에서 그렇게 말한 것이다.

2

봄 우레 기다려서 돋아 나온 황금색 싹
대궐에 바치고 부쳐 준 향기롭게 덖은 차.
노동의 일곱 사발* 그 효과 신속해서
곧장 맑은 바람 타고 달나라에 이르겠네.

芽茁黃金待一雷 焙香新寄貢餘來

玉川七椀神功速 便擬乘風到月臺

출전: 『가정집』 권15

해설 합포合浦는 경남 마산에 있던 포구 이름으로, 홍 합포란 그곳의 수령으로 있던 홍씨 성의 인물이 아닐까 짐작된다. 그가 남쪽 지방에서 나는 귤과 차를 보내 주었고, 이에 대해 차례대로 감사의 뜻을 표한 것이다.

• 노동盧仝의 일곱 사발 임춘의 시 「요혜가 양식을 베풀어 줌을 사례한다」의 주 참조(이 책 69쪽).

이곡 李穀, 1298~1351

강릉 객사의 동헌에 있는 시에 차운하다
次江陵客舍東軒詩韻

여행길 좋은 계절 만난 데다 풍년 들고
임영臨瀛에 취해 쓰러지니 세상 밖의 선경일세.
산은 북에서 내려와 푸른빛 끝이 없고
바다는 동쪽 끝에서 가없이 넓고 넓네.
경포호에 술 싣고 가니 밝은 달빛이 흔들리고
돌 아궁이에 차 끓이니 보랏빛 연기 날아오른다.
호랑이보다 사나운 정치*를 만나지만 않는다면
고을 백성들 원래 한 무리의 신선이라네.[1]

我行佳節更豊年 醉倒臨瀛別洞天
山自北來靑未了 海爲東極浩無邊
鏡湖載酒搖明月 石竈煎茶颺紫煙
但自不逢苛政虎 州民元是一群仙

• **호랑이보다 사나운 정치**   공자孔子가 태산泰山을 지나가다가 어떤 아낙이 통곡하고 있는 것을 보고 그 영문을 물었더니, "호랑이가 시아버지와 남편을 잡아먹었는데 이제는 아들까지 잡아먹었다"고 하였다. 공자가 왜 이곳을 떠나지 않느냐고 묻자, "여기는 가혹한 정치가 없어서 그렇다"라고 대답하니, 공자가 "가혹한 정치는 범보다 사나운 것이니라"라고 하였다.

1 임영은 강릉의 다른 이름이다. 경포호와 한송정에는 모두 옛날 선랑仙郎들이 차를 달였던 돌 아궁이가 있다(臨瀛江陵別號 鏡浦及寒松亭 皆有古仙煎茶石竈).

출전: 『가정집』 권19

해설 앞서 나온 「묘련사 석지조기」에도 이곳 한송정에 대한 언급이 있다. 이 시는 이곡이 관동 지방을 여행했던 1349년(충정왕 1)경에 지었을 것으로 추측된다.

이곡 李穀, 1298~1351

흥해현 객사에 쓴다 題興海縣客舍

1

비옥한 땅과 이로운 지형에다 물고기와 소금까지
다만 백성을 대함에 청렴하지 못할까 하는 걱정뿐.
오래된 관사를 누가 능히 다시 세울 수 있을지
썩은 서까래 깨진 기와가 처마 앞에 떨어져 있네.

田腴地利帶魚鹽 只恐臨民頗不廉
古館何人能起廢 腐椽殘瓦落前簷

2

차와 소금에 세금 걷는 왕안석王安石의 신법新法도 없는 데다
유능한 관리 보내 어루만지고 살피게 하는데,
백성들이 이토록 고통받는 까닭은 어디에 있는지
골똘히 생각하다 보니 햇빛이 빈 처마에 들어오네.

國無新法撓茶鹽 更遣才能按且廉
民病如今在何處 沈吟落照入虛簷

누대에 글을 써서 부치는 것은 어디나 모두 그러하다. 그런데 영덕 이남은 강산은 다른 곳처럼 수려하지만 누대가 없어 시인 묵객이 들러도 흥취를 부칠 곳이 없다. 그러니 이에 섭섭했던 적이 한 번뿐이었겠는가. 그러다 흥해興海에 와서 고을 형편을 보니 좋은 밭이 눈앞에 가득하고 산과 바다에서 나오는 이익도 많은데, 마을은 쓸쓸하고 관사는 퇴락하였으니 이른바 누대를 감히 바랄 수나 있겠는가. 그래서 슬픈 생각이 들기에 벽에 절구 2수를 남겨 민풍民風을 관찰하는 자에게 보이고자 한다.

樓臺題詠 往往皆是 盈德以南 江山自若 而樓臺闕如也 詞人墨客所嘗經過 而託興無所 安得不一爲之慨然乎 及興海之爲郡 良田彌望 又饒山海之利 而井邑蕭條 館舍頹落 敢望所謂樓臺者耶 因惻然有感 留二絶于壁間 以示觀民風者云

출전: 『가정집』 권20

해설 흥해興海는 지금의 경상북도 포항 지역으로, 이 시 역시 관동 지방을 여행하던 1349년경에 지었을 듯하다. 아마도 그곳 백성들의 살림살이가 가난하였던 듯, 지리적 여건이 좋고 차와 소금에 대한 세금도 없는 곳이 왜 번영하지 못하는지에 대한 작자의 고민을 담은 시이다.

이곡 李穀, 1298~1351

동유기 東遊記

12일, 강릉존무사인 성산星山 이군李君이 경포에서 기다리고 있었다. 배를 나란히 하고 강 복판에서 가무를 즐기다가 해가 서쪽으로 넘어가기 전에 경포대에 올랐다. 경포대에 예전에는 건물이 없었는데, 근래에 풍류를 좋아하는 자가 그 위에 정자를 지었다고 한다. 또 옛날 신선의 유적이라는 석조石竈가 있는데, 아마도 차를 달일 때 썼던 도구일 것이다. 경포의 경치는 삼일포와 비교해서 우열을 가릴 수가 없었지만, 분명하게 멀리까지 보이는 점에서는 삼일포보다 나았다.

비 때문에 하루를 머물다가 강성江城으로 나가 문수당文殊堂을 관람하였는데, 사람들의 말에 의하면 문수보살과 보현보살의 두 석상이 여기 땅속에서 위로 솟아나왔다고 한다. 그 동쪽에 사선四仙의 비석이 있었으나 호종단胡宗旦*에 의해 물속에 가라앉았고 오직 귀부龜趺만 남아 있었다.

한송정에서 전별주를 마셨다. 이 정자 역시 사선이 노닐던 곳인데, 유람객이 많이 찾아오는 것을 고을 사람들이 싫어하여 건물을 철거하였으며, 소나무도 들불에 연소되었다고 한다. 지금은 오직 석조와 석지石池와 두 개의 석정石井이 그 옆에 남아 있는데, 이것 역시 사선이 차를 달일 때 썼던 것들이라고 전해진다. 정자에서 남쪽으로 가

• 호종단胡宗旦 　원래 중국 송나라 복주福州 사람으로, 고려 예종 때 귀화하여 벼슬을 한 인물.

니 안인역이 있었다.

十二日 江陵存撫使星山李君侯于鏡浦 方舟歌舞中流 日未西 上鏡浦臺 臺舊無屋 近好事者爲亭其上 有古仙石竈 盖煎茶具也 與三日浦相甲乙 而明遠則過之 以雨留一日 出江城觀文殊堂 人言文殊 普賢二石像從地湧出者也 東有四仙碑 爲胡宗旦所沉 唯龜趺在耳 飮餞于寒松亭 亭亦四仙所遊之地 郡人厭其遊賞者多 撤去屋 松亦爲野火所燒 惟石竈石池二石井在其旁 亦四仙茶具也 由亭而南 有安仁驛

출전: 『가정집』 권5

해설　공민왕의 옹립을 주장했던 이곡은 충정왕이 즉위하자, 신변의 불안을 느껴 관동 지방을 주유하였다. 「동유기」는 이때의 기록으로, 1349년 8월 14일 개성을 출발하여 금강산을 거쳐 관동 지방 남쪽 평해平海까지 1,200여 리를 다녀온 내용이다. 이 글은 9월12일의 기록으로, 이를 통해 경포대와 한송정에 차 유적들이 다수 있었음을 알 수 있다. 이 글은 『동문선』 권71에도 수록되어 있다.

정포 鄭誧, 1309~1345

스님에게 차를 부탁하다 從僧索茶

봄바람에 꽃 같은 소년들
다투어 황금을 술집으로 보내네.
우습다, 서생은 아무런 재주 없어
아는 거라곤 스님에게 차를 얻는 일.

春風年少貌如花　爭把黃金送酒家
自笑書生無伎倆　祇知僧院索芽茶

출전: 『설곡선생집』雪谷先生集 권상

해설　짤막한 절구로, 스님에게 차를 구하는 뜻을 표현한 시이다.

이집 李集, 1327~1387

김구용金九容의 시에 차운하다 次敬之韻

1

먼 나무는 바람에 한들거리고 석양이 비추는데
가을 매미 애절한 소리로 날이 개었음을 알린다.
술이 다하자 손은 떠나고 산집도 고요하여
베개에 기대 다만 계곡의 물소리 듣는다.

遠樹依依夕照明 涼蟬咽咽報新晴

酒闌客去山堂靜 欹枕唯聞澗水聲

2

산집 고요하여 들르는 사람 적은데
그대와 만나니 기쁨이 더하네.
높은 마루에 앉았으니 오늘 밤이 긴데

오히려 쌀쌀할까 한잔 차를 마시네.

山扉闃寂少人過 邂逅逢君喜有加
留得高軒永今夕 猶嫌冷淡一杯茶

3

심지 돋우고 옛날을 이야기하자니 하늘이 밝아 오고
밤비는 처마에 잇따라 오래도록 개지 않네.
흥이 끝나고 문을 나섬에 도리어 손을 잡으니
해는 안개 속 절의 저녁 종소리에 잠긴다.

挑燈話舊到天明 夜雨連簷久未晴
興罷出門還握手 日沈煙寺暮鐘聲

4

한적한 생활에 서로 왕래할 일 얼마나 되랴.
말년에 사귄 정은 늙을수록 더욱 더하네.
강에 달 뜨니 배를 타고 모름지기 술도 싣고
산속 가을 절에 노닐며 차를 끓여 마신다.

投閑能有幾相過 末路交情老更加

江月乘舟須載酒 山秋遊寺卽煎茶

출전: 『둔촌잡영』遁村雜詠

해설 이집이 척약재惕若齋 김구용金九容의 시에 화답한 것으로 모두 4수이다. 그 중에서 두 번째와 네 번째 시를 보면, 두 사람이 한가로이 교유하는 가운데 자주 차를 마셨음을 알 수 있다. 김구용이 쓴 시는 뒤에 나온다.

이색 李穡, 1328~1396

중강의 시에 차운하다 次仲剛韻

서늘한 바람이 더위를 물리치니
붉은 나무가 더욱 붉게 물드네.
꿈꾸는 것은 오직 고향 마을이요
마음에 걸리는 것은 나랏일일세.
무성한 풀 속에서 난초는 더욱 향기롭고
짙은 서리 아래 국화는 오히려 꽃을 피운다네.
세상 맛을 이제 처음 보았으니
아! 차나 한잔 마셔야겠네.

涼風吹暑去 紅樹尙交加 入夢唯鄕曲 嬰心是國家
草深蘭更馥 霜重菊猶花 世味初嘗鼎 悠哉且飮茶

출전: 『목은시고』牧隱詩藁 권2

해설 중강仲剛은 박소양朴少陽이라는 인물로 이색의 글에 자주 나오지만, 기이한 성품과 몇 가지 일화 외에는 별다른 행적이 전해지지 않는다. 『목은문고』牧隱文藁 권20 「박씨전」朴氏傳 참조.

이색 李穡, 1328~1396

눈 온 뒤에 다시 중강의 운을 사용하다
雪後復用仲剛韻

웅장한 뜻은 누가 제일인가?
곤궁한 시름 따윈 내게 없어라.
날 추우니 술 마시는 일 잦고
해 저무니 집 생각이 갑절 나누나.
홀로 연산燕山의 눈*을 마주하고
멀리 유령庾嶺의 매화*를 생각하네.
그윽한 삶이 더욱 맛이 있으니
돌솥에 차 달이기 좋기도 해라.

壯志知誰最 窮愁不我加 天寒頻飮酒 歲暮倍思家
獨對燕山雪 遙懷庾嶺花 幽居尤有味 石鼎好煎茶

출전: 『목은시고』 권2

• **연산燕山의 눈** 중국 하북성河北省 계현薊縣에 있는 산으로, 눈꽃이 아름다운 것으로 유명하다. 이색은 「연산가」燕山歌라는 노래를 짓기도 하였다.
• **유령庾嶺의 매화** 중국 강서성江西省 대유현大庾縣에 있는 고개 이름으로, 당나라 때 장구령張九齡이 새 길을 내면서 매화를 심고 매령梅嶺이라 명명한 이후로 매화의 명소가 되었다.

해설   첫 구의 '웅장한 뜻'이란 중국을 드나들던 중강 박소양의 호탕한 기상을 칭송한 말로 판단된다. 눈 덮인 산과 그 속에 피어난 매화, 차 한잔의 운치를 떠올리게 하는 시이다.

이색 李穡, 1328~1396

가을날에 회포를 쓰다 秋日書懷

쓸쓸한 가을비가 서늘함을 보내오니
창 아래 앉아 있는 흥미가 진진하여라.
벼슬살이 나그네 신세 모두 잊어버리고
한 심지 향불 아래 한잔 차를 마시네.

秋雨蕭蕭送薄涼 小窓危坐味深長

宦情羈思都忘了 一椀新茶一炷香

출전: 『목은시고』 권2

해설　가을날 향불 아래 차를 마시는 정경을 읊은 시이다.

이색 李穡, 1328~1396

수안 방장에서 壽安方丈演無說…

수안 방장에는 털끝만 한 먼지도 없어
말에서 내려 당에 오르니 내 마음 기뻐라.
단구丹丘 선생은 필법이 대단히 신묘하고
죽간竹磵 늙은 선사는 시어詩語가 새롭구나.
다과로 손님 잡는 것은 절간의 정이요
그림을 사람에 비춰 봄에 실물에 가깝네.
다만 한스러운 건 석양에 문을 나서매
험난한 벼슬살이에 길을 잃는 것.

壽安方丈無纖塵 下馬登堂怡我神 丹丘先生筆法妙 竹磵老禪詩語新

茶瓜留客自離俗 圖畫照人殊逼眞 只恨斜陽出門去 宦途巇嶮迷路津

출전: 『목은시고』 권3

원제   수안 방장에서 연무설, 섭백경이 한자리에 있었다 壽安方丈 演無說 聶伯敬在坐

해설   수안 방장이란 중국 북경北京에 있던 수안사壽安寺의 절방이 아닌가 생각된다. 그렇다면 원제에 나오는 연무설과 섭백경은 중국 인물로 볼 수 있다. 단구 선생과 죽간 늙은 선사가 누구인지 미상이나, 한자리에 있던 연무설과 섭백경을 지칭한 것이 아닌가 여겨지기도 한다.

이색 李穡, 1328~1396

봉산 십이영 鳳山十二詠

영천靈泉

학이 쪼아서 맑은 샘물이 나오니
서늘한 기운이 폐부까지 와 닿고,
마시면 신선의 뼈로 바뀌는 듯
사람에게 현포玄圃*를 상상케 하네.
어찌 오직 시 짓는 창자만 씻으랴
죽을병도 물리칠 수 있으리.
평생에 청정한 일을 좋아하노니
다보茶譜*에 속편을 내고 싶네.
내 의당 차 끓일 돌솥 갖고 가서
소나무 끝에 비 뿌리는 걸 보리라.

鶴啄淸泉出　冷然照肺腑

飮之骨欲仙　令人想玄圃

豈惟洗詩脾　可以却二豎

• **현포**玄圃　곤륜산崑崙山에 있다는 선경仙境을 말한다.
• **다보**茶譜　각종 차의 내력을 기술한 책을 통칭하는 말인데, 그중에서 중국 송나라의 채양
蔡襄이 지은 『다보』茶譜가 가장 유명하다.

平生愛淸事 有意續茶譜

當携石鼎去 松梢看飛雨

출전: 『목은시고』 권3

원제   봉산십이영. 자통이 떠나면서 짓기를 청했다. 鳳山十二詠 子通臨行索賦

해설   「봉산십이영」 중 11번째 시이다. 봉산鳳山은 황해도 사리원 동쪽 약 6킬로미터 지점에 있는 옛 읍이다. 원제에 나오는 자통子通은 초은樵隱 이인복李仁復과 같은 해에 중국 원나라 과거에 급제한 부형傅亨이다.

이색 李穡, 1328~1396

행점 가는 길에 눈보라가 치다 杏店途中風雪

오만 구멍 부르짖어 성난 바람 몰아치니
털모자 여우 갖옷은 물을 뿌린 듯하고,
잠깐 새에 눈보라가 공중을 몽땅 휩싸니
바다와 산은 분주히 어둠 속으로 돌아가네.
흐릿해진 수레바퀴엔 긴 고드름 드리우고
말굽은 옥잔 같고 갈기엔 구슬이 주렁주렁.
구릉과 골짜기는 깎아 놓은 듯 편평하여라
지척에서 넘어지는 것 어이 그리 잦은고.
평생에 가장 좋아한 건 절집에서 잠잘 때
송죽松竹엔 바람 불고 하늘엔 구름 가득할 제,
화롯불에 얼굴 발갛게 비추며 차를 달이어
조금 마시고 모기 소리로 조용히 읊음일세.
이런 낙을 아는 사람은 천하에 나뿐이니
바위 골짝에서 거닐며 늙는 것이 합당하거늘,
누가 멀리 달려와 벼슬하길 권했나
부디 세상의 벼슬살이 어려운 줄을 알아야 하리.

萬竅呼號風怒起 氊帽狐裘如潑水 須臾雪勢欲包空 海岳奔走歸溟濛
糢糊車轂垂長氷 玉杯馬蹄珠綴鬣 丘陵坑坎平如削 咫尺倒頭何數數
平生最愛僧窓眠 松竹蕭蕭雲滿天 煎茶爐火照面紅 淺斟低唱飛蚊同

已知此樂天下獨 便合逍遙老巖谷 誰教遠走學爲官 要識世間行路難

출전: 『목은시고』 권4

해설　1356년(공민왕 5) 중국 북경에서 귀국하던 길에 눈보라를 만나 지은 시이다. 힘든 여행길의 와중에, 절간에서 차를 마시던 오붓한 즐거움을 떠올리고 있다.

이색 李穡, 1328~1396

차를 끓이며 煎茶卽事

1

봄날 계산에 찾아드니 그림도 이만 못하리
가벼운 천둥이 밤새 적막을 진동시켰네.
조반을 먹은 뒤 꽃 자기 잔엔 흰빛이 뜨고˙
낮잠을 깬 뒤 돌냄비엔 솔소리 들려오네.
달을 보니 완연히 그대 얼굴 본 듯하고˙
바람을 타니 창생을 소생시킬지 묻고 싶네.˙
누가 기심機心˙ 잊은 늙은이인고
흉중의 수많은 글을 깨끗이 씻은 이로세.

• **조반을~뜨고** 원문의 雪色은 찻물에 끓어오르는 흰 거품을 형용한 말로 보인다.

• **달을~본 듯하고** 중국 당나라 시인 노동이 간의대부 맹간이 보내 준 월단차月團茶를 두고 지은 「다가」茶歌에, "봉함 열자 간의의 얼굴 완연히 보는 듯해라, 손으로 삼백 편의 월단차를 점열하네"(開緘宛見諫議面 手閱月團三百片)라고 한 데서 온 말이다.

• **바람을~묻고 싶네** 역시 노동이 「다가」에서 "나도 이 맑은 바람 타고 돌아가고 싶구나. 봉래산蓬萊山 위의 신선들은 하토를 다스리지만, 지위가 청고하여 비바람과 격해 있으니, 어떻게 알리오, 억조창생이 벼랑에서 떨어지는 고통을 받고 있는 줄을. 문득 간의에게 창생의 소식을 묻는다면, 마침내 창생을 소생시킬 수 있지 않겠나"(玉川子乘此淸風欲歸去 山上群仙司下土 地位淸高隔風雨 安得知百萬億蒼生 命墮顚崖受辛苦 便從諫議問蒼生 到頭合得蘇息否)라고 한 데서 온 말이다.

• **기심機心** 자기의 사적인 목적을 이루기 위하여 교묘하게 꾀하는 마음을 말한다.

春入溪山畫不如 輕雷一夜動潛虛 花瓷雪色朝飡後 石銚松聲午睡餘
弄月宛然親面見 乘風欲問到頭蘇 鬢絲誰是忘機者 淨洗胸中書五車

2

일찍이 불문佛門에서 사여四如˚를 물을 적에
차 향기는 자리 가득하고 창문은 공허했네.
심신의 뭇 고통은 의당 다함이 없으나
입속은 달콤하여 기쁨이 아직 남아 있다오.
방달함은 도리어 이중二仲˚을 찾아야겠지만
문장은 하필 삼소三蘇˚를 배울 것이 있으랴.
문왕을 스승 삼고픈데 지금 어디 있는고
곰 아닌 걸 점쳐 얻어 뒤 수레에 태웠네.˚

• **사여四如**　『금강반야바라밀경』金剛般若波羅蜜經에서, "일체유위의 법칙은 꿈과 같고 허깨비와 같고 물거품과 같고 그림자와 같으며, 이슬과 같고 또한 번개와도 같나니, 응당 이와 같이 관찰해야 한다"(一切有爲法 如夢幻泡影 如露 亦如電 應作如是觀)라고 한 데서 온 말이다.
• **이중二仲**　중국 한나라 때의 양중羊仲과 구중裘仲을 지칭한 것으로 두 사람 모두 유명한 은사隱士이다.
• **삼소三蘇**　중국 송나라 때의 문장가인 소순蘇洵과 그의 두 아들인 소식·소철蘇轍을 말한다.
• **곰~태웠네**　중국 주나라 문왕이 어느 날 사냥을 나가면서 점을 쳐 보니, "용도 아니요, 이무기도 아니요, 곰도 아니요 …… 얻을 것은 패왕의 보좌로다"라는 점괘가 나왔는데, 과연 강태공姜太公을 만나 그를 뒤 수레에 태우고 돌아왔던 데서 온 말이다.

曾向空門問四如 茶香滿座小窓虛 身心衆苦知無盡 齒頰微甘喜尙餘

放曠却須尋二仲 文章何必擬三蘇 欲師西伯今安在 卜得非熊載後車

출전: 『목은시고』 권6

해설　봄날 계산에서 차를 끓이며 지은 시이다. 두 번째 시의 "일찍이 불문에서 …… 기쁨이 아직 남아 있다오"라고 한 것을 보면, 이색이 차를 마시는 즐거움에 얼마나 빠져 있었는지를 짐작해 볼 수 있다.

이색 李穡, 1328~1396

눈 雪

창 아래 조용히 앉았으니 생각은 끝없는데
눈 올 기미 한창 부풀고 날은 저물어 가네.
두 뺨이 붉은 건 한창때라서가 아니요
섣달 이전의 삼백三白*은 풍년의 조짐일세.
죽옥竹屋에 뿌릴 때는 소리만 들어도 추운데
차 솥에 떠 넣으면 차 맛은 더욱 좋구나.
쭈그려 앉아 읊조리긴 정히 쓸쓸하지만
외로운 배에 삿갓 쓴 이가 되레 위태롭네.

小窓淸坐思綿綿 雪意方酣欲暮天 頰上雙紅非壯歲 臘前三白是豐年

洒來竹屋聲猶凍 點入茶鐺味更姸 抱膝高吟正牢落 孤舟蓑笠轉危然

출전: 『목은시고』 권6

해설　하늘에서 눈을 뿌릴 때, 창가에서 차를 마시는 정취를 읊은 시이다. 내린 눈을 녹여 차를 달여 마시는 풍취가 고즈넉하다.

• **섣달 이전의 삼백三白**　삼백은 눈이 세 차례 내리는 것을 이르는데, 섣달 이전에 세 차례의 눈이 내리면 풍년이 든다고 한다.

이색 李穡, 1328~1396

앞의 운을 사용하여 읊다 用前韻

사념이 허무한 태극으로 들어갈 제
향 사르고 「백운편」白雲篇*을 조용히 읽노라.
차 끓는 작은 솥은 빗발을 몰아온 듯
오래되어 해진 적삼은 솜덩이가 갈기갈기.
세상에선 재주 없어 의당 움츠릴 뿐이요
책 속엔 맛이 있으니 마음으로만 전한다네.
어느 때나 다시 오계浯溪의 붓을 내려 쓸꼬*
『무경』武經을 주해하여 이전李筌*을 스승 삼고 싶어라.

思入虛無太極前 焚香細讀白雲篇 茶餘小鼎卷飛雨 歲久破衫多斷綿
世上無才宜手縮 書中有味只心傳 何時更下浯溪筆 欲註武經師李筌

출전: 『목은시고』 권6

- **「백운편」**白雲篇 일반적으로 고향의 부모를 그리워하는 시를 의미하지만, 여기서는 『목은시고』 가운데서 이 시의 바로 앞에 나오는 「청산백운가」青山白雲歌를 지칭하는 것일 수도 있다.
- **오계**浯溪**의 붓을 내려 쓸꼬** 공덕을 칭송하는 문장을 쓰는 것을 의미한다. 중국 당나라 원결元結이 「대당중흥송」大唐中興頌을 지어서 숙종의 공덕을 오계의 절벽 위에 새겼던 데서 온 말이다.
- **이전**李筌 중국 당나라 때 사람으로, 『태백음부경』太白陰符經이라는 병서를 저술하였다. 여기서 『무경』武經은 바로 『태백음부경』을 지칭하는 것으로 짐작된다.

해설　『목은시고』 중 이 시의 바로 앞에 수록된 「청산백운가」靑山白雲歌의 운자를 써서 지은 시이다. 세상에 관심을 끊고 조용히 은거하여 저술에 전념하고 싶은 마음을 읊었다.

이색 李穡, 1328~1396

차를 마신 뒤 짤막하게 읊다 茶後小詠

작은 병에 샘물 길어다가
깨진 솥에 노아차露芽茶를 끓이노라니,
귓속은 갑자기 말끔해지고
코끝엔 붉은 놀이 통하여라.
잠깐 사이에 눈병이 사라져서
눈앞에 조그만 티도 보이질 않네.
혀로 맛 분변하여 목으로 삼키니
살과 뼈는 정히 평온해지네.
방촌方寸의 밝은 마음 깨끗해져
생각에 조금의 사특함도 없으니,
어느 겨를에 천하를 언급하랴
군자는 의당 집부터 바루어야지.

小瓶汲泉水 破鐺烹露芽 耳根頓淸淨 鼻觀通紫霞
俄然眼翳消 外境無纖瑕 舌辨喉下之 肌骨正不頗
靈臺方寸地 皎皎思無邪 何暇及天下 君子當正家

출전: 『목은시고』 권6

해설　노아차는 이슬을 머금은 찻잎으로 만든 차이다. 이 차는 특히 두통에 효험이 있다고 하는데, 이 시의 내용을 보면 마음이 깨끗해질 뿐 아니라 눈이 맑아진다고 하였다.

이색 李穡, 1328~1396

한적한 삶을 읊다 幽居自詠

한적한 삶에 한적한 맛 넉넉한데
산이 가까워 수목도 층층이로다.
한낮엔 처마의 고드름이 떨어지고
밤엔 더 싸늘해져 벼룻물 얼어붙네.
술집에선 통달한 선비를 생각하고
차 자리에선 고승을 생각하는데,
흥취 푸는 일을 시구에 의탁하여
붓을 휘둘러 종이 가득 써 내리네.

幽居足幽味 山近樹層層 日午簷氷落 更寒硯水凝

酒樓思達士 茶榻憶高僧 遣興憑詩句 揮毫滿剡藤

출전: 『목은시고』 권7

해설 한적한 삶의 그윽한 흥취를 읊은 짤막한 시이다. '차 자리에선 고승을 생각한다'는 대목을 보면, 당시의 차 문화가 사찰과 얼마나 밀접한 관계에 있었는지를 잘 알 수 있다.

이색 李穡, 1328~1396

아침에 읊다 朝吟

나이 오십여 세가 되고 보니
귀밑털은 점차 희끗해지는데
지붕 모서리엔 찬 소나무가 청정하고
담장 모퉁이엔 늙은 남가새 푸르러라.
먼지는 서책 속에 끼여 있고
눈 녹인 물은 『다경』에 적혀 있네.
맑은 흥취는 아침 되자 더하고
매화꽃은 호리 화병을 비추네.

行年餘五十 鬢髮漸星星 屋角寒松碧 墻隈老蒺靑

素塵棲竹簡 雪水紀茶經 淸興朝來甚 梅花照膽甁

출전: 『목은시고』 권7

해설 전체 4수 중 첫 번째 시이다.

이색 李穡, 1328~1396

감로사를 그리워하다 憶甘露寺

한 줄기 긴 강물이 섬돌 밑으로 흐르니
절벽 곁의 창호들이 모두 맑고 그윽하네.
염불하는 산승 경쇠를 치니 꽃잎 날리고•
시 읊는 손님 누각에 기대어 차를 마시네.
향그런 풀잎 옅은 안개는 목동의 피리에 이어지고
비낀 바람에 가랑비는 고깃배에 가득하여라.•
성 서쪽 길을 분명하게 기억하고 있노니
필마로 그 언제나 다시 홀로 노닐어 볼꼬.

一帶長江砌下流 傍崖軒戶儘淸幽 散花午梵僧敲磬 啜茗春吟客倚樓

芳草淡煙連牧笛 斜風細雨滿漁舟 分明記得城西路 匹馬何時更獨遊

출전: 『목은시고』 권7

해설　감로사甘露寺는 개성부 오봉봉五鳳峯 아래에 있던 절인데, '성 서쪽 길'이라고 한 대목을 보면, 도성의 서쪽에 위치하였음을 짐작할 수 있다.

• **염불하는~날리고**　부처님이 설법을 할 때 만다라 꽃비가 내렸다는 『법화경』의 말에서 유래한 표현이다. 산승이 한낮에 불경을 읽어 석가여래의 공덕을 찬양했다는 의미이다.
• **비낀~가득하여라**　중국 당나라 때 장지화張志和가 「어부사」漁父辭에서, "푸른 대삿갓 쓰고 푸른 도롱이 입었으니, 비낀 바람 가랑비에 굳이 돌아갈 것 없네"(靑篛笠綠簑衣 斜風細雨不須歸)라고 한 데서 온 말이다.

이색 李穡, 1328~1396

회포를 서술하다 述懷

이제는 몸과 세상이 둘 다 아득하기만 하나
그윽한 흥취 일어날 땐 절로 소년이 되네.
낮에 서책을 보는 것은 한가한 때의 일과요
소나무에 눈 날릴 젠 취하여 잠을 잔다오.
언덕 위의 긴 휘파람은 원량元亮을 생각나게 하고°
동해 가던 높은 풍모는 중련仲連을 상상케 하네.°
돌솥에 차를 끓임은 삼절三絶 중의 으뜸인데
아이가 대숲 사이의 샘물을 막 길어 오누나.

祇今身世兩茫然 幽興相牽自少年 縹秩晝翻閑裏課 蒼松雪落醉中眠

登皐長嘯思元亮 蹈海高風想仲連 石鼎煎茶三絶最 小童新汲竹間泉

출전: 『목은시고』 권8

해설 마음속에 그윽한 흥취가 일어날 때 대숲에서 샘물을 길어다 돌솥에 차를 끓여 마시는 운치를 읊은 것이다.

• 언덕~생각하고 원량元亮은 중국 진晉나라 도잠의 자이다. 그가 「귀거래사」歸去來辭에서, "동쪽 언덕에 올라 휘파람을 불고, 맑은 시냇가에서 시를 짓기도 한다"(登東皐以舒嘯 臨淸流而賦詩)라고 한 데서 온 말이다.
• 동해~상상하네 중국 전국시대 제나라의 노중련魯仲連이 포악한 진秦나라를 증오하여 말하기를, "저들이 방자하게 황제가 되어 천하에 군림한다면, 나는 차라리 동해에 가서 빠져 죽을지언정, 차마 진나라의 백성은 될 수가 없다"라고 한 데서 온 말이다.

이색 李穡, 1328~1396

느지막이 일어나 晏起行二首

1

밥 짓는 연기 처마를 둘러 푸른 깁 같고
햇빛은 창에 비쳐 창 그림자 비꼈는데,
주인이 늦게 일어나 헝클어진 머리 긁을 제
손이 문밖에 와서 새그물을 놀라게 하네.•
의관 정제 못하고 발걸음도 절뚝거리며
수시로 때 낀 얼굴을 자주 문지르는데,
한번 보고 마음속을 다 털어놓는 듯하나
언변이 너무 유창한 게 몹시 혐의로웠네.
두보杜甫의 묵은 술은 전혀 가난치 않고•
마음 맑게 하는 일곱 잔은 노동盧소의 차로다.•

• 손이~놀라게 하네　쓸쓸한 집에 어쩌다 손이 왔음을 뜻한다. 중국 한나라 때 적공翟公이 벼슬에 있었을 때는 찾아오는 빈객이 문밖에 그득했고, 그만둔 뒤에는 문밖이 아주 적적하여 새그물을 칠 정도였다는 고사에서 온 말이다.
• 두보杜甫의~않고　두보의 시에서, "시장이 멀어 반찬은 여러 가지가 없고, 집이 가난해 술은 묵은 술뿐이로다"(盤餐市遠無兼味 樽酒家貧只舊醅)라고 한 구절과 "금리 선생 오각건을 쓰고서, 토란 밤을 주우니 가난치만은 않네"(錦里先生烏角巾 園收芋栗不全貧)라는 구절에서 온 말이다.
• 마음~차로다　임춘의 시 「요혜가 양식을 베풀어 줌을 사례한다」의 주 참조(이 책 69쪽).

때로 병이 발작하면 길게 읍만 할 뿐이라
감사하다 말할 때 발음이 잘못될까 걱정해서라오.
구름 안개가 온종일 스스로 교태를 부리니
물과 나무 그윽한 경계 여전히 맑고 고와라.
바람 먼지 아득한 그곳은 어디인가
비처럼 땀 뿌리며 고관들 분주하는 곳일세.
대장부의 출처가 어찌 우연한 일이랴
지금 천하는 두 집안이 되어 버렸네.*
서생은 우활하여 남의 비웃음 받는 가운데
하염없는 세월은 흐르는 물결만 같구나.

炊煙遶簷碧如紗 日色照窓窓影斜 主人晏起搔蓬頭 有客敲門驚雀羅
衣巾不整步又蹇 時復垢面頻摩挲 目擊還如吐肺肉 深嫌辯舌懸長河
舊醅杜老不全貧 淸心七椀盧仝茶 有時病作但長揖 爲恐辭謝聲音訛
雲煙終日自媚嫵 水木幽境仍淸華 風塵漠漠是何處 揮汗如雨爭鳴珂
丈夫出處豈偶爾 天下只今爲兩家 書生迂闊被人笑 悠悠歲月如流波

• 대장부의~ 되어 버렸네　이 구절의 정확한 의미는 알 수 없으나, 아마도 고려가 망하고 조선이 건국되는 과정에서 이색이 이성계의 편에 들지 않겠다는 의지를 표명한 것이 아닐까 생각된다.

2

아름다운 살결에 중단中單 한삼을 걸쳐 입고
화장하려 거울 대하니 쪽머리 기우뚱하네.
깊은 규방 새벽이라 아침 해 쏘아 비칠 제
가을 기운 잠시 서늘해 비단을 재단하다가,
분향하고 조용히 앉아 「내칙」內則˚을 읽고 나서
옆 서가의 서책들을 따라서 만져 보누나.
밤이 오매 긴 하늘은 물처럼 깨끗하고
성긴 별은 반짝반짝 은하수 환히 빛날 제,
명랑한 마음으로 밝은 달을 마주하여
솔바람 속에서 작은 솥에 새 차를 끓이네.
가풍은 원래 청렴하여 곤궁을 잘 견디고
세모의 송백松柏처럼 지조가 굳었네.
눈썹 높이로 상 드는 건˚ 늙을수록 조신하며
꿈속에서도 사치스러운 것은 생각하지 않았네.
남편은 소싯적에 분주한 일 일삼아서
중국 사행길엔 새벽까지 말을 달리었는데,
만년에는 병석에 누워 문밖을 못 나가고
인삼 복령 백출 향기만 집에 가득하구려.˚

˚ 내칙內則 『예기』禮記의 편명으로, 가정생활의 예법을 기록해 놓았다.
˚ 눈썹~드는 건 아내가 남편을 매우 공경하여 받드는 것을 말한다. 중국 후한 때 양홍梁鴻의 아내 맹광孟光이 식사 때마다 밥상을 눈썹 높이까지 받들어 올렸던 데서 온 말이다.

화장할 줄 모르랴만 누굴 위해 단장하랴
흐르는 물결처럼 빠른 세월이 서글프구나.

玉肌掩映中單紗　對鏡欲粧雲鬢斜　深閨曉色射初日　秋氣乍涼裁越羅
焚香靜坐讀內則　傍架書秩仍摩挲　夜來長空淨如水　疏星耿耿明銀河
心肝囧徹對明月　松風小鼎烹新茶　家傳氷蘗自淸苦　歲暮松柏無遷訛
齊眉擧案老彌謹　夢裏不復思繁華　主夫少時事馳騁　朝天五更飛玉珂
晚年臥病不出戶　參苓白朮香滿家　豈無膏沐誰適容　惆悵流光如逝波

출전: 『목은시고』 권9

해설　느지막이 일어나 한가로운 일상을 돌아보며 지은 시이다. 앞의 시는 남편의 일상을, 뒤의 시는 아내의 일상을 읊었다. 혹 이색 자신과 아내를 묘사한 것은 아닌지 모르겠다.

- 인삼~가득하구려　인삼·복령·백출은 모두 한약재로, 탕약을 복용하였음을 의미한다.
- 어찌~단장하랴　『시경』「詩經」 위풍衛風 「백혜」伯兮에서, "남편이 동으로 간 이후로, 내 머리는 쑥대머리 되었노라. 어찌 머리 감고 기름칠 못할까만, 누구를 위해 단장할까"(自伯之東 首如飛蓬 豈無膏沐 誰適爲容)라고 한 데서 온 말이다.

이색 李穡, 1328~1396

가랑눈 微雪

춘분이 지났건만 날씨가 변덕을 부려
한낮 이후로 구름이 일어나더니,
날리는 눈송이 빙빙 맴을 돌아
사뿐사뿐 곱게도 나부끼는구나.
차 달이는 솥에 찻물 붓고 나니
산마을 화전밭이 묻히려 하누나.
짧은 시를 짓기에 소재가 넉넉하고
맑은 흥취는 그윽한 집에 가득해라.

氣轉春分後 雲興日午餘 飛花自回薄 輕態故虛徐
茶鼎才添水 山村欲沒畬 小詩材料足 清興滿幽居

출전: 『목은시고』 권11

해설 춘분이 지나 따뜻해져야 하는데, 갑자기 날씨가 변덕을 부려 봄눈을 내린다. 이러한 날에 쌓인 눈을 바라보며 차를 달이는 은사의 맑은 흥취를 읊었다.

이색 李穡, 1328~1396

송광사의 화상이 차와 부채를 보내 준 데 대하여 받들어 답하다 奉答松廣和尙惠茶及扇

으리으리한 수선사修禪社˙
멀리 송광산에 있네.
대길상大吉祥이라 편액을 걸었고
대들보 사이론 용이 기어다니는 듯.
왕희지가 노련한 붓을 휘두른 듯
찬연한 검광이 싸늘하니,
연경燕京이 눈 안에 선하거니
돌에 새긴 글자 닳지 않았으리.
비할 데 없이 절륜한 공적이요
영원히 전해질 아름다운 명성이로세.
마외魔外˙가 점차 더 치성해져서
이렇게 어리석은 백성이 있구려.
청정하게 세상 연기 끊겼고
적료하게 달빛이 감쌌어라.

- **수선사修禪社** 전라남도 순천 조계산에 있는 송광사의 옛 이름인데, 일명 대길상大吉祥이라고도 하였다.
- **마외魔外** 천마외도天魔外道의 준말로, 불도佛道를 방해하는 외도의 마귀를 가리킨다.

우리 선사는 선업善業을 닦은 지 오래라
꺾은 꽃을 보고 활짝 웃었다지.*
다생多生* 속에 교분이 깊으매
병든 이 몸 가련히 여기사,
부채 주어 내 몸을 서늘케 하고
차를 보내어 내 마음 맑게 하네.
보자마자 마음의 병 가시더니
점차로 현관玄關*에 통하는도다.
나로 하여금 맑은 바람을 타고
상쾌히 속세를 초월하게 하네.
내 몸과 마음 영영 안온하여
다시는 질병 걱정 없겠네.
머리 조아려 깊이 감사드리노라니
바라보매 천지가 드넓기만.

巍巍修禪社 遠在松廣山 額曰大吉祥 龍拏梁棟間

臨川秉老筆 珊戈光芒寒 燕京眼中在 石刻應未刊

豐功絶無比 美名垂不刊 魔外漸增熾 有此倭民頑

淸淨煙斷滅 寂寥月盤桓 我師業白久 拈花曾破顔

• 꺾은~웃었다지 불법을 깨달았음을 의미한다. 석가모니가 영산회상靈山會上에서 연꽃 한 가지를 들어서 말없이 보이자, 제자 마하가섭摩訶迦葉만이 그 뜻을 깨닫고 빙그레 웃었다.
• 다생多生 중생이 선악의 업業을 지어 윤회의 고통 속에 생사가 계속되는 것을 말한다.
• 현관玄關 오묘한 도道에 들어가는 법문法門을 가리킨다.

多生托交契 憐我病骨酸 扇以涼我肌 茶以淸我肝

初逢滅毒火 漸覺通玄關 欲令乘淸風 颯爾超塵寰

身心永安穩 不復憂恫瘝 稽首致深謝 相望天地寬

출전: 『목은시고』 권11

해설 송광사에 있는 산승이 이색에게 부채와 차를 부쳐 온 것에 대해 답례의 시를 쓴 것이다. 당시 송광사 인근에 차밭이 있었고, 산승들이 차를 만들어 친분 있는 사람들에게 선물했음을 알 수 있다. 차에 각성 효과가 있음을 고려의 다인들도 알았는데, '현관에 통한다'는 표현은 그것을 잘 표현한 구절이다. 몸은 하늘 끝에 서로 떨어져 있지만 마음은 차로 인해 연결되어 있음이 시로 잘 나타나 있다.

이색 李穡, 1328~1396

즉흥시 卽事

붓 잡고 밝은 창 아래서 망령되이 높은 체하니
다행히도 지금은 찾아오는 친구가 적네그려.
어지러운 나라에서 말을 다하는 건 제나라 역사에서 경계하였고*
위태로운 나라에 들어가지 않는 건 『논어』論語에서 증험하였네.*
역마 달리는 요서遼西엔 백사장 달빛이 하얗고
관어대觀魚臺 아래엔 바다 하늘이 어둡도다.
백발에 비로소 노고가 병이 된 걸 후회하여
날마다 차 끓이며 채소밭에 물이나 주노라.

把筆明窓妄自尊 幸今朋友少過門 盡言亂國徵齊史 不入危邦驗魯論
馳驛遼西沙月白 觀魚臺下海天昏 白頭始悔勞成病 日日煎茶灌菜園

출전: 『목은시고』 권12

- 어지러운~경계하였고   중국 춘추시대 제나라의 국무자國武子가 어지러운 조정에서 남의 허물을 비판하다가 끝내 죽임을 당했던 데서 온 말이다.
- 위태로운~증험하였네   『논어』 「태백」泰伯에서, "위태로운 나라에는 들어가지 않고 어지러운 나라에는 살지 않으며, 천하에 도가 있으면 세상에 나가고 도가 없으면 숨는다"(危邦不入 亂邦不居 天下有道則見 無道則隱)라고 한 데서 온 말이다.

해설　2수의 연작시 중 첫 번째 시이다. 부지런히 관직에 임했던 젊은 시절을 회상하며, 날마다 차 마시고 채소밭을 가꾸는 한가로운 일상을 읊었다. 요서는 원나라 땅을, 관어대는 외가가 있던 경북 영해를 가리키는 말로, 젊은 시절 이색의 행적이 닿았던 곳이다.

이색 李穡, 1328~1396

눈 雪

올 겨울 비가 많고 따뜻한 봄 같아
길 마르기 기다려 유촌柳村엘 가려 했는데,
갑자기 구슬 같은 싸락눈이 창문에 흩날려
어느새 은빛 바다가 내와 언덕에 가득 찼네.
찻물이 돌냄비에서 우니 시의 운율이 맑고
매화꽃은 강가의 교외에 만발하여 사립문을 가리네.
북쪽 마당 돌아보니 바람이 세찬데
쓸쓸한 집 안엔 해가 저무려 하네.

今冬多雨似春暄 欲候路乾行柳村 忽見玉霙飄戶牖 已敎銀海漲川原

茶鳴石鼎淸詩律 梅發江郊掩華門 回望北庭風正急 寂寥區脫日將昏

출전: 『목은시고』 권13

해설 집을 나서려고 하던 차에 싸락눈이 내리자, 차를 마시고 시를 지으며 한가로운 오후를 보내는 정경을 읊은 시이다.

이색 李穡, 1328~1396

담 선사의 편지와 차를 얻다 得同甲開天…

개천사開天寺는 아득한 하늘 한쪽에 있는지라
근래에 남쪽을 바라보다 두 귀밑이 희었는데,
스스로 꿈인가 했더니 꿈은 분명 아니로다
두어 줄 편지와 한 봉지의 차가 왔네그려.

開天渺渺在天涯　南望年來兩鬢華
自訝夢耶非是夢　數行書札一封茶

출전: 『목은시고』 권14

원제　동갑내기 개천사 담 선사의 편지와 차를 얻다 得同甲開天曇禪師書茶

해설　담 선사曇禪師는 개천사에 있던 동갑의 스님이었던 듯, 그 스님이 보내 준 편지와 차를 받고 반가움을 읊은 시이다.

고려의 차 문화

이색 李穡, 1328~1396

무열을 그리워하여 因憶無說

호상湖湘*을 두루 유람하고 바다까지 갔으니
돌아온 뒤엔 시구가 온 서울에 가득했네.
지금은 병석에 누워 아무 일도 없는지라
도를 묻는 사람이 와서 차만 마시는구려.

遊遍湖湘到海涯 歸來詩句滿京華

如今臥病無他事 問道人來只喫茶

출전: 『목은시고』 권14

해설 무열無說은 고려 말기의 선승禪僧인 무열 장로無說長老를 가리키는데, 뒤에 나오는 이색의 시에도 등장한다. '도를 묻는 사람'은 이색 자신이다.

• 호상湖湘 호湖는 중국 제일의 호수인 동정호洞庭湖를, 상湘은 그 부근의 소수瀟水와 상수湘水를 가리키는데 경치가 좋아 소상팔경瀟湘八景으로 유명하다.

이색 李穡, 1328~1396

정 정당*을 뵙고 문병하니 정공이 차를 내오다
謁鄭政堂問疾 鄭公設茶

봄 들어 인사 올린 것이 전보다 더디었는데
멀리서 시통詩筒 전한 것 또한 예가 아니었네.
시냇물 조금 불어나자 비가 막 개이고
나뭇잎 서로 반짝이니 꽃피는 계절이네.
공은 아픈 체하시지만 아프지 않고*
나는 돌아가려 하면서도 아직 못 돌아가네.
가장 좋은 건 송산松山의 촉촉한 푸르름 속에서
찻잔 기울이며 얼굴 활짝 펴는 것이로세.

春來上謁比前遲 遙遞詩筒禮又非 溪水纔添初雨霽 樹林相映欲花時
公應示病元無病 我政思歸尙未歸 最愛松山翠如濕 茶甌傾了更軒眉

출전: 『목은시고』 권16

• **정 정당鄭政堂** 고려 때 충신인 원재圓齋 정추鄭樞이다. 정당政堂은 관직명으로 정당문학政堂文學의 준말이다.
• **공은~않고** 아프다고 하면서도 차를 달여 내오므로, 병이 없다는 의미로써 환자를 위로하려 한 말이다.

해설　이색이 정추를 병문안하여, 그만 털고 일어나시어 송산의 맑은 공기를 쏘이고 차 한잔 마시며 환한 얼굴을 보여 주시라는 의미로 쓴 시이다.

이색 李穡, 1328~1396

홍수겸 상서가 방문하다 洪守謙尙書見訪

총각 시절부터 친하여 백발에 이르렀으니
중간에 서로 헤어진 세월 그 몇 년이던고.
다만 가난하여 술이 없는 게 한스러우니
조용히 차 마시며 옛 얘기 나눌 뿐이네.

總角相親到白頭 中間乖隔幾經秋

家貧只恨無樽酒 細嚼茶芽話舊游

출전: 『목은시고』 권16

해설　홍수겸洪守謙은 상서 벼슬을 하였지만 행적이 거의 알려져 있지 않은 인물이다. 이색의 부친인 이곡李穀의 『가정집』에도 그 이름이 나오는 것을 보면, 젊은 시절부터 이색과 친분이 있었음을 알 수 있다. 이 시는 오래도록 만나지 못했던 그를 백발이 되어 만나 반갑게 차를 마시며 옛 이야기를 나누었다는 내용이다.

이색 李穡, 1328~1396

느낌이 있어 有感

1

잔뜩 취해 애태우던 일 모두 잊었고
술 깨어도 즐겁던 일들은 그대로이네.
오의항烏衣巷* 어귀엔 석양빛이 환히 밝고
녹야교綠野橋* 가에는 찬 안개만 잠겼도다.
부귀한 풍류는 비로 쓴 듯이 사라졌지만
고금의 슬픈 감정은 다시 하늘에 넘치네.
정녕코 이 꽃피는 호시절이 지나기 전에
촛불 잡고 노니는 소년들 배워야겠네.

沈醉都忘膏火煎 醒來樂處却依然 烏衣巷口明斜日 綠野橋邊鎖冷煙
富貴風流應掃地 古今悲嘅更滔天 丁寧趁取花時節 秉燭相從學少年

• **오의항**烏衣巷 지명. 원래 중국 진晉나라 때 귀족들이 거주하던 곳인데, 당나라 유우석劉禹錫이 "주작교 가에는 들풀에 꽃이 피고, 오의항 어귀엔 석양이 비끼었어라. 그 옛날 왕씨 사씨 집의 제비들이, 일반 백성의 집으로 날아드누나"(朱雀橋邊野草花 烏衣巷口夕陽斜 昔時王謝堂前燕 飛入尋常百姓家)라고 읊은 이후로, 부귀영화의 덧없음을 뜻하는 말로 쓰인다.
• **녹야교**綠野橋 중국 당나라 때 배도가 벼슬에서 물러난 뒤, 오교午橋에 별장을 짓고 수많은 꽃과 나무를 심고서 녹야당이라고 이름 했던 데서 유래한 말이다.

2

우물물 길어다 센 불로 새 차를 달여서
창 앞에서 한잔 마시니 기분이 날 것 같네.
훨훨 날아 밝은 달을 안기는 어려우나*
호탕한 기분은 마치 선경을 오른 듯하네.
한가히 읊는 건 사물을 만나는 데 따를 뿐
병든 몸의 출처는 모두 천명에 달려 있네.
붓을 빼어 듦은 흥취를 펴고자 하는 것일 뿐
봄빛이 한창 무르녹은 또 한 해로세.

汲井新茶活火煎 晴牕一啜意翛然 飄飄難得抱明月 蕩蕩却如淩紫煙
閑裏吟哦由觸境 病餘行止摠關天 抽毫只管紓情興 春色方濃又一年

출전: 『목은시고』 권16

해설　제1수는 비록 차시라고는 할 수 없으나, 1수와 2수가 각각 술과 차를 마실 때의 흥취를 잘 표현해 놓았기에 함께 수록하였다.

• 훨훨~어려우나　중국 송나라 소식의 「적벽부」赤壁賦에서 "훨훨 날아 마치 속세를 버리고 우뚝 서서 깃을 달고 신선이 되어 등천하는 것과 같도다. ……하늘을 나는 신선과 어울려 놀고, 밝은 달을 안고 오래오래 살고 싶구나"(飄飄乎如遺世獨立 羽化而登仙 …… 挾飛仙以遨遊 抱明月而長終)라고 한 데서 온 말이다.

이색 李穡, 1328~1396

가지사迦智寺* 영공이 차를 선사하다
迦智英公惠茶……

천지간의 맑은 기운이 십분 온전하여라
노선사의 벗인 신령한 차를 부쳐 주었네.
병 많은 동갑 친구가 심신이 몹시 쇠약한지라
타심통他心通*을 발휘하여 동정심을 보이셨네.

乾坤淸氣十分全 寄向靈芽伴老禪
多病同庚昏眊甚 他心通處示哀憐

출전: 『목은시고』 권16

원제 가지사의 영공이 차를 선사하였으므로 붓을 달려 받들어 사례하다 迦智英公惠茶 走筆奉謝

해설 차를 보내 준 영공英公에게 감사의 뜻으로 쓴 시이다. 영공은 고려 말기의 선승으로 호가 고저古樗이다. 이색과는 동갑 친구였다고 한다.

• **가지사**迦智寺 전라북도 임실군 성수산에 있던 절. 신라 보조 국사 普照國師의 도량이었다.
• **타심통**他心通 타심지통他心智通의 준말로, 다른 사람이 마음속에 생각하고 있는 것을 자유자재로 헤아려 아는 심력心力을 말한다.

이색 李穡, 1328~1396

부목 화상이 차를 부쳐 주다 奉謝松廣夫目和尙……

하늘 끝에서 봉화불 오르고 전장의 먼지 불어 댈 제
벽라 넝쿨 깊은 곳에 문득 몸을 숨기었네.
응당 매이고 벗어남이 원래 둘이 아니기에
늙은 나 또한 유연히 진리에 맛 붙였다오.

烽火天涯吹戰塵 薜蘿深處却藏身

秖應縛脫元無二 老我悠然味道眞

출전: 『목은시고』 권17

원제 송광사의 부목 화상이 왜구를 피해 영대사에 있으면서 차를 부쳐 준 데 대해 받들어 사례하다 奉謝松廣夫目和尙 避倭靈臺寺寄茶

해설 앞의 시와 마찬가지로 차를 받고 감사의 뜻으로 쓴 시이다. 원제에 나오는 영대사靈臺寺는 지리산에 있던 절인 듯하나, 부목 화상은 미상이다.

청자양각연판문통형잔, 고려 12C

이색 李穡, 1328~1396

등암사에서 감로사로 와 묵은 일을 기억하다
因記自燈巖來宿甘露寺

감로사 앞의 강물은 하도 맑아서
거울 같은 강물에 가끔 거룻배가 보였지.
만년에 승방에서 다시 차를 마시노니
오늘 백발이 날 줄을 어찌 헤아렸으랴.

甘露寺前江水明 鏡中時見小舟行

晩來更啜僧窓茗 豈料如今白髮生

출전: 『목은시고』 권17

해설　등암사燈巖寺는 황해도 연백군 천등산에 있던 절이고, 감로사는 개성에 있던 절이다. 젊은 시절 감로사에서 차를 마시던 추억을 읊은 시이다.

이색 李穡, 1328~1396

하 안부가 차와 포를 부쳐 준 데 대하여 받들어 사례하다 奉謝河按部寄茶鮑

차 향기는 늙은이 입에 가득하고
해물 맛은 쇠한 창자를 보해 주네.
머나먼 남쪽 하늘을 바라보노니
군영에는 절로 세월이 한가하겠지.

茶香吹病齒 海味補衰腸

南望靑天闊 營中歲月長

출전: 『목은시고』 권17

해설 하 안부河按部란 하씨 성을 가진 안찰사를 지칭하는 것으로, 하륜河崙이 아닌가 추측된다. 그가 보내 준 차와 포를 받고 감사의 뜻을 전한 시이다.

이색 李穡, 1328~1396

행재 선사가 차를 부쳐 준 데 대하여 답하다
代書答開天……

동갑 나이로 늙을수록 친하거니와
좋은 차는 맛이 절로 진미로구려.
맑은 바람이 두 겨드랑이에서 나오니*
곧장 도가 높은 이를 찾고 싶어라.

同甲老彌親 靈芽味自眞

淸風生兩腋 直欲訪高人

출전: 『목은시고』 권18

원제   개천사開天寺의 행재 선사가 차를 부쳐 준 데 대한 글을 대신 쓰다 代書答開天行齋禪師寄茶

해설   앞서 나왔던 개천사의 담 선사와 마찬가지로 이 시에 나오는 행재 선사行齋禪師 역시 이색과 동갑으로 자주 차를 보내 주었음을 알 수 있다.

• **맑은~ 나오니**   임춘의 시 「요혜가 양식을 베풀어 줌을 사례한다」 주 참조(이 책 69쪽).

이색 李穡, 1328~1396

당제 이우량이 보낸 편지와 찻잔 한 쌍을 얻고서
得堂弟李友諒書及茶鍾一雙

평안타는 소식 보니 기쁘기 그지없는데
눈부신 찻잔은 또한 반듯하기도 하여라.
계룡산 아래엔 인적이 아주 드물거니와
긴 강에 잠긴 달빛을 앉아 상상할 뿐이네.

得閱平安喜已多 茶鍾照目便無邪
鷄龍山下人煙少 坐想長江浸月華

출전: 『목은시고』 권21

해설　당제堂弟란 일반적으로 사촌동생을 말한다. 편지와 찻잔을 받고 동생이 사는 곳을 머릿속에 그려 본다는 내용이다.

이색 李穡, 1328~1396

일을 기록하다 紀事

은사발에 센 불로 풍차楓茶를 달이니
빛과 맛과 향을 갖춰 사기邪氣를 물리칠 만한데,
백발의 쇠한 늙은이는 재주도 많아
어른거리던 눈이 새로 밝아졌네.

銀盂活火煮楓茶 色味香全可却邪
白髮衰翁多伎倆 更楷眸子洗昏花

출전: 『목은시고』 권21

해설 이색이 직접 풍차를 끓이던 일을 기록한 시이다. 풍차는 아마도 단풍차가 아닐까 짐작되지만, 미상이다. 차를 마시니 눈이 상쾌해진다는 뜻이다.

이색 李穡, 1328~1396

유두회*에 대하여 읊다 詠流頭會

기분 상쾌한 오늘은 절로 나쁜 기운 없어
배 속까지 시원하고 티끌 한 점도 없는데,
넘실넘실 옥술잔엔 죽엽청을 기울이고
깊디깊은 은사발엔 좋은 차를 따르네.
완연히 밝은 달밤 쌍계의 물과 흡사하고
맑은 바람 일곱 사발 차*보단 월등히 나으리.
묻노니 채소밭에 양은 있던가*
찬 음료랑 흰 떡만 어지러이 놓였겠지.

爽然今日自無邪 冷徹肝腸絶滓査 灩灩玉杯傾竹葉 深深銀鉢吸瓊花
宛如明月雙溪水 絶勝淸風七椀茶 爲問菜園羊在否 氷漿雪餠亂交加

출전: 『목은시고』 권24

- 유두회流頭會   유두일의 모임을 말한다. 유두는 음력 6월 1일로, 나쁜 일을 떨어 버리기 위하여 머리를 감거나 목욕을 하고, 모여서 닭이나 개 등을 잡던 날이다.
- 맑은~차   임춘의 시 「요혜가 양식을 베풀어 줌을 사례한다」 주 참조(이 책 69쪽).
- 채소밭에 양은 있던가   갖가지 나물 요리로 차려진 유두회 잔치상에 고기 요리도 올라왔는가 묻는 말이다. 어떤 사람이 채소만 먹다가 한번 양고기를 먹었더니, 그날 밤 꿈에 오장신五臟神이 나타나서, "양이 채소밭을 밟아 망가뜨렸다"고 했다는 이야기가 있다.

해설　유두일에 떠들썩하게 잔치를 하기보다는 죽엽청 한잔과 좋은 차를 마시는 것이 무엇보다 기분 좋은 일임을 말하였다.

이색 李穡, 1328~1396

나잔자懶殘子를 뵙고 차를 마시다 同韓柳巷訪李開城……

말고삐 나란히 하여 남성南城 가까이 이르니
용산龍山˙의 푸른빛이 눈에 가득 선명하여라.
여러 댁을 두루 찾아 괜스레 자취 붙이고
억지로 아이 불러서 이름자만 남기었네.
유배 풀려 온 훌륭한 집엔 금술병이 불룩하고
음주 금한 절간엔 설완雪椀˙이 깨끗했지.
어버이 조석 문안은 폐하기 어려운 거라
버들골에 홀로 오니 날이 벌써 저물었구려.

聯鑣緩轡傍南城 滿目龍山翠色明 徧歷門庭空托迹 强呼僮僕獨留名
賜環甲第金樽凸 止酒蓮坊雪椀淸 定省朝昏難可廢 歸來柳洞暮痕生

출전: 『목은시고』 권26

- **용산龍山**   개성부 남쪽 2리에 있던 용수산龍岫山을 가리킨 듯하다.
- **설완雪椀**   본래는 시문詩文을 쓰는 데 사용하는 청아한 문구文具를 이르는 말인데, 여기서는 찻잔을 가리킨 듯하다.

원제   한유항과 함께 이 개성을 방문하고 송봉松峯의 남쪽에 들러 홍이상을 방문했으나 모두 만나지 못했다. 그래서 조정으로 소환된 김 영공金令公을 특별히 위로하면서 간단히 술을 마시고, 다시 정 남경鄭南京을 방문했으나 또 만나지 못했다. 그러고는 보제사에 들어가서 나잔자를 알현하고 차를 마신 다음, 한공韓公은 어버이께 저녁 문안차 가고, 나만 홀로 돌아와서 한 수를 짓다. 同韓柳巷訪李開城 過松峯之南 訪洪二相 皆不遇 特勞金令公召還小酌 就訪鄭南京又不遇 入普濟謁懶殘子飮茶 韓公昏定而去 獨歸一首

해설   아마도 귀양에서 풀려난 듯, 개성으로 돌아와 여러 명사들을 방문하고 보제사普濟寺로 가서 나잔자와 차를 마신 다음 지은 시이다. 보제사는 개성에 있던 절로 1051년(문종 5)에 창건되었다. 나잔자는 당시에 보제존자普濟尊者로 불렸던 나옹화상懶翁和尙을 가리킨다.

이색 李穡, 1328~1396

홍시가 紅柹歌

멀리 상산의 동쪽에 있는 홍시를
대바구니에 담아 광명궁에 진상하고,
나머지를 나누어 제공諸公에게 올리니
다행하게도 쇠한 늙은이에까지 미치었네.
밝은 창 아래서 눈을 닦고도 흐릿하던 차에
언뜻 보니 붉은 광채가 공중에 비치누나.
처음엔 의심하길 적제赤帝가 충심을 내리어*
붉은 속살 엉기느라 말랑말랑한가 했다가,
또 의심하길 정규赬虬의 알*이 속에 들어서
바깥은 둥글고 속은 영롱한가 하였네.
씹어 먹으니 단맛이 갈수록 끝이 없어라.
꿀벌이 만든 꿀보다 훌륭하여라.
여지荔枝나 감람橄欖은 격조가 다르니

• **적제赤帝가 충심을 내리어** 적제는 전설상의 제왕인 염제炎帝 신농씨 또는 화신火神인 축융씨祝融氏를 가리키는데, 모두 붉은빛의 상징이므로 홍시에 빗대서 한 말이다.
• **정규赬虬의 알** 정규는 붉은 규룡虬龍을 말하니, 붉은 규룡의 알이란 역시 홍시를 비유한 것이다.
• **여지荔枝나 ~ 같네** 여지와 감람은 모두 남방의 열대 지방에서 나는 과일 이름이다. 먼 지역에서 건너와 자란 품종이기에 기후에 따라 맛의 변화가 심하니, 감보다 귀하게 대접받지만 맛은 감보다 못하다는 뜻이다.

멀리서 와서 변덕이 많아 간신과 같네.*
홍시는 순일한 맛이 어찌 그리 농후한고
순진한 자연미를 다시 염려할 것 없어라.
늙은이는 고통을 참고 문자를 다듬느라
쑥대강이 꼴로 혀와 입술이 마르던 차에,
찬 홍시가 열기를 씻어 줌에 문득 놀라라
몸이 가벼워져 봉래궁蓬萊宮*을 알현할 듯하네.
우습기도 하여라, 차 마시던 늙은 노동은
일곱 잔 만에야 맑은 바람 일었던 것이.*

紅柿遠在商山東 翠籠擎獻光明宮
分封湙餘進諸公 幸哉亦及衰老翁
明窓揩目尙朦朧 乍見爛熳光浮空
初疑赤帝所降衷 膚理始凝方屯蒙
又疑蟴虯卵在中 團圓外面中玲瓏
嚼之味甘愈不窮 可憐崖蜜成於蜂
荔枝橄欖調不同 恃遠多變如奸雄
柿也一味何其濃 純眞不復愁天工
翁今忍苦註魚蟲 舌乾吻燥頭如蓬
忽驚氷雪洗熱烘 身輕欲謁蓬萊宮

* **봉래궁蓬萊宮** 동해 가운데 신선이 거주한다는 봉래산의 선궁仙宮.
* **우습기도~일었던 것이** 임춘의 시 「요혜가 양식을 베풀어 줌을 사례한다」 주 참조(이 책 69쪽).

고려의 차 문화

笑殺喫茶老盧仝 七椀始得生淸風

출전: 『목은시고』 권26

해설　홍시를 하사 받고, 그 빼어난 맛을 노래한 것이다. 그 맛이 여지나 감람과는 격이 다르고, 벌꿀보다 달며 차보다도 시원하다 하였다.

이색 李穡, 1328~1396

뜨거운 물로 차를 우리다 點茶

찬 우물에서 물을 길어 오자마자
창 앞에서 뜨거운 물로 차를 우리네.
목을 축이니 오장의 열이 다스려지고
뼈에 스미니 나쁜 기운을 쓸어버리네.
찬 계곡 물은 달빛 아래 떨어지고
푸른 구름은 바람 밖에 비꼈구나.
이미 진미眞味의 무궁함*을 알았으니
다시 내 흐린 눈까지 씻어야겠네.

冷井才垂綆 晴窓便點茶 觸喉攻五熱 徹骨掃群邪
寒磵月中落 碧雲風外斜 已知眞味永 更洗眼昏花

출전: 『목은시고』 권26

해설　차를 마시는 진미를 읊은 시이다. 차를 마시면 몸속의 열이 내려가고 나쁜 기운이 씻기며, 눈까지 맑아진다 하였다.

• **진미眞味의 무궁함**　중국 송나라 소식의 시에 "건다建茶 한잔 마시니 진미가 무궁함을 알겠네"(啜過始知眞味永)라고 한 구절이 있다.

이색 李穡, 1328~1396

인우에게서 편지와 차를 받고서
得燕谷住持印牛書送茶……

두 통의 서찰이 아스라히 전해 왔으니
두 절의 전답은 바닷가에 있다네.
중요한 군량미는 응당 줄일 게 아니지만
중들의 죽거리 또한 더해야 한다 하네.
서생들이야 봉록이라도 구할 수 있지만
승려들은 방도가 없어 차만 마시는구려.
다만 유감스럽게도 남에게 말하기 어려워
홀로 앉아 석양까지 시만 읊고 있음일세.

兩封書札出煙霞 二寺田疇傍海涯 最是軍糧非有減 在於僧粥亦云加

書生政爾猶干祿 衲子無由只喫茶 獨恨向人難掉舌 坐吟新律日將斜

출전: 『목은시고』 권26

원제　연곡사燕谷寺의 주지 인우가 서찰과 함께 보내온 차를 얻었는데, 그가 또 옥룡사玉龍寺와 서룡사瑞龍寺의 전세田稅에 관한 일을 부탁하였다. 또 무열의 서찰도 받았는데, 그 내용 또한 이와 같았다. 得燕谷住持印牛書送茶 且托玉龍瑞龍田稅事 又得無說書 亦如之

해설　원제에 나오는 옥룡사는 전라남도 광양시 백계산에 있던 절이고 서룡사는 순창군 서룡산에 있던 절이다. 아마 스님들이 그곳에서 나는 차를 선물로 보내면서, 절에 딸린 전답의 세금 문제를 부탁하였던 듯하다. 무열은 앞의 시 「무열을 그리워하여」(이 책 216쪽)에서도 나온 인물이다.

이색 李穡, 1328~1396

나잔자에게서 차를 얻어 오게 하고
遣家童索茶於懶殘子……

대로 깎은 꼬챙이에 메밀떡을 꿰어서
장을 발라 불에 구워 먹노라니,
노동의 차를 얻어 마시고만 싶어라
어찌 향적반香積飯*이 소화 안 될까 걱정하랴.
땀 흐르는 한여름에 처음 씨 뿌릴 텐데
상서로운 납설臘雪*이 또 곡식을 보호했으니,
내년엘랑 가서 농촌의 즐거움을 맛보면서
배 두드리고 노래하여 성조聖朝에 감사하련다.

削竹串穿麵麥䭔 仍塗醬汁火邊燒 玉川欲得茶來喫 香積何憂食不消
汗滴火雲初下種 呈祥臘雪又藏苗 明年往試田家樂 鼓腹長歌謝聖朝

출전: 『목은시고』 권27

- **향적반**香積飯 　향적여래香積如來가 먹는다는 밥을 말하는데, 향적은 사찰의 주방을 뜻하고, 향적반은 또한 승려들의 재반齋飯을 의미한다. 여기서는 절밥이란 의미로 쓰였다.
- **납설**臘雪 　일반적으로 동지에서 입춘 사이에 오는 눈을 말하는데, 이 기간에 세 차례 눈이 내리면 채소와 보리가 아주 잘되고, 살충 효과도 있다고 한다.

원제 심부름하는 아이를 나잔자에게 보내 차를 얻어오게 하고, 떠난 뒤에 시를 한 수 읊었다 遣家童索茶於懶殘子 去後 吟成一首

해설 나잔자에게 차를 얻어 오도록 심부름을 보내고 난 여가에 그 기대감을 읊은 시이다. 나잔자는 앞의 시 「보제사에 들어가 나잔자를 뵙고 차를 마시다」(이 책 232쪽)의 나잔자와 동일 인물이다.

이색 李穡, 1328~1396

나잔자가 차를 보내왔으므로 懶殘子送茶來……

늙어서 먹을 것 탐하기 그 누가 나만 하랴.
좋고 나쁨과 정밀하거나 거칢도 문득 잊고
먹을 것 만나면 구덩이 채우듯 배불리지만
호구책은 평생토록 전혀 융통성이 없었네.
내장의 열은 차로 씻을 수 있음을 알거니와
하초下焦*의 허함은 술로만 치유가 되는데
아침에 연꽃의 이슬*을 한번 마시고 나니
두 겨드랑이에 이는 맑은 바람*을 외칠 것도 없네그려.

老去口饞誰似吾 頓忘宜忌與精麤 逢場大飽如塡壑 謀食平生似守株
內熱只知茶可洗 下虛唯遣酒相扶 朝來一吸蓮花露 兩腋淸風不用呼

출전: 『목은시고』 권27

- **하초下焦** 한의학에서 말하는 육부六腑의 하나로, 심장 아래를 상초上焦, 위胃 아래를 중초中焦, 방광 위를 하초下焦라고 한다.
- **연꽃의 이슬** 사찰에서 보낸 차이므로, 특별히 이렇게 표현한 것이다.
- **두 겨드랑이에 이는 맑은 바람** 임춘의 시 「요혜가 양식을 베풀어 줌을 사례한다」 주 참조 (이 책 69쪽).

원제　나잔자가 차를 보내왔으므로 또 한 수를 읊어서 삼가 사례하다 懶殘子送茶來 又吟一首拜謝

해설　앞의 시에 바로 이어지는 시로, 나잔자가 보내온 차를 받고 감사의 뜻으로 쓴 것이다.

이색 李穡, 1328~1396

물 끓이는 소리를 듣다 聞煎水聲

물과 불은 서로 부딪혀 용납하기 어려운데
다행하여라, 금석金石이 그 중간에 처한 것이.
본래 기氣가 합해져서 쓰임새가 이루어지니
종류가 다르다고 서로 딴것이라 말하지 마소.
맛은 여기에서 나와 내 배를 채워 주는데
소리는 어디서 나와 내 낯을 활짝 웃게 하는고.
공후公侯의 집에서 잘 차려진 음식을 먹더라도
몸과 마음이 모두 한가롭다곤 하지 못하리.

水火相攻勢甚艱　幸哉金石處共間　故知氣合竟成用　莫道類殊非是班
味自此生充我腹　聲從何出破吾顔　侯家列鼎雖方丈　未必身心摠得閑

출전: 『목은시고』 권27

해설　찻물 끓는 소리를 들으며 지은 시이다. 물과 불은 원래 어울리기 어렵지만, 금석으로 된 차솥 덕에 차의 맛이 서로 조화되어 나온다는 뜻이다.

이색 李穡, 1328~1396

광평 시중께서 산수화 병풍 시를 청하기에
內願堂以廣平侍中書……

1

어제 사미가 예원芮院에서 찾아왔을 때
그림을 보고 오랜만에 함박웃음 번졌다오.
광평의 산수화 병풍 어찌나 마음에 드는지
붓 들고 시를 써서 상공相公에게 바쳤다오.

昨日沙彌芮院來 眼中一笑粲然開
廣平山水屛風好 筆法詩聯照上台

2

아침에 낯 씻고 머리 빗으니 세상을 벗어난 듯
문득 송산松山으로 늙은 선승을 찾아가고 싶네.
지금 세상엔 고륙顧陸* 같은 단청 솜씨 없으니

• **고륙**顧陸 중국 동진東晉의 화가 고개지顧愷之와 육조시대 남송의 화가 육탐미陸探微를 말한다.

뒷날 이런 그림 누가 또 전할지 모르겠네.

朝來盥櫛思飄然 欲向松山訪老禪
當世凡卨無顧陸 不知他日有誰傳

3

병든 뒤론 높이 노닐며 늘 자부하였나니
푸른 산 어딜 가든 간에 범왕梵王의 집*이라고.
조계曹溪의 한 방울 물* 참으로 얻기 어려우니
귀옹龜翁*이나 찾아가서 차 한잔 마셔 볼까.*

病後高游每自誇 靑山到處梵王家
曹溪一滴眞難得 欲問龜翁共喫茶

출전: 『목은시고』 권28

• 푸른 산~범왕梵王의 집 산하대지 모두가 부처의 화신이라는 의미로, 범왕의 집은 불교 사찰을 말한다.
• 조계曹溪의 한 방울 물 중국 당나라 혜능慧能이 조계산曹溪山에서 선종의 정통을 개창하였기 때문에, 조계는 선종의 별칭으로 쓰인다. 오대五代의 고승인 법안法眼에게 어떤 스님이 "어떤 것이 조계의 한 방울 물이냐"고 묻자, "이것이 바로 조계의 한 방울 물이다"라는 대답을 들었다는 일화가 있다.
• 귀옹龜翁 귀곡각운龜谷覺雲을 가리키는데, 이색이 환암혼수幻菴混修와 함께 그 선禪의 경지를 높이 평가하면서 친하게 교류한 인물이다.
• 차 한잔 마셔 볼까 민사평의 시 「금강산 유람을 떠나는 선주 총법사를 보내며」의 주 참조(이 책 165쪽).

원제　내원당에서 광평 시중의 편지를 가지고 와서 나에게 산수화 병풍의 시를 청하기에 이에 세 수의 시를 읊다 內願堂以廣平侍中書 邀僕山水屛風詩 因吟三首

해설　광평 시중은 광평부원군 이인임李仁任이다. 그에게서 12첩 산수화 병풍에 넣을 시를 써 달라는 부탁을 받고 감회를 쓴 것이다. 참고로 12첩 병풍에 써 준 시는 『목은시고』에서 이 시의 바로 뒤에 수록되어 있다.

이색 李穡, 1328~1396
늦게 돌아오는 말 위에서 晚歸馬上

병풍 시 다 지었지만 산천이 너무 좋아
아직도 시정詩情이 넘쳐 눈앞에 가득하네.
우스워라, 나의 삶은 특별한 흥치도 없는데
그 누가 말했던가, 신이 도와 시 지었다고.*
밥상에 부족한 것은 단지 연명淵明의 술*이요
차맛은 그야말로 육우의 샘물* 맛이로세.
뒷날 조계에 들러 하룻밤을 자고 나면
떠도는 허깨비 몸*도 천연天然인 것을.

屛風賦罷好山川 尙有詩情滿眼前

自笑吾生無逸興 誰言神助得新聯

• 그 누가~지었다고 중국 남조 송나라의 사령운이 꿈에서 명구를 얻은 뒤에 "이 시구는 신이 도와준 덕분이지 나의 말이 아니다"라고 말한 일화가 있다.
• 연명淵明의 술 중국 진晉나라의 도잠은 술과 관련된 일화가 즐비하고, 또 「음주飮酒」시 20수를 짓기까지 하였으므로 이렇게 말한 것이다. 연명은 도잠의 자이다.
• 육우의 샘물 육우는 다신茶神으로 추앙을 받는 인물인데, 그가 애용하던 샘물을 육우천陸羽泉 혹은 관음천觀音泉이라고 한다.
• 허깨비 몸 깨달은 사람의 눈으로 보면 부처와 중생이 따로 없이 허깨비 같은 몸이라는 뜻이다. 중국 당나라 때의 영가현각永嘉玄覺이 지은 「증도가證道歌」에 "이름 없는 참 성품이 바로 불성이요, 허깨비 같은 빈 몸이 바로 법신이로다"(無名實性卽佛性 幻化空身卽法身)라는 말이 나온다.

盤飧只欠淵明酒 茗飮眞同陸羽泉

他日曹溪如一宿 幻身流轉亦天然

출전: 『목은시고』 권28

해설　앞의 시 해설에 나오는 광평 시중의 12첩 병풍시를 다 짓고, 남은 흥을 부쳐서 지은 시이다. 『목은시고』의 12첩 병풍 시에 이어서 수록되어 있다.

이색 李穡, 1328~1396

한유항과 곡성부원군曲城府院君의 초청을 받고
穡與韓柳巷 同赴曲城招……

희고 깨끗한 수정 고리

다합茶合과 칭칭 휘감은 사대絲帶.

은색 붓대를 감싼 대모玳瑁

포돗빛 영롱한 옥술잔.

함께 선물 받은 우리 둘에다가

모두 재주 겸비한 여러 손님들.

이런 모임 참으로 얻기 어려우니

뒷날 누가 그림으로 전해 줬으면.

水精環皎潔 茶合帶縈廻

玳瑁藏銀筆 葡萄艷玉杯

兩生同拜賜 衆客盡兼才

此會眞難得 丹靑望後來

출전: 『목은시고』 권28

원제　내가 한유항과 함께 곡성의 초청을 받고 찾아갔더니, 칠원漆原 시중 길창군 吉昌君 강평장姜平章, 원사院使 김광수金光秀와 월성月城 정휘鄭暉, 해평海平 윤지표尹之彪, 광양光陽 이무방李茂芳, 정당政堂 한천韓蕆, 정당 이인李韌이 모두 자리에 있었다. 진수성찬이 차려지고 풍악이 울리는 가운데, 곡성이 수정환水精環과 다합茶合, 사대絲帶를 나에게 주고 대모玳瑁, 필초筆鞘를 한유항에게 주면서, "원암元巖의 모임이 후세에 전해질 수 있게 된 것은 바로 경들의 힘이다. 그래서 내가 감히 이것을 가지고 나의 성의를 표하려고 한다" 하였다. 이에 나와 유항이 감히 사양하지 못한 채 절을 하고 받았는데, 그다음 날에 3수의 시를 지어서 이 일을 기록하였다. 穡與韓柳巷 同赴曲城招 漆原侍中 吉昌君 康平章 金院使(光秀) 鄭月城(暉) 尹海平(之彪) 李光陽(茂芳) 韓政堂(蕆) 李政堂(韌) 皆在 盛饌作樂 曲城以水精環茶合絲帶與穡 玳瑁筆鞘與韓公曰 元巖一席之流傳於後世 卿等之力也 敢以此表吾意 穡等拜受不敢辭 明日吟成三首

해설　곡성부원군 염제신廉悌臣의 초청을 받은 자리에서 다합을 받고 지은 것으로, 전체 3수 중 두 번째 시이다. 이 자리는 '원암의 모임'을 기념하기 위한 것이다. '원암의 모임'이란 공민왕이 남쪽으로 피란을 갔다가 원암에 머물렀을 때, 곡성부원군 염제신, 칠원부원군 윤환尹桓 등 7명이 임금을 보좌했던 것을 말한다.

이색 李穡, 1328~1396

김 안렴사가 보낸 차가 마침 도착했기에
金按廉送茶適至

내가 지금 시를 부치려고 하는 차에
그대가 보낸 차가 방금 도착하였도다.
하루만 지났으면 어긋날 뻔하였으니
얼마나 다행인가 참으로 다행일세.
이번 일을 누가 우연이라 말을 할까
마음에 간격 없는 것을 족히 보겠도다.
정분이 두터우면 서로 느낌이 있는 법
그래서 사람을 하늘 땅과 통한다 하느니.

我欲寄詩去 君方送茶來 適在一日間 幸哉眞幸哉
雖云偶然爾 足見無疑猜 情親卽相感 故曰通三才

맑은 바람이 자리 옆으로 불어오고
참새가 뜰 속의 이끼 쪼아 먹을 뿐,
적막한 집 속에 낮 시간 길고 길어
그림자 데리고 일없이 배회하노라.
오지 그릇에 찬 샘물 길어 부을 때
티끌 하나 보이지 않는 죽창竹窓의 풍경.

한번 들이키니 오장이 시원해지면서
일만 구멍이 일제히 열려 소리치누나.

淸風吹座隅 雀啄庭中苔 寥寥白晝永 携影空徘徊
瓦盆汲冷泉 竹窓無纖埃 一啜爽五內 萬竅呼風雷

출전: 『목은시고』 권29

해설　아마도 김 안렴사에게 차를 보내 달라는 시를 썼던 듯, 마침 그가 보낸 차를 받아 마시고 지은 시이다.

이색 李穡, 1328~1396

운암 존자가 차를 보내다 奉謝雲巖尊者……

근년 들어 유난히도 더위 참기 어려운데
어딜 가야 더위 피해 서늘한 바람 쐬어 볼꼬.
산문이 굳게 닫힌 구름 낀 깊은 산골짜기
돌솥에선 차가 끓고 솔바람만 불어오리.
지은 업이 탁해서 병들어 누워 있소마는
마음은 통하니 나눠 준 은혜 알고말고.
한 모금 마시자 절로 시원해지는 배 속이여
뵙고서 감사 드릴 일을 그저 시로 대신하네.

畏熱近年甚 追涼何處宜 雲巖洞門鎖 石鼎松風吹
業濁臥病日 心通分惠時 自然淸五內 面謝只憑詩

출전: 『목은시고』 권29

원제 운암 존자가 차를 보내왔기에 붓을 달려 사례하다 奉謝雲巖尊者 送茶走筆

해설 역시 차를 선물 받고 고마움을 표시한 시이다. 운암 존자雲巖尊者는 개성의 무선봉舞仙峯 아래에 있던 운암사雲巖寺 주지이다.

이색 李穡, 1328~1396

서쪽에 사는 이웃이 염주를 선물했기에 찾아뵙고 사례하다 奉謝西隣以數珠見惠

염주 선물 고마워 서쪽 이웃을 뵈었더니
석류꽃 활짝 피어 뜨락 모퉁이에 환하네.
한낮에 띠집에서 시음한 새 차의 맛이라니
마음이 정결해졌으니, 극락도 필요할까.

出謁西隣謝數珠 石榴花發照庭隅

茅亭白日嘗新茗 心淨何煩極樂圖

출전: 『목은시고』 권29

해설　전체 3수 중 첫 번째 시이다. 서쪽에 사는 이웃은 아마도 스님인 듯하다. 그에게서 염주를 받고 사례를 하러 갔다가 새 차를 대접받고 지은 시이다.

이색 李穡, 1328~1396

술 취해 돌아오다 歷訪安大夫……

병든 늙은이야, 몸과 세상이 다 한가한지라
성 남쪽으로 벗을 찾아 멋진 유람 즐겼다오.
울타리 가득 누런 국화 한창 흐드러지고
난간 앞의 푸른 솔은 다시 비바람 소리로.
차 끓이고 정좌하여 하루 일을 반성하고
술 대하고 담소하니 흩어지는 걱정이라.
돌아오는 저녁 풍경 진정 그림 같았나니
피곤한 동복과 지친 말에 백발의 노인.

病翁身世兩悠悠 訪友城南得勝遊 黃菊滿籬方爛熳 碧松當檻更颼飀

烹茶靜坐追三省 對酒高談散百憂 薄晚歸來眞似畫 倦僮疲馬雪渾頭

출전: 『목은시고』 권30

원제 안 대부와 이 개성과 이 계림을 차례로 방문하였는데, 모두 술자리를 베풀어 주기에 취해서 돌아왔다 歷訪安大夫 李開城 李雞林 各設酌醉歸

해설 도성에서 남쪽 문을 나가 세 사람을 방문하고 술과 차를 마시고 돌아온 일과를 읊은 시이다.

이색 李穡, 1328~1396

밀양군密陽君 박공朴公 집에서 차를 마시고 돌아오다 昨詣判三司事洪公第……

정호鼎湖˙의 하늘은 멀고 저녁 햇볕은 낮은데
광암光巖˙을 찾으려 해도 길을 벌써 잃었다.
잠깐 당성唐城˙을 찾아 술잔을 주고받았나니
순일舜日을 붙들어 하늘 거리 비추는 분이시라.˙
차를 마시니 속진이 말끔해지는 걸 느끼겠고
그림을 보니 필법이 유다른 것을 알겠도다.
백발 서생은 오히려 광기가 심해져서
노래 부를 자리에서 매번 시만 읊조리네.

鼎湖天遠夕陽低 欲訪光岩路已迷 且向唐城對尊酒 方扶舜日照天衢
啜茶頓覺塵緣淨 看畫仍知筆法殊 白髮書生尙狂甚 每將吟詠當歌呼

출전: 『목은시고』 권30

• 정호鼎湖 황제黃帝가 정호에서 솥을 만들어 연단鍊丹을 하고는, 용을 타고 하늘로 올라갔다는 전설에서 유래하여, 임금의 죽음을 뜻하는 말이 되었다. 여기서는 이색이 저녁 빛을 바라보면서, 공민왕을 생각하는 심정을 표현한 것이다.
• 광암光巖 공민왕의 재궁齋宮이 있는 광암사光巖寺를 가리킨다.
• 당성唐城 남양의 옛 이름으로, 남양이 본관인 홍공洪公을 가리킨다.
• 순일舜日을~분이시라 순일은 '순舜 임금의 해'라는 뜻으로 태평 시대를 비유하는 말이다. 임금을 도와 온 누리에 태평성대를 이루려고 힘쓰는 사람이라는 뜻이다.

원제　어제 판삼사사 홍공의 집에 갔더니 척산군 박공이 먼저 와서 자리에 있기에 함께 술을 마셨다. 그 집에서 나온 뒤에 밀양군 박공의 집에 들러서 그림을 구경하고는 차를 마시고 돌아왔다. 昨詣判三司事洪公第 陟山君朴公先 在座同飮 旣出過密陽君朴公第看盡 啜茶而歸

해설　홍공의 집에서 1차로 술을 마시고, 2차로 박공의 집에 들러 차를 마시며 그림을 감상한 다음, 집에 돌아와 쓴 시이다. 박공은 박원경朴元鏡으로 추정되나, 홍공은 미상이다.

이색 李穡, 1328~1396

화엄도실을 뵙고 돌아오는 길에
謁華嚴都室 歸途一首

얼굴 가득 모래 바람을 감당할 수 없었지만
바쁜 일 있는 사람처럼 노옹이 말을 달렸나니.
한가로운 그 맛을 아직도 느끼는 줄 누가 알랴
절간에서 마신 차 향기가 오장 속에 감도는걸.

滿面風沙不可當 老翁驅馬似奔忙

誰知尙有閑中味 啜茗僧牕五內香

출전: 『목은시고』 권31

해설　화엄도실을 찾아 절에서 차를 마시고, 말을 달려 돌아오는 길에 그 은밀한 한가로움을 읊은 시이다.

이색 李穡, 1328~1396

총지사摠持寺 도대 선사에게 보내다 寄摠持都大禪師

구룡산 윤필암潤筆菴*은 옛날의 연화사蓮花寺인데
백련사白蓮社*와는 노을 내린 고개 하나 격했을 뿐.
북의 신수神秀 남의 혜능慧能* 다른 법통 아닌데
동쪽 언덕과 서쪽 기슭 어찌 남의 집이리오.
유자儒者가 불도를 믿는다면 모른 체해선 안 될 텐데
스님이 위세를 부린다면 그것이 또한 될 말이오.
단지 원하는 것은 담장을 지금부터 헐고
왕래하며 밤도 굽고 차도 끓여 드시기를.

九龍潤筆古蓮花 與白蓮分一嶺霞 北秀南能非異族 東崖西麓豈他家
儒門信道難乖矣 僧鑐揚威亦是邪 但願從今撤屛障 往來燒栗或烹茶

출전: 『목은시고』 권31

• 윤필암潤筆菴　윤필은 글을 지어 주는 대가로 받는 일종의 사례금이다. 『신증동국여지승람』 권8 지평현砥平縣 불우佛宇 조에 "이색이 왕명을 받들고 나옹의 부도명을 지어 주자, 문도들이 윤필의 재물을 마련하여 사례하였는데, 이색이 그것을 받지 않고 허물어진 절을 수리하도록 하였기 때문에 윤필암이라는 이름이 붙게 되었다"라고 하였다.
• 백련사白蓮社　이색이 백련회白蓮會를 결성하고 원로 및 동료들과 모임을 갖던 사찰을 말한다.
• 북의 신수神秀 남의 혜능慧能　중국 선종의 양대 종파인 북종北宗의 시조 신수와 남종南宗의 시조 혜능을 말한다.

해설　총지사總持寺는 경기도 개풍군 영남면 현화리 성거산에 있는 절이다. 윤필암과 백련사가 하나의 법통이고, 북종北宗의 신수와 남종南宗의 혜능이 다같이 홍인弘忍의 제자이듯이, 유가와 불가의 도가 통한다. 그러므로 서로 마음을 터놓고 차를 마시며 교분을 맺어 보자는 뜻이다.

이색 李穡, 1328~1396

홀로 앉아 읊다 東嘉君李光輔……

병치레하던 종지宗之는 안색이 다시 젊어지고
머리 하얗던 동가東嘉는 다시 검어지는 중.
호연지기 기르는 자안子安은 한창 의리를 쌓고
인仁을 행하는 목은은 어리석은 이처럼 되려 하네.
겨울도 반쯤 지날 무렵 한강 가에서 만난 자리
송도에서 헤어진 지 어느덧 한 달이 넘은 때라.
모이고 흩어짐은 하늘이 정해 준 것
다시 어느 곳에서 함께 찻잔을 기울일까.

宗之素病色敷腴 髮白東嘉再黑初 養氣子安方集義 爲仁牧隱欲如愚
盍簪漢水冬挓半 分袂松都月已餘 聚散自來天所賦 更於何處共茶甌

출전: 『목은시고』 권33

원제　동가군 이광보와 상장군 이자안이 찾아왔다. 정종지가 먼저 와 있다가 함께 차를 마시고 헤어진 뒤에 혼자 앉아서 읊다. 東嘉君李光輔 上將軍李子安來 鄭宗之先在席 啜茗面散 獨坐有詠

해설　종지는 정도전鄭道傳의 자이고, 자안은 이숭인李崇仁의 자이다. 이색과 함께 고려 말의 실력자였던 세 사람은 훗날 조선이 개국하면서 각자 다른 길을 가게 된다. 이 시는 그들이 함께 차를 마시며 교유했던 정황을 담고 있다.

이색 李穡, 1328~1396

군수 이공이 찾아온 것을 감사하며 謝郡守李公來訪

군수께서 오자 반가워서 꽃이 활짝 피었는데
군수께서 가자 꽃이 나에게 뭔가 말을 하려는 듯.
귀빈의 수레 머물게 하여 맑은 밤 함께 지새면서
새벽까지 호쾌하게 황금 술잔 기울이고 싶었는데,
주인이 차나 홀짝이며 운치를 없앴으니
늙은이 노망이 이 모양인 걸 어쩌랴.
세월은 물처럼 동으로 흘러 다시는 돌아오지 않고
바다 밑에서 먼지가 일듯 세상일 변화가 극심한데,
하늘의 태양을 못 가도록 묶어둘 재간도 없으니
시샘을 살 만큼 이런 때에 즐겨야 하지 않으리까.
이에 내가 꽃의 신에게 불민함을 사죄하였나니
내 비록 죽진 않았어도 마음은 불 꺼진 재가 되어,
수양산首陽山의 고사리로 주린 배를 채울 뿐
곰발바닥 같은 진미는 맛도 보지 못하지만,
그래도 원래 하늘의 명을 조금은 아는 덕분에
사계절 경치와 어울려 서로 배회하는 가운데,
꽃을 마주해 흥얼거리며 성령性靈을 기르노라면
참으로 봄 누대 오른 듯 즐거움을 느낀다오.
이태백이 부른 노래가 천고를 비추고 있지마는
천재가 아니니 흉내 내면 술주정만 부리게 되리다.

객 떠나고 술동이 빈 때 홀로 노래를 뽑으니
광활한 천지 사이에서 바람과 우레가 호응하오그려.

花政開邀頭來　花欲語邀頭廻
願留賓軒共淸夜　達曙快倒黃金杯
主人啜茶殺風景　老癡至此何爲哉
百川東逝不復西　海底亦復坐黃埃
無由上天繫白日　胡不相樂如相猜
我向花神謝不敏　我雖未死心已灰
首陽薇蕨充我腹　不受熊掌幷豹胎
只緣從來識天命　乃與光景相徘徊
對花吟哦陶性靈　樂哉眞似登春臺
太白歌行映千古　徒能使酒非天才
客去樽空時獨唱　天地闊遠呼風雷

출전: 『목은시고』 권34

해설　이태백처럼 천재가 아닌 보통 사람으로서는 술을 마시면 괜히 주정이나 부리기 일쑤이니, 아예 차나 마시면서 감회를 푸는 것이 낫지 않겠느냐는 뜻을 담고 있다. 『동문선』 권8에도 수록된 시이다.

이색 李穡, 1328~1396

한 문경공 묘지명 韓文敬公墓誌銘幷序

내 나이 16~17세 무렵에 시승詩僧을 따라 놀기를 좋아하였다. 한번은 묘련사妙蓮寺에 이르러 선비들과 스님들이 섞여 앉아 차를 마시며 연구聯句를 지었다. 문경공이 나이 겨우 12~13세로 매번 대구를 맞추어 시구를 지어 내자, 자리에 있던 여러 사람들이 모두 경탄하였는데, 문묵文墨에 노숙한 자들도 자리를 양보하고 감히 같이 낄 생각을 못하였다. 이때부터 나는 마음속으로 공을 대단하게 여겼다.

予年十六七 喜從詩僧 遊至蓮寺 儒釋雜坐啜茶聯句 文敬公年纔十二三 每有的對 衆皆驚嘆 雖老於文墨者 推讓不敢齒 予固心異之

출전: 『동문선』 권126

해설 이 글은 문경공文敬公 한수韓脩의 무덤에 쓴 묘지명으로, 문집에는 없고 『동문선』에 수록되어 전하는 것이다. 한수는 버들골에 살아서 유항선생柳巷先生이라 불리었으며, 뒤에 차시가 수록되어 있다. 묘련사는 개성부에 소속된 절이다. 묘지명이란 본래 죽은 이의 삶을 개괄하는 것이지만, 여기서는 첫 대목의 일부만을 소개하였다. 짧막한 내용이지만, 이색과 한수를 비롯한 선비들 그리고 스님들이 절에 모여 차를 마시며 함께 시를 짓던 풍경을 상상해 볼 수 있다.

원천석 元天錫, 1330~?

금주령이 내렸는데 제호로提胡蘆* 소리 들린다
國有禁酒之令 聞提壺鳥

이미 도연명더러 다객茶客이 되라 하였으니
더 이상 고양高陽에 술꾼 모일 일 없어라.*
나라에서 금주령 내린 줄을 산새는 알지 못하고
숲 너머에서 때때로 술 마시라고 권한다.

已敎元亮爲茶客 無復高陽會酒徒
山鳥不知邦國令 隔林時復勸提壺

출전: 『운곡행록』耘谷行錄 권1

- **제호로**提胡蘆 호로새 또는 호로로뻐쭉새라고도 한다. 이 새의 울음소리가 '제호로'하는 것처럼 들리는데, 이 한문이 '술 호리병을 들어 권한다'는 의미로 풀이되기 때문에 흔히 술 권하는 새라고 한다.
- **도연명더러~없어라** 도연명은 술을 즐긴 것으로 유명한 인물이다. 고양은 천하의 술꾼 산간山間이 늘 술에 취해 있던 지역이다. 그래서 고양주도高陽酒徒라고 하면 술을 좋아하고 매인 데 없이 방탕한 사람을 뜻한다.

해설　아마도 당시에 금주령이 내렸던 듯, 술 대신 차를 즐겼음을 알 수 있다. 이하 『운곡행록』 권1에는 1351년부터 1369년까지 지은 시가 창작순으로 실려 있다.

원천석 元天錫, 1330~?
굉 스님에게 幽谷宏師……

새 암자 지어 도 닦으려는 마음
오가는 흰 구름을 굽어보시네.
눈은 상하 사방 먼 허공까지 통하고
마음은 삼천대천세계三千大千世界*에 활달하네.
바람 잔 다헌茶軒엔 연기 절로 자욱하고
밤 깊은 선방엔 달빛 영영 밝구나.
말없이 앉아 무주無住*를 보는 스님이여,
무주의 그 마음은 어디에 오는가.

締搆新菴養道情 俯看來往白雲行 眼通上下虛空遠 心豁三千世界平
風定茶軒煙自鎖 夜深禪榻月長明 上人燕坐觀無住 無住心從甚處生

출전: 『운곡행록』 권1

- **삼천대천세계**三千大千世界 불교에서 소천小千, 중천中千, 대천大千 세계를 아울러 이르는 말.
- **무주**無住 어떤 곳에도 주착主着하여 머무름이 없이 인연에 따라 일어난다는 뜻이다.

원제　유곡 굉 스님이 상원사 주사굴 서쪽 봉우리에 암자를 새로 짓고 이름을 무주암無住菴이라고 붙였다. 높고 빼어난 그 경치를 아름답게 여겨 한 수 지어 굉 스님에게 보낸다. 幽谷宏師於上院寺朱砂窟之西峯　新構一菴　名之曰無住　嘉其高絶作一首呈于宏上人

해설　굉 스님은 나옹 화상의 제자로, 원천석과 교분이 있던 인물이다. 굉 스님이 오대산 상원사 인근에 새로 무주암을 지었다는 소식을 듣고, 그곳을 그리는 시를 읊은 것이다.

원천석 元天錫, 1330~?

선옹禪翁이 화답시를 보내왔기에 다시 차운하다
禪翁見和 復次韻

도道의 경지 참으로 신선의 경지이고
절 마당엔 솔 그늘 가득 드리웠다.
다헌엔 차 연기 자욱하고
약초밭엔 비가 보슬보슬.
시원히 트인 골짜기에
황홀하게 삼청三淸*을 옮겨 놓았네.
길이 멀어 세속과 단절되고
숲이 가까워 산새 소리 구슬프다.
그저 편안히 쉬기에 좋으니
무엇하러 마구 날뛰겠는가.
물이 맑아 귀를 씻고 싶고
산이 좋아 바라보기 반갑다.
달과 구름 모두 고요하고
사람과 풍경 정말 기이하구나.
뒷날 모일 약속 꼭 잡아야 하니
예전의 약속 벌써 지나갔도다.

• 삼청三淸   도교에서 신신이 산다는 옥청玉淸·상청上淸·태청太淸의 삼청 선계三淸仙界.

아름다운 경치는 곳곳마다 있지만
즐거운 놀이는 제때가 있는 법.
아, 나는 본디 게으른 데다
한갓 어리석음만 배웠지.
훌륭한 포부 없음을 깊이 탄식하고
엉성한 시 바침에 공연히 부끄럽네.
명승지 찾아가기로 작정했으니
한가한 맛을 옛날에 벌써 알았지.

道境眞仙境 松陰滿院垂 茶軒煙羃羃 藥圃雨絲絲
一洞寬平豁 三淸怳惚移 路遙塵俗絶 林近野禽悲
但可安棲息 何爲浪走馳 水淸思洗耳 山好喜伸眉
月與雲俱靜 人兼境最奇 必須謀後會 已過在前期
美景多隨處 歡遊要及時 嗟余本疏懶 徒自學愚癡
深歎無良策 空慙獻拙詩 擬將尋勝地 閑味昔曾知

출전: 『운곡행록』 권1

해설 선옹이란 노선사老禪師를 가리키는 말이나, 구체적으로 누구를 지칭하는지는 미상이다. 뒤에 도경 선옹道境禪翁이라는 인물이 나오는데, 그일지도 모르겠다.

원천석 元天錫, 1330~?

가형과 원서곡이 화답시를 보내왔기에 다시 두 수를 쓰다 家兄與元西谷見和 復書二首

1

꽃나무 너머에서 꾀꼬리 노래하는
화창하고 따사롭게 비 개인 시절.
동산 둘레엔 물오른 버들 푸른 안개인 듯
담장 위로는 흐드러진 복사꽃 붉게 피었네.
출처는 마음에 걸림이 없고
공명이야 빠르건 늦건,
바람 앞에서 짧은 머리털 빗으며
술을 부르고 또 시를 읊노라.

鶯囀花林外 淸和雨霽時 遶園煙柳細 出屋露桃肥

行止無憂樂 功名任早遲 臨風梳短髮 喚酒且吟詩

2

서쪽 골짝에 집을 짓고 사는 그대여
연못 누대에 꽃을 찾아가는 길이라오.

물이 줄어드니 연 줄기 야위고
바람이 따사로워 약초 덩굴 살졌네.
구름 그림자는 내 발걸음 따라오고
산빛은 초당草堂을 비추며 한가롭네.
만약 거니는 곳을 묻는다면
차 달이고 또 시를 읊노라.

卜居西谷裏 池館過芳時 水減荷莖瘦 風熏藥蔓肥
雲光侵步武 山色照棲遲 若問逍遙處 煎茶且賦詩

출전: 『운곡행록』 권1

해설　가형家兄은 원천석의 형인 원천상元天常으로 추정되나, 원서곡元西谷이 누구인지는 미상이다.

원천석 元天錫, 1330~?

눈을 보고, 소경 원립元立에게 부치다
看雪 寄元少卿立

간밤에 구름이 달을 가리더니
아침에 온 세상 눈이 왔구나.
매화꽃처럼 나무에 앉고
버들솜처럼 숲에 날리네.
술꾼들은 술값 많이 치르겠거니와
절집은 차 끓이는 연기 자욱해라.
홀로 읊는 시에 화답하는 사람 없으매
오직 원자현이 생각나는구나.
세모의 산성山城에 내리는 눈 반갑고
언 구름은 겨울 하늘에 싸늘하네.
갈대솜 같은 눈이 펑펑 내리니
두꺼운 솜옷에 가죽옷 껴입네.
날아다니는 새 그림자조차 끊어졌고
밥 짓는 연기도 아직 피지 않네.
몸을 데우기는 술이 그저 최고니
청주 탁주야 가릴 것 있으랴.

夜看雲蔽月 朝見雪漫天 着樹粧梅玉 穿林散柳綿

歌樓添酒價 禪舍鎖茶煙 獨詠無人和 唯思元子賢

山城驚歲暮 雲凍苦寒天 密雪飄蘆絮 重裘擁木綿

未看飛鳥影 不見起人煙 供暖惟尊酒 何須論聖賢

출전: 『운곡행록』 권1

해설   소경少卿은 참판급의 관원을 지칭하는 말이나, 원립이 누구인지는 미상이다. 다만 시에서 원자현元子賢이라 지칭한 사람이 바로 원립이 아닐까 한다.

원천석 元天錫, 1330~?

원적암 圓寂菴

사방으로 푸른 산이 빽빽하게 둘렸고
가운데 깊은 골짝이 그윽하게 열렸어라.
대나무 바람은 처마 끝에 일고
꽃 그림자는 누대 위에 비친다.
선방엔 산승이 막 선정에 들었고
다헌엔 나그네가 잠시 머무른다.
즐거워라, 나는야 명승지에서
반나절 맑은 노닒을 누렸노라.

四擁靑山密 中開碧洞幽 竹風生屋角 花影上樓頭

禪榻僧初定 茶軒客小留 喜予尋勝地 半日得淸遊

출전: 『운곡행록』 권1

해설   원적암은 경상북도 문경군 농암면 청화산에 있던 절로 원적사圓寂寺라고도 한다. 그곳의 다헌에 머물면서 지은 시이다.

원천석 元天錫, 1330~?

만세당萬歲堂 당두堂頭께 올리다 次道境所示詩韻……

고고하고 빼어난 학이 푸른 들판에 사니
뭇 새가 맴돌며 감히 범접 못하누나.
장엄한 자태는 비할 데 없어
푸른 구름 만 리 하늘에 날아오른 듯.
인간 세상에 잠시 와 불법을 설파하시매
중생 구제하는 마음 절실하여 늘 애를 쓰네.
양주楊州라 십만 전을 비루하게 여기고°
그저 솔과 달을 삼천 편의 시로 읊었지.
본래 매인 곳 없으니 속세의 인연 끊어 버리고
배고프면 먹고 피곤하면 잔다.
평생의 천성을 어찌 버리랴
세상 풍파에도 편안히 노니네.
바리때 하나 납의衲衣° 한 벌로 세상 살아도
사방의 사부대중四部大衆 유독 어질다 칭송하지.

• **양주楊州라~여기고** 부귀영화를 비천한 것으로 대했다는 말이다. 옛날 사람들이 모여 각기 소원을 말하는데, 어떤 이는 양주자사가 되고 싶다 하고, 어떤 이는 돈을 흠뻑 가지고 싶다 하고, 어떤 이는 신선이 되어 학을 타고 하늘에 오르고 싶다고 하였다. 그러자 한 사람이 "나는 허리에 10만 관 돈을 차고 학을 타고 양주에 올라가고 싶네"라고 한 중국의 고사를 빗댄 것이다.

• **납의衲衣** 낡은 헝겊을 모아 기워 만든 승려의 옷.

때때로 속된 위인들 문 앞에 찾아오니
번거롭게 마중하고 배웅해야 할까 걱정이네.
수염 허연 노사老師의 선방은 시 짓던 마당이니
소나무 아래서 마시던 차 향기 늘 그리워라.
요즈음 봄기운이 벌써 화창하고 따스하여
나물 잎과 고사리 싹이 해를 따라 길어진다.
이미 불법은 대체大體를 터득했으리니
차 달여 부를 날이 이제 머지않았지.
나의 시 변변치 못하지만
그나마 눈에 드는 게 있는지 보아 주오.

軒軒逸鶴生靑田 衆鳥翺翔難並肩 昂莊態度絶後先 碧雲萬里高飛騫
暫來人世主法筵 利他心切常留連 却唾楊州十萬錢 但吟松月三千篇
本無依托絶攀緣 渴飮飢飡恒困眠 平生性命豈徒捐 苦海風浪遊安然
一盂一衲送流年 四方四衆稱獨賢 時時我欲踵門前 恐煩杖屨勞送延
鬢絲禪榻是詩場 每思松下茶甌香 邇來春氣已發陽 蔬葉蕨芽隨日長
旣於眞法整其綱 煮茗招呼時近當 吾詩不腆堪爲下 請覽其中可採者

출전: 『운곡행록』 권2

원제　도경이 보내온 시에 차운하여 만세당 당두께 올리다 次道境所示詩韻 呈萬歲堂頭座下(雙韻)

해설　도경道境은 바로 뒤에 수록된 시에 나오는 인물이나, 미상이다. 만세당이 어디인지는 알 수 없지만 원천석이 노닐던 곳인 듯, 그곳을 떠올리며 만나서 함께 차를 마실 날을 기약하고 있다. 이하 『운곡행록』 권2에는 1370년부터 1385년까지 지은 시가 실려 있다.

원천석 元天錫, 1330~?

도경 선옹이 지은 시「산속 지독한 추위」에 차운함 -次道境禪翁山居苦寒詩韻

찬 구름 속으로 흐린 해가 들락날락거리고
바람은 창공에 몰아쳐 하늘은 성낼 듯하네.
매서운 한겨울에 화롯불마저 희미하니
뼛속까지 시린 추위 견딜 수가 없어라.
일없는 산승은 겹겹이 이불 덮고
편안히 코를 골며 한낮까지 잘 밖에.
문풍지는 바람에 우레처럼 울고
처마 끝엔 고드름 옥젓가락처럼 달렸어라.
일어나 화로 앞에서 차를 달이노라니
벌써 해는 서산에 등불처럼 걸렸구나.
향이 서린 방장에 눈보라 몰아치니
구름 속에 사는 산승만큼 청한한 이 그 누구랴.
변암弁巖의 나무꾼이 홀로 춥다 외치며
몸을 덜덜 떨어도 딱하게 여기지 않네.
두어 칸 휑한 집에 바람 소리 차가워
답답한 속마음 진정 풀기 어려웠는데,
뜻밖에 봄노래 한 곡조 받으매
훌쩍 춘대春臺에 오른 듯 마음이 트이네.

凍雲淡日相吐吞 風簸長空天欲怒

窮陰凜冽煙火微 骨寒未可能耐苦

山人無事擁重裘 高枕不知日將午

風蕭窓紙似雷吼 玉筯下垂簷溜氷

起來煎茶對爐火 西峯落日如懸燈

凝香方丈任風雪 清寒誰似雲居僧

弁巖樵叟獨呼寒 躬自臼磨人不惜

數間疏屋冷颷颷 鬱鬱心懷難解釋

忽奉一曲陽春詞 豁若春臺容易陟

출전: 『운곡행록』 권2

해설　도경 선옹은 바로 앞에서 나온 인물이다. 원천석은 1374년 3월 이후 강원도 원주의 변암촌弁巖村에 살았는데, 이 시는 그곳에 살면서 지은 것이다. 즉 시 속의 '변암의 나무꾼'은 시인 자신을 가리킨다.

• **춘대春臺**　화평하고 온화한 기상을 뜻한다. 『노자』老子 21장에 "사람들이 즐거워하며 마치 큰 잔칫상을 받은 듯하고 봄날에 대에 올라 아름다운 경치를 구경하는 듯하다"라고 한 데서 나온 말이다.

원천석 元天錫, 1330~?

단옷날 빙정 아우에게 端午 贈氷亭弟

잠 깬 뒤에 시상詩想이 더욱 유장한데
기쁠손 찻사발 깊어 향 더욱 그윽해라.
내 생애 몇 번째 단옷날인가 손꼽아 보노라니
비단옷 한 벌 없이 시골에서 늙었네.

睡餘詩思轉悠長 且喜茶甌深更香

屈指吾生幾端午 身無綵縷老於鄕

출전: 『운곡행록』 권4

해설   전체 5수 중에서 세 번째 시이다. 원천석에게는 원천우元天祐라는 동생이 있었으나, 그가 빙정氷亭 아우인지는 미상이다. 『운곡행록』 권4에는 1389년부터 1390년까지 지은 시가 실려 있다.

원천석 元天錫, 1330~?

헌납 송우宋愚의 시운에 차운하다 次宋獻納愚……

무념무상이야 또한 증거가 없지만
대자대비는 바로 부처가 분명하지.
불경을 베낌은 묘법妙法을 일으킴이요
불법을 설파함은 참된 교화를 퍼뜨림이라.
선승은 세상에 드문 인재요
시객詩客은 불세출의 영웅일세.
마주 보고 회포를 말하는 곳에
차 연기가 대나무 바람에 날린다.

無念亦無證 大慈仍大雄 寫經興妙法 揮麈播眞風
禪翁稀世彦 詩客間時雄 相對論懷處 茶煙颺竹風

출전: 『운곡행록』 권5

원제 헌납獻納 송우宋愚의 흥법사興法寺 주지에게 올린 시의 운자를 차운하다
次宋獻納愚 上興法丈室詩韻

해설 헌납은 원래 사간원의 정5품 벼슬인데, 송우가 우헌납을 역임하였기 때문에 이렇게 지칭한 것으로 생각된다. 원제에 나오는 흥법사는 원주시 건등산에 있던 절이다. 이하『운곡행록』권5에는 1391년부터 1394년까지 지은 시가 실려 있다.

원천석 元天錫, 1330~?

아우 이사백李師伯이 차 보내 줌을 감사한다
謝弟李宣差(師伯)惠茶

반갑게도 서울 소식이 산림에 도착했는데
연두빛 움트는 봄에 햇 작설차 함께 왔네.
식사 후 한 사발도 맛이 대단하거니와
술 취한 뒤 마시는 석 잔은 정말 자랑할 만하지.
마른 창자 윤기 돌아 욕심이 없어지고
침침한 눈 활짝 뜨여 어른거림이 없구나.
이 물건 신통한 효과는 헤아릴 수 없으니
잠이 싹 달아난 뒤 시상이 마구 떠오르네.

惠然京信到林家 細草新封雀舌茶 食罷一甌偏有味 醉餘三椀最堪誇
枯腸潤處無査滓 病眼開時絶眩花 此物神功誠莫測 詩魔近至睡魔賖

출전: 『운곡행록』 권5

해설 서울에서 작설차를 받고 감사의 뜻으로 지은 것이다. 식사 후나 술 취한 뒤에 마시는 차 맛을 최고라고 하였으며, 차를 마시면 창자에 윤기가 돌고 눈이 맑아지며 잠이 달아나고 정신이 맑아진다고 하였다.

원천석 元天錫, 1330~?

갑술년 새해에 甲戌新正

새해 정월도 반이 지나가는데
상서로운 감응이 틀리지 않았구나.
어둑어둑 하늘은 먹구름이 두껍고
새하얗게 땅 위엔 눈꽃이 피었다.
벼룻물은 얼어 붓을 잡기 어렵고
화롯불은 살아 차 달이기 좋구나.
누워서 눈 내리는 소리 듣노라니
누가 알랴, 내 마음 아름다움을.

新正將欲半 瑞應不爲差 慘慘天無色 皚皚地有華

硯氷難援筆 爐火可煎茶 臥聽蕭蕭響 誰知自意嘉

출전: 『운곡행록』 권5

해설　전체 3수 중 두 번째 시이다. 갑술년은 1394년(태조 3)으로 원천석이 65세 때이다. 정월달에 눈 내리는 소리를 들으며 차를 마시는 즐거움을 읊었다.

정추 鄭樞, 1333~1382

청풍 객사 한벽헌에서 문절공文節公 주열朱悅의 운을 따서 淸風寒碧軒 朱文節公悅韻

늘어선 산악들 동으로 휘감아 해와 달을 맞고
큰 강은 서쪽으로 흐르며 안개와 구름 토해내지.
장차 청풍현에 한번 가려거든
황문黃門의 상국*께 안부나 전해주오.
열흘 동안 옥사를 묻는 사람 하나 없고
때때로 손님 대접에 차 연기가 날릴 뿐.
산속에 초가집 묻힌 산골 마을 청풍현.
한벽헌 이 누대가 상국 때문에 전해지리.

列嶽東廻賓日月 大江西注吐雲煙

欲將一縣淸風去 須問黃扉閣老傳

• 황문黃門의 상국 재상의 집 대문에 누런 칠을 한 전통에서 유래한 말로 재상, 즉 주열을 가리킨다.

浹日無人煩訟牒 有時迎客颺茶煙

傍山茅屋淸風縣 寒碧軒從相國傳

출전: 『원재선생문고』圓齋先生文稿 권상

해설   정추는 앞에서 나온 정포鄭誧의 아들로, 이어지는 시들을 보면 부자가 모두 차를 즐겼음을 알 수 있다. 한벽헌은 충북 제천시 청풍면 충주댐 수몰 지역에 있던 누대(현재 물태리로 이전)로 보통 '한벽루'라고 부르는 곳이다. 주열朱悅은 고려의 문신으로 시호가 문절文節이다.

정추 鄭樞, 1333~1382

심 내사에게 주어 혜총 장로와 동로에게 세 번째 화답하다 寄贈沈內舍三和惠聰長老東老

관동은 산수의 고장
명승이 사방에 전하네.
공무에 아무리 분주하더라도
한가로이 노닐면 지상의 신선.
마음 내키면 언제나 말을 타고
험한 산길에 채찍을 날렸지.
반나절에 삼백 리를 기약하여
모랫길로 천 리 길을 달렸고,
바위 위의 풀은 물결처럼 일렁이고
거울 같은 바다엔 구름 그림자.
맑은 새벽이라 바다는 유난히 푸르고
하늘 높은 가을이라 꽃은 더욱 선명하네.
바람 맞으며 소나무는 비스듬히 누웠고
비를 막으며 벼랑은 어선을 보듬어 주네.
기이하다, 배를 삼킬 듯 큰 물고기 있고
귀엽구나, 여의주 안고 자는 용도 있어라.
나는 본디 게으른 사람
나아가려 해도 도리어 더디구나.
돼지처럼 그저 배불리 먹는 것 좋아하고

부끄럽게 아첨으로 이름이나 났지.
한가로운 산문엔 국화꽃 길 나 있고
선방의 탑자엔 차 연기 피어오르네.
호일한 홍취는 도연명의 기장*을 생각나게 하고
편안한 마음은 혜원의 연꽃*처럼 사랑스럽지.
이곳에 수레바퀴를 묻고* 두 늙은이 따라
도를 즐기며 노년을 마쳤으면.

關東山水窟　形勝四方傳
奔走雖王事　遨遊卽地仙
會心常按轡　乘險旋催鞭
日半期三百　沙行路一千
浪痕岩上草　雲影鏡中天
淸曉海逾碧　高秋花更鮮
遡風松偃蓋　阻雨岸藏船
魚怪呑舟大　龍憐抱寶眠

• 도연명의 기장　중국 진晉나라의 도연명(도잠)은 술을 좋아하기로 유명하다. 그가 팽택현령으로 나가 있을 때 늘 술을 담글 수 있도록 공전公田에다 모두 기장을 심도록 했던 일화가 있다.
• 혜원의 연꽃　중국 동진東晉의 고승 혜원慧遠은 연꽃을 좋아하였고, 백련사白蓮社를 결성하여 정토淨土의 교리를 설파하였다.
• 수레바퀴를 묻고　중국 후한의 장강張綱이 간신을 제거하기 전에는 한 발자국도 자리를 떠날 수 없다는 결심을 보이기 위해 수레바퀴를 땅에 묻었다는 고사를 인용한 구절이다. 여기서는 혜총 장로와 동로가 있는 곳에 살며 벼슬길로 돌아가지 않겠다는 뜻을 나타낸다.

予生本懶拙　求進却遷延

肥遯宜捫腹　蚍英媿脅肩

閑門開菊徑　禪榻颺茶煙

逸興思陶秫　安心愛遠蓮

埋輪從二老　樂道以終年

출전: 『원재선생문고』 권상

해설　심 내사를 통해 혜총 장로와 동료에게 화답한 시이다. 정추는 1364년 무렵 관동 지방에서 공무를 수행하였는데, 이 시는 아마도 이때 지은 것으로 보인다.

정추 鄭樞, 1333~1382

유점사(원나라로부터 사액을 받은 대보덕 수성사) 楡岾寺 皇元賜額大報德壽聖寺

유점사는 신라 시대의 절
산봉우리 우뚝하고 물은 굽이돌지.
태수 노준盧寯이 터를 닦고
중관 정미설리鄭米薛里가 중수했지.
황제의 무거운 은혜로 편액을 받았고˚
성상의 두터운 덕으로 비문을 얻었지.
능인 대사가 인도에 이르러
불법을 수호하여 월지국月支國에서 왔다네.
까마귀는 시린 샘물 쪼아 먹고˚
용은 보배로운 전각에 들어갔네.˚
목어는 바라를 매달고 있고
철봉은 깃을 세우고 있어라.
찻사발에 산승과의 담소를 남겨 두고

• 황제의 무거운 은혜로 편액을 받았고 　원나라 황제가 '대보덕수성사大報德壽聖寺'라는 편액을 하사한 일을 말한다.
• 까마귀는 시린 샘물 쪼아 먹고 　유점사에 있는 우물 이름이 오탁정烏啄井이기 때문에 이렇게 표현한 것이다.
• 용은 보배로운 전각에 들어갔네 　유점사에 있는 불당 가운데 반룡당盤龍堂이 있기 때문에 이렇게 표현한 것이다.

소나무 창 아래 부처를 안고 자노라.
종에 물 부으니 비 내리는 소리 들리고*
탑을 돌다 보니 하늘에 닿을 듯하구나.
땅거미 내린 뒤 댓잎 더욱 짙푸르고
울창한 숲 너머로 계곡 소리 시원하다.
주옹周顒*은 끝내 아내를 버리지 못했으니
경산徑山*의 풍모에 정말 부끄러워라.*

楡岾新羅寺 峯攢水屈盤 肇基盧太守 起廢鄭中官
賜額皇恩重 題碑聖德寬 能仁乾竺至 護法月氏來
鳥啄寒泉食 龍移寶殿開 木魚懸撥剌 鐵鳳立毰毸
茗椀留僧話 松窓抱佛眠 灌鍾聞降雨 繞塔覺撐天
竹色黃昏後 溪聲翠密中 周妻捐未得 慙愧徑山風

출전: 『원재선생문고』 권상

- 종에 물 부으니 비 내리는 소리 들리고 유점사에 종이 있는데, 가뭄을 만났을 때 이 종에 물을 끼얹으면 곧 비가 내린다고 한다.
- 주옹周顒 중국 남제南齊의 주옹은 불교에 심취하여 청빈하게 지내고 금욕 생활을 하여 평생 채식만 하였다. 그러나 끝내 부인을 버리지는 못했다고 한다.
- 경산徑山 경산에 살았던 중국 송나라의 고승 대혜종고大慧宗杲를 말한다. 수행이 깊어 득도했으며, 당대의 수많은 학자들과 논변하여 서장書狀을 남겼다.
- 주옹은…부끄러워라 자신 역시 불교를 몹시 좋아하지만 주옹처럼 끝내 출가하지 못하고 관직의 굴레에 있으므로 경산과 같은 고승에게 부끄럽다는 의미이다.

해설　금강산 유점사에는 인도에서 온 53기의 불상과 한 개의 종이 있는데, 다음과 같은 전설이 전해진다. 석가모니가 열반에 든 후 그 모습을 보지 못한 3억 호의 사람들이 부처를 볼 수 있기를 소원했다. 그러자 문수보살이 각자 부처의 형상을 만들고 공양을 드리게끔 하였다. 그래서 모두 3억 개의 불상이 만들어졌는데, 이 중에서 53개의 불상을 골라 따로 만든 종에 넣고, 바다에 띄워 널리 교리가 설파되기를 축원하였다. 신령스런 용이 나타나 이 종을 업고 월지국을 지나 강원도 안창현 포구에 도착하였는데, 당시 그곳의 태수였던 노준이 발견하고 임금에게 고하여 절을 세웠다고 한다.

정추 鄭樞, 1333~1382

암둔이 서울로 돌아와 시를 지어 부쳤기에 차운하여 보내다 岩遁還京作詩寄之 復次韻

은자가 세상 피하여 성 동쪽에 은거하며
속된 사람들과 왕래하여 사귐을 허락지 않네.
오경이라 성 밖에 북소리 둥둥 울리니
천만 대 마차가 하늘을 달리는 듯.
선생이 잠에서 깨니 해는 중천에 있고
발을 걷고 고요히 앉으매 시야가 몽롱하네.
하늘하늘 찻사발엔 살구꽃이 붉어
마시자 겨드랑이에서 맑은 바람 부는 듯.
무지개 토하듯 하늘 보며 껄껄 웃으니
이 즐거움을 함께할 사람 없어라.
지음知音이라곤 원재圓齋 늙은이밖에 없으니
취하면 꿈속에서 나비 되기* 배나 쉬우리.

高人避世隱墻東　來往不許俗子通
五更墻外聲隆隆　千車萬馬雷殷空

• 꿈속에서 나비 되기　『장자』「제물론」齊物論에서 장자가 꿈속에 나비가 되어 훨훨 날아다녔다는 우화에 빗댄 것으로, 인간과 만물의 경계를 벗어난 물화物化를 의미한다.

先生睡起日將中 捲簾靜坐看鴻濛

纖纖茗椀杏黏紅 飮來兩腋生淸風

仰天大笑吐長虹 此樂與人將無同

知音只有圓齋翁 醉鄕夢蝶倍有功

출전: 『원재선생문고』 권중

해설 암둔岩遁은 이숭인의 『도은집』陶隱集이나 권근權近의 『양촌집』陽村集에도 나오는 박면朴免이라는 인물이다. 속세를 피해 사는 은사가 느지막이 일어나 차를 마시는 즐거움을 읊은 시이다. 원재는 정추 자신을 가리킨다. 원재는 그의 호이다.

한수 韓脩, 1333~1384

경상도 안렴사가 햇차를 부치다(앞의 운을 다시 써서)
慶尙按廉寄新茶 復用前韻

나라에 바치고 남은 차를 내게 나누어 주리라고 생각이나 했으랴
올해 난 작설차雀舌茶는 비할 데 없이 귀한 것을.
봉래산으로 돌아가길 바라는 바 아니지만
배 속의 서적들을 푹 적시기에 좋아라.※

豈期分我至尊餘　雀舌今年貴莫如
歸去蓬萊非所望　正宜澆得腹中書

출전: 『유항선생시집』柳巷先生詩集

해설　한수는 앞에 수록된 이색의 시에 자주 등장한 인물이다. 경상도 안렴사에게서 차를 선사 받고 지은 것으로, 당시에 작설차를 공물로 진상하였음을 알 수 있다.

• 봉래산으로~ 좋아라　'봉래산으로 돌아간다'는 것은 신선이 되는 것을 의미하며, '배 속의 서적들을 푹 적신다'는 것은 지식이 가득한 배를 찻물로 적시기에 좋다는 뜻이다.

한수 韓脩, 1333~1384

엄광 대선사가 아차*를 부쳐 주다
嚴光大禪師 寄惠芽茶

차 따는 사람들 바닷가에 두루 널렸다 해도
엄광 대선사의 차가 가장 훌륭하여라.
내 묘련사에서 이 맛을 알고부터
멀리 부쳐 나의 마음 달래 주라고 선사를 조른다.

採茶雖復海邊皆 唯有嚴光品最佳
我自妙蓮知此味 煩師遠寄慰予懷

출전: 『유항선생시집』

해설 엄광사에 있던 대선사에게서 아다를 선물 받고 그 맛을 칭송한 시이다. 묘련사는 개성부에 있던 절로, 앞에 나온 이제현의 「묘련사 석지조기」와 이색의 「한 문경공 묘지명」에서도 나온 곳이다.

• **아차**芽茶 찻잎이 채 펴지지 않은 싹으로 만든 차.

김구용 金九容, 1337~1384

달가에게 보내다 寄達可

단암丹嵒과 하룻밤 차를 달여 먹자던 약속은
곳곳에 풍간豐干이 하도 많아서이거늘,
그대가 약속을 지키지 못할 줄 진작 알았다면
차라리 말을 돌려 그대 집으로 갈 것을.

丹嵒一夜約烹茶 只爲豐干處處多
早識君言差未信 不如回馬到君家

출전: 『척약재선생학음집』惕若齋先生學吟集 권상

해설　전체 5수 중에서 세 번째 시이다. 달가達可는 정몽주의 자이며, 단암丹嵒은 김구용과 교유했던 인물이나 자세한 것은 미상이다.

• 풍간豐干　중국 당나라의 고승 한산寒山과 습득拾得이 미친 것처럼 행세하여 절에서 천대를 받았다. 그런데 풍간이란 선승만이 그들을 알아보고, "한산은 문수보살이요, 습득은 보현보살이다"라고 하였다. 그 말을 들은 이가 한산과 습득에게 가서 절을 하니, 한산과 습득은 "풍간이 말이 너무 많구나"라고 하였다. 세상에는 쓸데없는 오해와 말이 많기 때문에 두 사람이 오붓하게 만나서 차를 마시고자 하였다는 의미이다.

김구용 金九容, 1337~1384

산사에서 둔촌 이집李集의 거처를 찾아가다
自淨土尋遁村寓居

짙은 안개 속 나무에 한 차례 비가 지나가니
새벽 이래 서늘한 기운이 한결 더하누나.
밤 깊고 강물 불어 배를 건너기 어려우니
이웃 절간을 찾아 다시 차를 달인다.

煙樹濛濛一雨過 曉來涼氣十分加

夜深江漲舟難渡 鄰寺相尋更煮茶

출전: 『척약재선생학음집』 권하

해설 둔촌 이집은 앞에서 나온 인물이다. 그를 찾아가는 길에 강물이 넘치자 배를 대고 인근 절에서 차를 마시는 정취를 읊었다.

김구용 金九容, 1337~1384

술 취한 뒤 운을 따라 적다 醉後子安令我……

하늘은 온통 푸르스름한데 보슬비 내리고
반가워라, 구름 사이로 외로운 학이 돌아가네.
누대에 올라 긴긴 해 보냄을 괴이해 말지니
차 달이는 소리 속에 앉아 세상을 잊었노라.

滿空蒼翠雨霏微 喜見雲間獨鶴歸

莫怪登樓消永日 煮茶聲裏坐忘機

출전: 『척약재선생학음집』 권하

원제 술 취한 뒤에 자안(이숭인의 자字)이 나를 일으켜 벽 사이에 쓰게 하고 입으로 28자를 불렀다. 쓰기를 마치고 그 운자를 써서 그 뒤에 따라 썼다. 醉後子安令我 起書壁間 口占二十八字 旣畢 用其韻因書其後

해설 이상 정몽주, 이집, 이숭인을 소재로 한 세 편의 시를 보면 시인 김구용의 낭만적 성향이 잘 드러난다.

정몽주 鄭夢周, 1337~1391

윤주를 바라보며 望潤州

그윽한 회포를 위로라도 하려고
하늘 끝까지 이 걸음 하였다네.
시를 읊으며 넓은 바다 건너고
차를 달이려 푸른 강물 긷네.
물 돌아 금산사요
꽃 잠긴 철옹성을,
바라보니 그림 같아
너를 위해 걸음 멈추었네.

欲以慰幽抱 天涯作此行 哦詩浮海闊 煮茗汲江清

水遶金山寺 花藏鐵甕城 相望似圖畫 爲汝駐歸程

출전: 『포은선생문집』圃隱先生文集 권1

해설 윤주潤州는 중국 강소성江蘇省 전장현鎭江縣에 있던 지명. 금산사는 그곳에 있던 절이며, 철옹성이란 윤주성을 말한다. 정몽주가 명나라에 사신 갔을 때 지은 시이다.

정몽주 鄭夢周, 1337~1391

『주역』을 읽고 讀易

돌솥엔 찻물이 막 끓기 시작하고
풍로엔 불이 벌겋게 이글거리네.
감리坎离는 하늘과 땅의 작용이니˙
바로 이 속에 담긴 뜻은 끝이 없네.

石鼎湯初沸 風爐火發紅

坎离天地用 卽此意無窮

출전: 『포은선생문집』 권2

해설　전체 2수 중에서 첫 번째 시이다. 문일평 선생은 『호암전집』「차고사」에서 첫 구 3번째 자를 '茶'(차)로 보았으나, 여기서는 문집의 것을 따랐다.

˙ 감리坎离는~작용이니　『주역』에서 건곤乾坤은 하늘과 땅이요, 감리坎离는 물과 불을 의미한다. 하늘과 땅이 주체가 되고 물과 불은 그 작용이 되어 찻물이 끓는다는 뜻이다.

정몽주 鄭夢周, 1337~1391

돌솥에 차를 달이며 石鼎煎茶

늙은 서생은 나라 위해 할 일 없어
습관처럼 차 마시며 세상에는 마음이 없네.
바람 불고 눈 오는 밤 한적한 집에 홀로 누워
돌솥에서 나는 솔바람 소리 듣기를 좋아하노라.

報國無效老書生 喫茶成癖無世情
幽齋獨臥風雪夜 愛聽石鼎松風聲

출전: 『포은선생문집』 권2

해설   이 시 역시 문일평 선생의 『호암전집』「차고사」에 수록되어 있다. 바람 불고 눈 오는 밤에 차를 끓여 마시는 운치를 읊은 시이다.

성석린 成石璘, 1338~1423

계응 스님의 시에 차운하다 次契融上人詩韻 二首

1

일찍이 지혜의 칼로 베어 낸 적 없어도
선禪의 마음은 마귀와 끊어진 지 오래.
걸림 없는 수행의 문답은 총림叢林의 으뜸이요
면벽 참선하며 고된 절조節操도 달게 여겼지.
온화한 이야기는 사람들 속됨을 없애 주고
새로 지은 시는 내 가슴을 시원하게 하네.
아무도 고승을 찾는 이 없으니
게으른 노승이 기쁘지 않을쏜가.

無事曾將智刃切 禪心久與陰魔絶 遊方問答冠叢林 面壁觀參甘苦節
軟話留人鄙吝消 新詩起我胸襟豁 高僧剝啄旣無求 老子疏慵能不悅

2

아련해라, 소년 시절 혈기가 넘칠 때
선사 따라 절에 머물며 호쾌하게 노닐었지.
달빛 드는 창엔 솔 그림자 서늘하게 어른거리고
시원한 바람 불던 자리엔 차 연기 파르스름 날렸지.
새로 지은 그대 시 외며 고달픔 잊노라니
나에게 강호의 정취가 물씬 묻어나누나.
누가 늙은 나를 굴레 속으로 몰아넣나
눈을 들어 사방을 보니 온통 광활하거늘.

惜昔少年筋力强 携僧宿寺狂遊賞 月窓松影凉參差 風榻茶煙綠輕颺
誦子新詩忘倦疲 令人野趣頓增長 誰驅此老入樊籠 擧目四方皆蕩蕩

출전: 『독곡선생집』 권상

해설   계융契融 스님은 고려 말의 인물이나 미상이다. 성석린이 젊은 시절에 계융과 절에서 노닐며 차를 마시던 일을 추억한 시이다.

성석린 成石璘, 1338~1423

경상도 관찰사가 차와 물고기를 보내왔기에 사례하다 謝慶尙道觀察使惠茶魚

노오란 싹 참새 혓바닥 닮은 향기로운 차요
붉은 꼬리에 은빛 입술을 한 흰 물고기로다.
이 늙은이에게 너무 과분해
갈무리해 두고 반가운 손 기다린다.

金芽雀舌香 赬尾銀脣白

味不合衰翁 藏之待佳客

출전: 『독곡선생집』 권하

해설 경상도 관찰사로부터 차와 생선을 선물 받고 감사의 마음을 담아 쓴 시이다.

성석린 成石璘, 1338~1423

기우자에게 부치다 寄騎牛子

한 사발 새 차에 한 줄기 향기 피어오르니
지금이 바로 선옹仙翁이 실컷 자고 깨어난 때.
정말로 사랑스러운 건 쓸모없는 잡목들이
듬성듬성 집을 둘러 있어 그림자 짙은 것.

一甌新茗一香線　正是仙翁睡足時
最憐雜樹無才思　繞屋扶疏影陸離

출전: 『독곡선생집』 권하

해설　기우자騎牛子는 바로 뒤에 나오는 이행李行으로, 본서의 332쪽에도 그의 「유사척록」遺事摭錄이 수록되어 있다. 자신을 선옹仙翁, 즉 신선에 비유하여, 한잠 자고 난 뒤에 마시는 차 맛을 읊었다.

성석린 成石璘, 1338~1423

이행이 보내온 송이버섯과 차싹을 받고
戲答騎牛子……

송이버섯 향기롭단들 고기에 미칠쏘냐
차는 성질이 차가워서 사람에게 해롭지.
세상에는 더 이상 늙은이 잘 봉양하는 사람 없으니
그대의 울타리에 팔순을 걸어 놓으려 하네.

松菌雖香那及肉 茶芽性冷暗傷人
世間無復善養老 欲向君籬掛八旬

출전: 『독곡선생집』 권하

원제 기우자 이행李行이 송이버섯과 차를 보내 주어 장난삼아 답하다 戲答騎牛子惠松菌茶芽

해설 송이는 고기만 못하고 차는 냉해서 사람에게 해롭다고 하였으나, 실은 팔순 늙은이를 위해 귀한 선물을 보내 준 이행에게 감사하는 마음을 장난스럽게 표현한 것이다. 성석린이 80세가 되던 해는 1417년(태종 17)이다.

성석린 成石璘, 1338~1423

동곡을 맞이하다 邀東谷二首

1

세상살이에 온 얼굴이 간장을 뒤집어쓴 듯 땀이 범벅인데
목말라 죽을 지경임에도 시원한 물 한 모금 얻을 길 없네.
가장 좋은 건 맑은 바람이 모자 가득 불어올 때
나무 그늘 깊은 곳에서 평상에 누워 있는 것이지.

紅塵橫面汗翻漿 渴死無由得一涼
何似淸風吹滿帽 樹陰深處踞胡床

2

남쪽 난간에 기대어 대나무를 마주하니
마당 가득 시원한 맑음을 누구와 나눌까.
긴긴 해에 오직 산새나 더러 내려오고
졸다 일어나니 차 사발에 흰 구름이 가득해라.

徙倚南軒對此君 淸陰滿地與誰分
日長唯有幽禽下 睡起茶甌漲白雲

출전: 『독곡선생집』 권하

해설   동곡東谷은 권근의 시에도 나오는 인물이나, 미상이다. 여름날 나무 그늘에서 한잠을 자고 벗을 맞아 맑은 차 한잔을 나누는 정경을 읊은 시이다.

이첨 李詹, 1345~1405

김 비서감의 시골집을 찾아가다 過金祕監村齋

앉은 지 오래되매 동창이 눈과 달에 밝은데
차 달이는 돌솥에서 솔바람 소리 들려온다.
네 해 만에 모여 등불 앞에서 이야기하니
모두 강남 만 리의 행차일세.

坐久東窓雪月明 煎茶石鼎聽松聲
四年會合燈前話 盡是江南萬里行

출전: 『쌍매당선생협장문집』雙梅堂先生篋藏文集 권2

해설 비서감이란 왕명의 출납과 기록을 담당하는 관청이다. 그곳에서 벼슬을 했던 김 비서감을 4년 만에 만나 돌솥에 차를 달이며 이야기를 나누고, 그 정경을 읊은 시이다.

이첨 李詹, 1345~1405

눈 녹인 물로 차를 달이다 雪水煎茶

조전鳥篆* 새긴 귀부龜趺* 위로 눈송이 반짝이고
얼음 벼랑에 길 미끄러워 오가기 더디다.
추위 견디며 옛 비석 찾는 것도 선비의 일이니
긴 수염 버선발로 따라오도록 내버려 두네.

鳥篆龜趺白陸離 氷崖路滑往來遲

耐寒好古吾儒事 任見長鬚跣足隨

출전: 『쌍매당선생협장문집』, 권2

해설   겨울날 옛 비석을 찾아다니던 중 눈 녹인 물로 차를 달여 마시며 지은 시이다.

- **조전鳥篆**   새의 형태처럼 쓴 전서체篆書體를 말하는 것으로, 비석의 상단부에 주로 쓰인다.
- **귀부龜趺**   거북 모양의 비석 받침돌.

조준 趙浚, 1346~1405

달 아래서 남 정당에게 부치다 月下寄南政堂

지족知足할 줄 아는 마음 남보다 앞서고
늙어도 붉은 충정은 바래지 않았지.
전장을 종횡무진하여 대려帶礪의 맹세* 받았고
몸은 장수와 재상을 겸하여 산하를 나누어 받았지.
솔 소리는 비에 젖고 차 연기는 가느다랗게 피며
매화나무 그림자는 용 같고 달빛은 밝아라.
온밤 내내 서당에서 몽매간에도
임금 생각에 맑은 눈물 파도처럼 흘리겠지.

心知止足孰能加 老去丹衷未減磨
遂許驅馳盟帶礪 身都將相割山河

• 대려帶礪의 맹세　공신의 집안에 대해 길이 관작과 봉록을 누리게 하겠다는 맹세. 『사기』 史記 「고조공신연표」高祖功臣年表에 한나라 고조가 공신들에게 벼슬을 봉해 주면서 "황하黃河가 말라서 띠〔帶〕처럼 되고 태산泰山이 닳아서 숫돌〔礪〕처럼 될 때까지, 국가에서는 공신의 집이 영원히 작록을 누릴 수 있도록 하리라"라고 맹세한 말에서 유래하였다.

松聲挾雨茶煙細 梅影如龍月彩多

一夜書堂無夢寐 思君淸淚浩如波

출전: 『송당유고』松堂遺稿 권1

해설 남 정당南政堂이란 남은南誾을 가리키는 것으로, 그는 삼척에서 왜구를 격퇴하였고, 조준·정도전 등과 함께 이성계李成桂를 도와 조선의 개국 공신이 되었다.

조준 趙浚, 1346~1405

스님이 차를 보냄에 사례하다 謝師送茶

물맛이 일품인 조계수曹溪水에
붉은 옥 황금 띠풀 같은 좋은 차일세.
솔바람 파도 소리 돌솥에서 일어나고
눈송이 거품은 구슬 꽃을 피운다.
한 사발 마시니 겨드랑이에 날개가 돋는 듯
두 사발 마시니 온몸에 맑은 바람 시원하네.•
수마睡魔•는 항복의 깃발 세우니
늠름하여 끝내 줄어들지 않는다.
가슴은 흰 구름처럼 한가하고
호일한 기상은 노을을 찌르네.
묻노니, 이 어느 때인가
송당松堂엔 달빛이 물결 같구나.
진중한 원공遠公•의 마음을
못난 시로 적어 보네.

• **한 사발~시원하네**　중국 당나라 시인 노동盧소의 「다가」茶歌를 응용한 표현. 임춘의 시 「요혜가 양식을 베풀어 줌을 사례한다」의 주 참조(이 책 69쪽).
• **수마睡魔**　잠 또는 졸음을 마귀에 빗대어 표현한 불교 용어이다. 차를 마시면 잠이 달아나기 때문에 이 말을 빌려 온 것이다.
• **원공遠公**　원공은 중국 동진東晉 때의 고승 혜원慧遠인데, 여기서는 차를 보내 준 스님을 높여 이렇게 표현한 것이다.

一味曹溪水　紫璧黃金茅

松濤起石鼎　雪乳開瓊花

一甌羽翼生　二甌淸風多

眠魔豎降幡　凜凜終不磨

胸中一片白　逸氣凌紫霞

且問此何時　松堂月似波

珍重遠公意　覆甌書短歌

출전: 『송당유고』 권2

해설　스님이 보내 준 차를 받고 감사의 뜻으로 쓴 것이다. 물맛이 일품인 조계수에 좋은 차를 끓여 마시니 몸이 상쾌해지면서 잠을 쫓아낸다고 하였다. 송당松堂은 조준의 당호堂號이다.

이숭인 李崇仁, 1347~1392

남악 총 선사의 방에 적다 題南嶽聰禪師房……

오랜 친구들 서로 만나고 보니
의기투합하여 속마음 통하도다.
삼업三業*은 모두 물처럼 깨끗하고
일생은 구름과 더불어 한가하다.
샘은 달아 차 달이기 맞춤이고
해는 길어 산을 구경하기 좋아라.
영靈 스님에게 해 준 말*에 참 부끄럽게도
나는 도리어 벼슬 버리고 산사로 오고파라.

• 삼업三業 몸으로 지은 신업身業과 입으로 지은 구업口業, 마음으로 지은 의업意業을 뜻하는 불교 용어.
• 영靈 스님에게 해 준 말 중국 당나라 때 한유가 「송령사」送靈師라는 시에서 "지금 그대를 우리의 도로 끌어들여, 삭발한 머리에 선비의 관을 씌워 주고 싶구려"(方將斂之道 且欲冠其顚)라고 한 말에서 유래한 것으로, 승려를 환속시켜 유자儒者로 만들고 싶다는 의미이다.

相逢久面目 妙契透機關 三業水俱淨 一生雲與閑

泉甘宜煮茗 日永好看山 憁愧靈師語 休官便此還

출전: 『도은선생시집』陶隱先生詩集 권2

원제 남악 총 선사의 방에 적다. 임 선생 시를 차운하다. 題南嶽聰禪師房 次林先生韻.

해설 남악은 지리산, 혹은 천태종을 가리킬 때 쓰는 말이다. 총 선사聰禪師는 이색의 시에도 나오는 인물로, 호가 무문無聞이다. 원제에 나오는 임 선생은 임춘林椿인 듯싶다.

이숭인 李崇仁, 1347~1392

민망의 시에 차운하다 次民望韻

뉘 말하나, 시골집 궁벽하다고
진실로 내 마음에 꼭 맞는걸.
구름 한가하니 몸 문득 나른하고
산빛 좋으니 눈 더욱 밝아지네.
읊조리며 시고詩藁를 고치고
식사 뒤엔 찻사발 기울이네.
전부터 이 맛을 알면서도
따로 공명을 꾀했구나.

誰道村居僻 眞成適我情 雲閑身覺懶 山好眼增明
詩藁吟餘改 茶甌飯後傾 從來知此味 更別策功名

출전: 『도은선생시집』 권2

해설 민망民望은 이색의 문생인 염정수廉廷秀로 고려 우왕 때 대제학에 오른 인물이다.

이숭인 李崇仁, 1347~1392

섣달 그믐밤 옛사람의 운자를 써서 除夜 用古人韻

섣달 그믐밤 산사를 찾았더니
스님이 심지 자르며 밤을 지키네.
차 달임에 주전자에선 지렁이 우는 소리
시를 적음에 먹물은 까마귀가 날개치듯.
새벽을 알리는 북소리 세 번 치니
하늘엔 북두칠성이 비스듬히 걸렸네.
내일 아침이면 한 해가 새로 바뀌니
떠돌이로 살아온 생, 마음 가이없어라.

除夜到山家 留僧剪燭花 煮茶鉼叫蚓 題句墨翻鴉
更鼓三檛盡 天文北斗斜 明朝歲華改 漂泊意無涯

출전: 『도은선생시집』 권2

해설　섣달 그믐날 밤에 산사에서 차를 마시며 시를 쓰는 정경을 읊은 시이다.

이숭인 李崇仁, 1347~1392

유 지군이 차를 보내 준 것에 사례한다
謝兪知郡寄茶

오늘 아침 도착한 경의 편지에
그대가 나를 잊지 않고 있음 알았네.
편지 받으매 직접 만난 듯 반가운데
차를 달여 또 한 사발 마셔 본다.
천 산 멀리 떨어져 아득히 바라보니
한 해 넘게 서로가 헤어져 있었네.
어느 때 함께 만나
손잡고 함께 당에 오를거나.

瓊也今朝至 知君不我忘 得書如見面 煮茗且澆腸

恨望千山遠 相離一歲强 何時成邂逅 握手共登堂

출전: 『도은선생시집』 권2

해설   유 지군兪知郡은 유씨兪氏 성을 가진 지방 군의 수령을 뜻하는 말로, 그가 차를 보내 준 데 대한 감사의 뜻으로 쓴 시이다.

이숭인 李崇仁, 1347~1392

옛일을 생각하여 은봉 선사에게 부치다
憶昔寄隱峯禪師

옛날 서울에서 번화한 거리 속 쏘다니다가
매번 휴가 얻으면 선사의 집을 찾곤 했지.
일미一味가 아름다운 경지라고 시를 논했고
삼생三生이 괴롭고 허무하다 설법을 했지.
고요한 낮엔 차 연기 하늘하늘 피고
깊은 밤엔 물시계 통통 떨어지네.
가련하다, 오늘은 남쪽 유배객 되었으니
지척에 바라보는 거리가 만 리와 같구려.

憶昔京華踏軟紅 每因休沐訪禪宮 論詩一味眞佳境 說法三生是苦空

晝靜茶煙飄荏苒 更深漏水響丁東 可憐今作南遷客 咫尺相望萬里同

출전: 『도은선생시집』 권2

해설　옛날 은봉 선사隱峯禪師의 절방을 찾아 차를 마시던 추억을 편지 형식으로 읊은 시이다. '남쪽 유배객'이란 말은 이숭인이 남쪽으로 유배를 갔음을 의미한다. 이숭인은 29세(1375), 43세(1389)에 성주星州로 유배된 적이 있으며, 46세(1392)에 영남으로 유배되었다. 이 세 번의 남행 가운데 어느 시기에 지은 것으로 추정되나, 미상이다.

이숭인 李崇仁, 1347~1392

여태허가 좨주*에게 화답한 시에 차운하다
次如太虛和祭酒韻

일찍이 육관六觀*으로 암자에 편액을 달았으니
오묘한 뜻 초연하여 환속하게 할 순 없겠지.
재를 파한 뒤엔 차 사러 저자에 들어오고
시 읊은 뒤엔 붓 던지고 누워서 산을 보지.
가엾어라, 홍진에 분주한 피곤한 나의 신세
부러울사, 허백虛白*에 한가히 소요하는 그대여.
양촌과 더불어 흥을 따라가
절 옆에 세 칸 집을 빌리고자 하노라.

曾將六觀作菴顔 妙義超然不可還 齋罷買茶時入郭 吟餘閣筆臥看山
軟紅奔走憐吾倦 虛白逍遙羨子閑 欲與陽村乘興去 直從蓮社借三間

출전: 『도은선생시집』 권2

- **좨주**祭酒   고려 시대에 석전釋奠의 제향을 맡아 하던 종3품 벼슬.
- **육관**六觀   불교에서 말하는 6가지 관법觀法으로 주관住觀, 행관行觀, 향관向觀, 지관地觀, 무상관無相觀, 일체종지관一切種智觀이 있다.
- **허백**虛白   마음이 텅 비어 고요하고 욕심없는 경지. "텅 빈 방에서 하얀 광채가 뿜어 나온다"(虛室生白)라는 『장자』「인간세」人間世에서 유래하였다.

해설 여태허如太虛는 휴 상인休上人이라고 불리던 인물로, 천태종의 고승 나잔자의 제자이다. 양촌陽村은 권근의 호이다. 세번째 줄의 "재를 파한 뒤엔~들어오고"라는 구절을 보면, 당시에 절에서 공양하는 차를 파는 가게가 있었음을 알 수 있다.

이숭인 李崇仁, 1347~1392

실주주사˙에게 차를 올리며 茶呈實周主事 二首

1

해변 지방의 차가 이른 봄빛을 쬐기에
바구니 들고 새로 돋은 노아차露芽茶를 땄네.
한 봉지 차를 예부禮部에 드리며 여쭙노니
중국 황실의 용단차龍丹茶와 어느 게 진품인가.

海上鄕茶占早春 筠籠采采露芽新
題封寄與儀曹問 內樣龍丹味孰眞

2

황금 가루요, 옥 싸라기라 하겠으니
난고蘭膏˙를 섞지 않아도 절로 빼어나구나.

• **실주주사**實周主事 관직명이다. 중국 명나라 예부주사禮部主事 임밀林密을 가리킨다. 1374년(공민왕 23) 4월에 채빈蔡斌과 함께 고려에 사신으로 왔다.
• **난고**蘭膏 차의 일종으로 우유를 넣어 발효시켜 제조한 것이다. 술을 넣어 발효시켜 제조한 차는 주란고酒蘭膏라고 한다.

감람차橄欖茶에 섬세하게 물을 탄 그 맛

공이여, 다보茶譜를 지어 세상에 알려 주오.

黃金霏屑玉精麋　不雜蘭膏也自奇

橄欖細和玄酒淡　煩公作譜使人知

출전: 『도은선생시집』 권3

해설　중국 명나라 사신 임밀에게 차를 올리며 지은 시이다. 그 내용으로 보아 노아차와 감람차를 대접한 듯, 용단차와 맛을 비교해 보고 널리 알려 주기를 당부하였다.

이숭인 李崇仁, 1347~1392

차 한 봉지와 안화사의 샘물 한 병을 삼봉에게 주며 茶一封幷安和寺泉一甁 呈三峯

숭산崧山* 바위틈을 굽이굽이 흐르는 작은 샘
솔뿌리 얽힌 곳에서 솟아난 것이라오.
오사모烏紗帽* 쓰고 독서하는 맑은 낮 따분할 제
돌솥에서 찻물 끓는 소리 좋이 들으시구려.

崧山巖罅細泉縈　知自松根結處生
紗帽籠頭淸晝永　好從石銚聽風聲

출전: 『도은선생시집』 권3

해설　삼봉三峯 정도전에게 차 한 봉지와 안화사의 샘물 한 병을 선물하며 지은 시이다. 안화사는 개성 자하동에 있던 절로 이규보의 시에도 나온 적이 있다. 참고로 정도전은 이숭인을 정몽주의 일당으로 여겨 1392년 심복을 보내 살해했다.

• **숭산崧山**　개성, 즉 송도松都의 상징인 송악산松嶽山의 별칭.
• **오사모烏紗帽**　단정하고 개결한 독서 군자를 뜻하는 말. 중국 후한 때 관녕管寧이 황건적의 난을 피하여 요동遼東으로 들어가 여러 차례 조정에서 불렀으나 나가지 않고, 하루 종일 검은 사모(烏紗帽)를 쓰고 나무 걸상에 꿇어앉아 독서하였는데, 나중에는 걸상에 구멍이 났다고 한다. 여기서는 정도전을 높여 표현한 것이다.

이숭인 李崇仁, 1347~1392

신효사 담 스님의 방에 적다 題神孝寺湛師房

칡옷과 누더기 차림으로 형상을 잊었고*
도를 깨달은 이래 불경 읽기도 그쳤지.
선방에 꽃이 지니 봄은 적적한데
솔바람에 빗소리 찻사발 속에서 들려오네.

蘿衣百衲已忘形 悟道年來輟誦經
禪榻落花春寂寂 松風和雨生茶缾

출전: 『도은선생시집』 권3

해설 　신효사神孝寺는 개성부 광덕산에 있던 절로 묵사墨寺라고도 한다. 담 스님이 누구인지는 미상이다.

• **칡옷과~ 잊었고** 　현상계의 물질적 욕망을 잊었다는 의미이다. 칡옷과 누더기는 보통 산에 사는 은자隱者의 복장을 지칭하는 말로, 칡덩굴 옷 즉 벽라의薜蘿衣와 백 번 꿰맨 스님의 장삼(百衲)을 말한다.

이숭인 李崇仁, 1347~1392

백 안렴사가 차를 보내왔기에 白廉使惠茶

1

선생이 내게 보내 준 차 화전춘*
빛깔과 맛 그리고 향이 하나하나 새롭구려.
하늘 끝에 떠도는 나의 한을 씻어 주니
좋은 차는 미인과 같음*을 알아야 할지니.

先生分我火前春 色味和香一一新
滌盡天涯流落恨 須知佳茗似佳人

2

숯불에 맑은 샘물로 손수 차를 달이니
찻사발에 향이 퍼져 속된 내음 씻어 주네.

• **화전춘火前春** 이제현의 시 「송광 화상이 새로 난 차를 부쳐 주다」의 '화전춘' 주 참조(이 책 160쪽).
• **좋은 차는 미인과 같음** 중국 송나라 소식의 시에서 "장난으로 지은 나의 시를 그대여 비웃지 마오, 예로부터 좋은 차는 미인과 같다지 않소"(戱作小詩君勿笑 從來佳茗似佳人)라고 한 구절을 변용한 표현이다.

벼랑 끝에 위태로운 백만 백성의 목숨을
봉래산 여러 신선에게 물어나 볼거나.*

活火淸泉手自煎 香浮碧椀洗軍犛

巓崖百萬蒼生命 擬問蓬山列位仙

출전: 『도은선생시집』 권3

해설   백 안렴사란 백씨 성을 가진 안렴사이나 누구인지는 미상이다. 안렴사는 지방 행정 조직의 최고 우두머리였던 만큼, 차를 보내 준 것을 감사하는 한편 백성을 잘 돌볼 것을 당부하는 마음이 드러나 있다.

• 벼랑 끝에~볼꺼나 중국 당나라 간의대부 맹간이 노동에게 차를 보내 주자, 노동이 사례로 「다가」를 보냈는데, "봉래산이 어드메요. 나 옥천자는 이 맑은 바람을 타고 그곳으로 가려네. 봉래산 신선들이 땅을 맡아 다스린다지만, 지위가 청고하여 풍우와 떨어져 있으니, 백만억 창생들의 목숨이 벼랑 위에서 위태롭게 모진 고통을 받고 있음을 어떻게 알겠는가. 이제 간의대부에게 창생의 일 묻노니, 필경에는 다시 살아날 수 있겠는지요"(蓬萊山在何處 玉川子乘此淸風欲歸去 山上羣仙司下土 地位淸高隔風雨 安得知百萬億蒼生命墮顚崖受辛苦 便從諫議問蒼生 到頭合得蘇息否)라고 하였다. 여기서 봉래산의 신선들이란 조정의 고위 관원을 비유한 것으로, 결국 백 안렴사를 가리킨다.

이숭인 李崇仁, 1347~1392

신효사 조사*의 방에 적다 題神孝寺祖師房

푸른 잎새 처마에 드리워 더위가 식으니
산사 누각에서 종일토록 돌아갈 줄 몰라라.
차 달여 대접하더니 시를 지어 달라 하네
우습다, 산승들도 기심機心*을 끊지 못하다니.

綠葉低簷暑氣微 寺樓終日澹忘歸

烹茶享客求題壁 却笑居僧未息機

출전: 『도은선생시집』 권3

해설 신효사는 개성부 광덕산에 있던 절로 앞에서도 나온 적이 있다. 절에서 차를 대접받고, 그 대가로 시를 청하는 스님을 장난스럽게 비꼰 것이다.

- **조사**祖師 불교에서 한 종파를 열었거나 그 종파의 법맥을 이은 선승禪僧을 이르는 말이다. 여기서는 신효사의 주지승을 일컫는다.
- **기심**機心 이색의 시 「차를 끓이며」의 '기심' 주 참조(이 책 192쪽).

이행 李行, 1352~1432

유사척록 遺事摭錄

상곡桑谷 성석연成石珚은 기우자騎牛子 이공李公과 서로 사이가 좋았다. 공은 성 남쪽에 살았고 상곡은 산의 서쪽에 살았는데 서로의 거리가 겨우 5리 남짓 하였다. 혹은 서로 찾아다니며 노닐기도 하고 혹은 서로 시를 부르고 화답하기도 하였다. 상곡이 동산 가운데 조그마한 집을 짓고 이름을 위생당衛生堂이라 하였는데, 매번 하인 아이들을 모아 약 짓는 것을 일삼았다. ……한번은 공이 당에 이르니 상곡이 공도공恭度公에게 창문 밖에서 차를 끓여 오게 하였는데, 찻물이 넘쳐버려 다른 물을 더하였다. 공이 차를 맛보고 말하기를, "이 차에는 두 가지 생수를 섞었구나"라고 하였다. 공은 물맛을 잘 가려내었는데, 충주 달천의 물이 첫째이고 한강 한가운데 흐르는 우중수牛重水가 둘째이며, 속리산 삼타수三陀水의 맛이 셋째라고 하였다. 달천은 대개 금강산에서 나와 흘러온 것이다.

成桑谷石珚與騎牛子李公相善 公居城南 桑谷居山西 相距纔五里許 或杖屨相從 或以詩相酬唱 桑谷於園中搆小齋 名曰衛生堂 每聚家僮 日以劑藥爲事 …… 公嘗到堂 桑谷令恭度公烹茶於牕外 茶水溢 更添他水 公嘗之曰 此茶必添二生水 公

能辨水味 以忠州達川水爲第一 漢江中之牛重水爲第二 俗離山之三陀水爲第三 達川蓋自金剛山出來者也

출전: 『기우선생문집』騎牛先生文集 권2

해설 「유사척록」이란 고인의 문집에서 빠진 일화를 다른 문헌들 속에서 뽑아 모은 것이다. 이 글은 원래 성현成俔의 『용재총화』慵齋叢話에 수록되어 있던 것인데, 여기서 성석연은 『용재총화』의 저자인 성현成俔의 증조부이고, 공도공은 성석연의 아들인 성엄成揜의 시호이다. 그 내용을 보면 이행이 찻물을 감별하는 감각이 뛰어났으며, 그가 충주의 달천수, 한강의 우중수, 속리산의 삼타수를 최고로 쳤음을 알 수 있다.

길재 吉再, 1353~1419

산가서 山家序

샘물이 못을 이뤄 마른 목을 축이기 좋고, 강물이 넘실넘실 갓끈을 씻을 만큼 맑다. 있는 술은 걸러 오고 없는 술은 사 와서 혼자 따라 홀로 마신다. 스스로 노래하고 춤을 추노라면 산새는 노래 벗이요, 처마의 제비는 춤의 짝이 된다. 높은 곳에 올라 먼 곳을 바라봄은 공자孔子가 태산에 오른 기상*을 상상함이요, 시냇가에 이르러 시를 읊음은 공자가 강가에서 하던 탄식*을 배움이다. 돌개바람이 일지 않고 몸을 누일 수 있는 작은 집이 있으니, 밝은 달이 뜨락에 비칠 때면 홀로 천천히 거닌다. 처마에 비가 속살속살 내릴 때면 혹 베개를 높이 베고 단꿈을 꾸고, 산에 눈이 표표히 날릴 때면 혹 차를 달여 혼자 마신다.

• **공자孔子가 태산에 오른 기상** 『맹자』孟子 「진심」盡心 상上에 "공자가 동산東山에 올라가서는 노魯나라를 작게 여기었고, 태산에 올라가서는 천하를 작게 여기었다"라는 말이 있다.
• **공자가 강가에서 하던 탄식** 『논어』에 나오는 말로, 공자가 흐르는 물결을 바라보고 "가는 것이 이와 같구나! 밤낮으로 쉬지 않는도다"라고 한 것을 말한다. 일명 천상탄川上歎이라고 하며, 천지의 조화가 잠시도 쉬지 않고 왕래하는 것을 의미한다.

泉水淵淵 可以療渴 河水浟浟 可以濯纓 若夫有酒酷我 無酒酤我 獨酌獨飮 自唱自舞 山鳥是我歌朋也 簷燕是我舞雙也 登高望遠 則想吾夫子登泰山之氣象 臨流賦詩 則學吾夫子在川上之咏歎 飄風不起 容膝易安 明月臨庭 獨步徐行 簷雨浪浪 或高枕而成夢 山雪飄飄 或烹茶而自酌

출전: 『야은선생언행습유』冶隱先生言行拾遺 권상

해설 　길재의「산가서」는 전후 2편이 있는데, 이 글은 전편의 일부이다. 차와 관련된 내용은 마지막 한 구절에 지나지 않지만, 차를 마시는 분위기가 한껏 잘 표현되어 있는 명편이다.

정총 鄭摠, 1358~1397

장의사 주도 대사 총공에게 주다
贈藏義寺主都大師聰公

골짝 물은 섬돌 가에서 울고
가을빛은 가람 가득 짙어라.
산승은 한가로워 때때로 문을 나서고
길손이 찾아와도 종소리 들리지 않네.
오랫동안 지둔支遁을 그리다가
지금에야 원공遠公을 만났구려.
차를 마시고 불법을 물으며
며칠 동안 행복하게 노닐었지.

澗水緣階咽 秋光滿院濃

僧閑時出戶 客至不聞鐘

- **지둔支遁** 임춘의 시 「연화원 벽에 쓰다」의 '도림' 주 참조(이 책 59쪽).
- **원공遠公** 조준의 시 「스님이 차를 보냄에 사례하다」의 '원공' 주 참조(이 책 315쪽).

支遁久相憶 遠公今再逢

嘗茶仍問法 數日幸相從

출전: 『복재선생집』復齋先生集 권상

해설　장의사藏義寺는 서울의 삼각산에 있던 절이다. 본문에 나오는 지둔과 원공은 모두 중국 동진東晉 때 고승인데 여기서는 총공聰公을 높여 부른 것이다.

정총 鄭摠, 1358~1397

안화사 천택 스님을 찾아갔다가 만나지 못해 벽에 적고 오다 訪安和寺天澤上人不遇 題壁

지둔은 어디로 갔나
텅 빈 방만 쓸쓸하네.
차 달이느라 우물물 긷고
베개에 기대어 솔바람 소리 듣겠지.
창문 아래는 바로 저잣거리요,
궤안几案 위는 곧 흰 구름 속이라.
홀로 시 읊느라 잠 못 이루고
깊은 밤 불등佛燈만 빛나겠지.

支遁知何往 蕭然一室空
煎茶汲井水 欹枕聽松風
城市軒窓下 雲煙几案中
孤吟不能寐 夜靜佛燈紅

출전: 『복재선생집』 권상

해설 안화사로 천택 스님을 찾아갔다가 만나지 못하고 그 아쉬움을 쓴 시이다. 여기서 '지둔'은 천택 스님을 높여 부른 말이다.

정총 鄭摠, 1358~1397
붓 가는 대로 走筆謾成

산사의 맑은 밤 등불 하나 밝은데
앉아서 솔바람 계곡물 소리 듣노라.
소요한 뒤 차 마심에 마음이 고요하니
이번 유람 빼어나기 평생에 으뜸일세.

上方淸夜一燈明 坐聽松風澗水聲

看盡嘗茶心境靜 玆遊奇絶冠平生

출전: 『복재선생집』 권상

원제 밀직 민개閔開·대사성 김자수金子粹·대제 김첨金瞻과 함께 유람하다가 취한 뒤에 대제에게 운을 부르게 하여 붓 가는 대로 쓰다. 與閔密直(開)金大司成(子粹)金待制(瞻) 遊日○ 醉後令待制呼韻 走筆謾成

해설 벗들과 유람 중에 어느 사찰에서 쓴 시로, 짧막하지만 한잔 차의 운치가 잘 드러나 있다.

정총 鄭摠, 1358~1397

병이 들어 동방에 우거하며 病後寓居桐房

문 밖에 찾아오는 이 없어
선방은 유난히 적막하구나.
병든 이 몸 할 일이 없어
올연히 앉아 아침저녁 보내네.
화병에는 몇 가지 꽃이 붉고
향 한 자루 연기가 푸르네.
맑고 쓸쓸하여 때때로 홀로 웃고
차를 달이니 술보다 좋아라.

門外寡輪鞅 禪房殊闃寂 病夫無所爲 兀坐度朝夕

數枝甁花紅 一炷香熏碧 淸寒時自笑 煮茗當歡伯

출전: 『복재선생집』 권상

해설　동방桐房이 어디인지는 미상이나, 오동나무가 보이는 산사의 한쪽 방이 아닐까 짐작된다. 꽃과 향불 그리고 차를 마시는 모습이 잘 어우러진 시이다.

이종학 李種學, 1361~1392

즉흥시 卽事

손이 간 뒤 다시 한가로이 누웠으매
초가집 처마엔 해가 벌써 기우누나.
새로 지은 시는 오직 일을 기록하고
깊은 꿈은 문득 집에 돌아가는 길이어라.
온 세상에 뉘라 만족할 줄 알랴
덧없는 생은 절로 끝이 있는 걸.
마음에 온갖 상념이 떠올라
아이 불러 차를 달인다.

客去還高臥 茅簷日已斜 新詩唯記事 幽夢便歸家
擧世誰知足 浮生自有涯 心中多所感 呼僕且煎茶

출전:『인재유고』麟齋遺稿

해설 머릿속에 온갖 상념이 떠오를 때 차를 마시며 마음을 다스림을 볼 수 있다.

이종학 李種學, 1361~1392

밤에 앉아 夜坐

아이들 장난치는 소리도 잦아들고
오래 앉았노라니 등잔도 꺼졌네.
강과 바다에도 봄은 왔건만
서울 길은 멀기만 하여라.
몸은 한가로워 늘 모자를 벗은 채 지내고
속마음은 달아올라 매양 차를 마셔 식히네.
세상 근심 모두 씻어 보려고
때때로 붓을 들어 시를 적네.

兒童喧暫息 坐久落燈花 江海春猶至 京華路最賖
身閑常脫帽 心熱每煎茶 世慮都消遣 時時點筆斜

출전: 『인재유고』

해설 마음속에 번민이 많았던 듯, 차로 마음을 가라앉히고 시로 근심을 씻어낸다고 하였다.

이종학 李種學, 1361~1392

남 선생의 행차가 청주에 왔다는 소식을 듣고
二十日 近絶不作詩……

여강의 강가에서 다행히 만나
밤새 담소하다 새벽 종소리 들었지.
행차가 언제 다시 고을에 오실까.
차를 달여 다시 한가로이 뵙고 싶네.

驪江江上幸相逢 夜話仍聞曉寺鐘

旌旆何時臨鎭邑 煎茶更欲暫從容

출전: 『인재유고』

원제　스무날, 근래에 전혀 시를 짓지 않다가 남 선생의 행차가 청주에 왔다는 소식을 듣고 二十日 近絶不作詩 聞南先生行次在淸(州)

해설　남 선생이 누구인지는 미상이다. 여강 인근에서 남 선생을 만나 밤새도록 이야기를 나누고, 다시 청주 인근에서 뵐 것을 기대한 내용이다. 여강驪江은 경기도 여주의 남한강 상류를 가리킨다. 참고로 『인재유고』 원문에는 원제의 마지막 글자인 '州' 자가 빠져 있다.

『동문선』東文選

청자상감 모란문주자와 잔, 고려 12~13C

백문절 白文節, ?~1282

화암사 구름다리 花巖寺雲梯

수많은 산봉들 사이로 세찬 여울 달려
우연히 몇 리를 들어가니 점점 깊고 아름다워라.
하늘 찌르는 소나무 노송나무에 늘어진 등넝쿨
첩첩의 돌길은 이끼 덮여 발 디디기 어려워라.
말에서 내려 걸어가매 다리가 피곤하고
지름길로 통하는 외나무다리는 마른 등걸이구나.
한 줄기 먼 종소리 산골짝에 여운이 길더니
보일락 말락 구름 끝에 희미하게 지붕이 보이네.
시내에 걸친 작은 정자엔 벽마다 시가 빼곡하고
풍헌風軒이라 써 붙인 편액은 용틀임하는 글씨로다.
옛 문장 따 모아 현공玄公이 지은 기문은
절묘한 그 문장이 세상에 드문 걸작.
양 갈래 샘물에선 구슬 같은 물이 솟아
흐르는 물 돌확에 고여 수많은 연못 되었네.
백 마리 물고기가 즐겁게 노닐고
아홉 마디 창포는 푸른 실타래인 양.
열 걸음도 아니 떼어 소나무 사립 있기에
똑똑 두드리니 산새가 놀라 날아가네.
지팡이 짚고 반갑게 맞아 주는 흰 눈썹 산승이여
종남산終南山 엄 선사儼禪師*의 적통을 이은 분 아니던가.

보름달 자태의 백의白衣 관세음이
높은 대에 단정히 앉았고 팔부八部가 호위하네.
황모란꽃은 뜨락에서 찬연하고
작약 또한 서시를 홀릴 만큼 이쁘네.
잇댄 홈통으로 졸졸 흐르는 물이 입을 헹굴 만하니
약초밭과 채마밭이 가뭄 속에서도 싱그러워라.
부들자리에 차를 두고 한참을 담소하노라니
무궁한 진리가 혀끝에서 펼쳐진다.
졸음은 선정禪定 앞에 항복 깃발 세우나니
장좌불와長坐不臥 여든 해를 보낸 노선사일세.
내가 뵙고 도를 물으며 스승으로 청하니
진심을 열어 주시어 헛걸음을 면케 해 주셨네.
편안한 하룻밤에 세상 물욕 잊었거니
십 년 세월 세상살이 만사가 틀렸구나.
어쩌면 이 몸에 매인 세상 굴레 벗어 버리고
늙은 선사 따라서 구름 속에서 노닐 수 있을까.
산을 사랑하는 산승도 나올 기약 없거니와
속객인 이 몸도 다시 올 날 알 수 없네.
서성이며 차마 선뜻 이별하지 못하나니
소나무 위로 지는 해가 한 뼘 아니 되는구나.

• 종남산終南山 엄 선사儼禪師   중국 당나라 때 종남산에 지엄智儼이란 고승이 있었던 것을 말한 것으로 보인다.

亂山罅口驚湍馳　偶尋數里漸幽奇　松檜參天藤蘿垂　百疊蘚磴滑難依
捨馬而徒脚力疲　通蹊略彴枯槎枝　疏鐘一杵出谷遲　雲端有無屋脊微
跨溪小亭滿壁詩　風軒寶牓拏龍螭　玄公作記集古辭　黃絹幼婦世所稀
泉分釵股噴珠璣　輒遇石凹成幾池　魚可百尾游於斯　菖蒲九節亂靑絲
行無十步有松扉　扣之山鳥皆驚飛　携篂笑迎眞厖眉　終南儼老的骨兒
白衣仙人滿月姿　端坐高堂八部圍　黃牧丹花映庭墀　芍藥亦有醉西施
連筒細溜與漱齎　藥畦茱畝旱中滋　蒲團置茶語移時　毗盧海藏舌底披
眠魔對定豎降旗　脇不霑床八十朞　我來問道乞爲師　傾囷倒廩免虛歸
投閑一宿便忘機　十載紅塵萬事非　安得此身謝縶維　來隨老爛酬煙霏
山僧愛山出無期　俗士重來未可知　彷徨未忍卽分離　松頭落日三竿欹

출전:『동문선』 권6

해설　전북 완주군 운주면 불명산에 화암사花巖寺라는 절이 있었으나, 그곳인지는 분명하지 않다. 백문절이 화암사에 들러 흰 눈썹의 산승을 만나 하룻밤을 보내고 헤어지는 아쉬움을 읊은 시이다.

이연종 李衍宗, ?~?

박충좌朴忠佐가 차를 보내 준 것에 사례하다
謝朴恥菴惠茶

소년 시절 영남사 찾아가
차 달이기 겨루며 산승들과 노닐었지.
용암龍巖 벼랑과 봉산鳳山 기슭
산승 따라 대숲에서 찻잎을 땄노라.
화전차火前茶* 덖어 보니 최고의 품질인데
용천수龍泉水와 봉정수鳳井水*까지 있음에랴.
사미승들 삼매경에 빠진 날랜 솜씨
사발에 흰 거품 일 때 쉬지 않고 집어넣었지.
그 후로 벼슬길에 종사하여 풍진 속을 헤매어
온갖 세상맛은 남북으로 두루 맛보았지.
이제 병들어 휑한 방에 누웠으니
번잡한 세상사는 나와는 상관없는 일.

• **화전차火前茶**　이제현의 시 「송광 화상이 새로 난 차를 부쳐 주다」의 '화전춘' 주 참조(이 책 160쪽).
• **용천수龍泉水와 봉정수鳳井水**　자세한 것은 알 수 없으나 세 번째 구절의 용암 벼랑과 봉산 기슭에서 나는 샘물을 지칭한 것으로 보인다.
• **양락羊酪과 순채국**　양락은 양젖을 가공한 귀한 음식. 순채국은 고향에서 먹던 그리운 음식을 상징한다.

양락羊酪과 순채국˚도 생각이 없고
대궐과 풍악도 부럽지 않아라.
대나무 창으로 새어 드는 볕에 먼지가 반짝이는데
한 사발 찻물은 낮잠에서 깨었을 때 요긴하지.
몇 번이나 추억했던가, 영남사에서 차 달이던 일
산사의 그 벗들은 아무 소식이 없구나.
그런데 얼마나 고마운지 당대의 재상가에서
미련한 나를 기억하여 하사받은 차를 나누어 주었으니.
치암恥菴 정승 유독 나를 잊지 않고
초당으로 하인 보내 차를 부쳐 주신 것이지.
봉함 뜯어 보랏빛 찻잎 보기도 전에
벌써 종이 뚫고 향이 코를 찌른다.
놋화로가 차의 풍치 떨굴까 걱정도 되지만
숯불 피워 찻물 달여 손수 시음해 보노라.
솥에서 들려오는 쏴아쏴아 솔바람 소리
듣기만 해도 마음과 귀가 맑아지누나.
사발 가득 자욱이 향과 맛이 짙으니
목 넘어가자 상쾌함에 신선이 된 듯.
영남사 그 시절은 아직 소년이어서
차 맛심에 깊은 운치 있는 줄 전혀 몰랐지.
오늘 치암 정승이 선물해 주신 용봉차龍鳳茶는
신통하고 영험하기 노동의 차와 같구려.
때때로 양쪽 겨드랑이에서 바람 일어
봉래산 꼭대기로 날아갈 듯 하다오.˚

한번 서왕모西王母의 자하주紫霞酒* 기울여
종전의 속된 기운 말끔히 씻고서,
다시금 구전진금단九轉眞金丹*을 가지고서
공의 진중한 마음에 보답해야지.

少年爲客嶺南寺 茗戰屢從方外戲 龍巖巖畔鳳山麓 竹裏隨僧摘鷹觜
火前試焙云最佳 況有龍泉鳳井水 沙彌自快三昧手 雪乳飜甌點不已
掬來從宦走風塵 世味遍嘗南北嗜 如今衰病臥閑房 碌碌營營非我事
不思羊酪與蓴羹 不羨華堂擁歌吹 竹窓日午篆煙斜 一甌要及睡新起
幾回回首憶南烹 山中故人無信使 何況當時卿相門 肯記疏頑分內賜
恥菴相國獨不忘 寄與頭綱草堂裏 未暇開緘見紫茸 已覺透紙香熏鼻
銅灰雖恐損標格 活火煎烹手自試 松風入鼎發颼飀 聽之足可淸心耳
滿椀悠揚氣味濃 啜過爽然如換髓 南遊昔時方童蒙 不識茗飮有深致
今日因公輒賜龍 通靈也似玉川子 亦欲時乘兩腋風 飛向蓬萊山上墜
一傾王母紫霞觴 洗盡從前煙火累 還將九轉眞金丹 來謝我公珍重意

출전: 『동문선』 권7

- **신통하고~날아갈 듯 하다오** 노동의 「다가」를 응용한 구절로, 임춘의 시 「요혜가 양식을 베풀어 줌을 사례한다」의 주 참조(이 책 72쪽).
- **서왕모西王母의 자하주紫霞酒** 서왕모는 중국 곤륜산崑崙山에 산다는 전설 속의 선녀仙女이며, 자하주는 신선들이 마신다는 술이다.
- **구전진금단九轉眞金丹** 신선이 되는 약.

해설　지은이 이연종은 앞에 나온 동안거사 이승휴의 아들로 생몰년은 미상이다. 박충좌는 충혜왕 때 지공거를 지냈던 인물이며, 치암은 그의 호이다. 영남사嶺南寺는 경상남도 밀양시 현재의 영남루嶺南樓 자리에 있던 절이다. 이 시는 박충좌가 임금에게서 하사 받은 용봉차를 선물하자, 이연종이 이에 대한 사례로 쓴 것이다. 그 내용을 보면, 젊은 시절 영남사에서 산승들과 차를 겨루던 일을 추억하면서 나이 들수록 차의 운치를 알게 되었다고 하였다.

권흥 權興, ?~?
어은의 시를 차운하여 次漁隱韻……

전속국典屬國*은 마침내 한나라로 돌아갔고
선성宣聖은 광匡 땅에서 난을 만났네.*
떠돌이 신세 더욱 한탄스러우니
안주하는 것 또한 나쁠 게 있으랴.
손님과 마주해 차의 품격 평하고
산승 만나서 약의 처방 점검하네.
참소를 피하여 세상을 떠난 몸
빛나는 구슬 감추고서 값을 기다린 지* 오래.
도 없는 세상 살 일이 걱정이지만
밭이 기름지니 쌀만은 넉넉하다오.
흰 모래밭은 대숲 길과 닿아 있고
푸른 봉우리는 초가를 빙 둘렀네.

• 전속국典屬國 중국 한나라 때 외국과의 교제를 담당하던 관직명. 전속국 소무蘇武가 흉노에 사신으로 갔다가 억류되어 19년 만에야 돌아온 것으로 유명하다.
• 선성宣聖은~만났네 선성이란 공자를 가리키는 것으로, 공자가 광匡 땅에서 양호陽虎라는 인물로 오인되어 봉변을 당할 뻔한 일을 말한다.
• 값을 기다린 지 자공子貢이 "여기 아름다운 옥이 있사온데, 궤 속에 감춰 두리이까. 좋은 값을 얻고 팔리이까"라고 하니, 공자가 "팔고말고, 팔고말고, 그러나 나는 값을 기다리는 자이니라"라고 한 일화를 말한다.

屬國終歸漢 宣尼竟畏匡 倦遊還可歎 安坐亦何傷

對客論茶品 逢僧檢藥方 逃讒仍屛迹 待價久韜光

道屈恒謀食 田饒尙報穰 白沙連竹逕 靑嶂集松莊

출전: 『동문선』 권11

원제　어은의 시를 차운하다. 50운인데 이때에 어은이 광산光山에 귀양 갔으며 연전에 일식, 월식이 있었다. 次漁隱韻 五十韻 時漁隱謫來光山 年前有日月食

해설　지은이 권홍의 자세한 인적 사항은 미상이다. 어은漁隱은 변계량卞季良의 호이다. 원래 50운으로 된 5언배율의 장편시이나, 여기서는 그 일부만을 수록하였다. 그 내용은 차를 품평하는 한가로운 삶을 이야기하며 광산光山에 귀양 가 있던 변계량을 위로한 것이다.

김지대 金之岱, 1190~1266

유가사 瑜伽寺

한적하고 고요한 구름 속의 유가사.
산마다 물들어 가을빛 짙어라.
구름 사이로는 위태로운 6~7리 돌길
하늘 끝엔 아스라이 천만 겹 봉우리.
차 마시자 소나무 처마에 초승달 걸려 있고
설법 끝나자 바람 이는 법좌에 종소리 들려오네.
시냇물은 벼슬살이 이 몸을 비웃으렷다
아무리 씻어도 홍진의 때 씻기지 않을 터이니.

寺在煙霞無事中 亂山滴翠秋光濃 雲開絶磴六七里 天末遙岑千萬重

茶罷松簷掛微月 講闌風榻搖殘鍾 溪流應笑玉腰客 欲洗未洗紅塵蹤

출전: 『동문선』 권14

해설　김지대는 자가 응립凝立, 호는 쌍수당雙修堂이다. 유가사瑜伽寺는 경상북도 달성군 비슬산에 있는 절이다.

김서 金湑, ?~1284

용혈龍穴 대존숙大尊宿의 방에 부치다
寄呈龍穴大尊宿丈室

부친께 일찍이 등과登科 때 일 듣자오니
스님께서 그때 같은 방에 드셨다고.
용이 산에 누우니 설법의 우레가 우렁차고
학이 하늘에 치솟으니 시의 달이 산뜻해라.
도력道力이 높아 남은 생애 소요로 보내고
결사結社는 고상하여 고관들과 투합했네.
낭주朗州*에 다행히 선대의 좋은 인연 있으니
궂은 손 마다 말고 다석茶席에 맞아 주시길.

膝下甞聞桂苑春 老禪同是牓中人 臥龍一穴法雷殷 鳴鶴半天詩月新
道富生涯餘杖履 社高投契遍簪紳 朗州幸有通家好 茶席猶堪備惡賓

출전: 『동문선』 권14

해설　김서가 용혈 스님의 방에 쓴 시이다. 부친이 용혈 스님과 같은 시기에 등과한 인연을 들어 자신을 차 마시는 자리에 초대해 주기를 바라고 있다.

---

* **낭주朗州**　낭주는 지금의 전라남도 영암군에 해당한다.

홍약 洪瀹, ?~?
최성지崔誠之가 차와 종이를 보내왔기에
謝松坡崔相國誠之……

1

보내 주신 선물은 겹겹이 마음이 깊으니
차와 종이가 국화빛 황금보다 고맙구려.
용단차龍團茶 봉병차鳳餅茶 맛이 잘 어울리니
붓과 먹인들 어찌 한마음 아니리.
양선차陽羨茶*의 유풍이라 맑아서 마실 만하고
난정蘭亭의 고사*는 아득한 옛일일세.
노동은 멀어졌고 왕희지도 떠났으니
어느 곳에서 오늘날 이 풍류를 찾을쏘냐?

惠賜重重意轉深 酪奴側理勝蠃金 龍團鳳餅堪同調 毛穎烏圭豈異心
陽羨遺風淸可掬 蘭亭故事杳難尋 玉川已遠右軍死 何處如今覓賞音

• 양선차陽羨茶 중국 강소성江蘇省 의흥宜興 지방에서 생산되던 차. 의흥의 옛이름이 양선이다. 맛이 순하고 향기로워 왕족과 문인들이 즐겼다 한다.
• 난정蘭亭의 고사 중국 진晉나라의 왕희지가 음력 3월 3일에 벗들과 더불어 난정蘭亭에서 각각 시를 짓고 자신의 득의한 글씨로 서문을 써서 유명한 「난정첩」을 만든 일.

2

골육지친보다 깊은 정분에
감사하여라, 천금보다 중한 은혜.
한유와 구양수歐陽脩의 문장이야 본디 지녔거니와
관포지교의 신의까지 있을 줄 뉘 알았으랴?
개평開平에 수행한 공* 은 역사에 남을 만하고
진정眞定 스님을 종유했던 일은 꿈에서도 그리워라.
나는 그대의 도움을 지나치게 받기만 했으니
부끄러워라, 은덕을 갚을 길 없으매.

骨肉猶難契分深 感公恩愛重千金 文詞自有韓歐學 信義誰知管鮑心
侍從開平書可紀 陪遊眞定夢相尋 吾生過荷吹噓力 只愧無由報德音

출전: 『동문선』 권15

원제   송파 최성지崔誠之 재상께서 차와 종이를 선물함에 감사하여(2수) 謝松坡崔相國誠之惠茶紙(二首)

해설   최성지는 익재 이제현과 같은 시대에 찬성사를 지내고 광양군光陽君에 봉해진 인물이다. 홍약이 그에게서 차와 종이를 선물 받고 쓴 시이다.

• **개평開平에 수행한 공**   개평은 중국 원나라의 지명인데, 최성지가 충선왕을 모시고 그곳에 간 공로를 뜻한다.

유숙 柳淑, 1324~1368

가야사 주지 노스님의 시를 차운하여
次伽倻寺住老詩

화려한 유곽에서 놀던 젊은 날엔
맑은 산사에 노닐러 오리라 생각이나 했겠나.
늙어 감에 번화한 서울이 싫어서
물러 나와 분수대로 자연에 사노라.
한가한 가운데 일미는 차 석 잔이요
꿈같은 인생에서 공명은 종이 한 장이라.
시를 지어 그윽한 고독 달랠 수 있음이 고마울 뿐
스님의 깊은 뜻이야 어이 다 헤아리리.

少年歌舞醉華堂 肯想淸遊雲水鄕 老去不堪趨綺陌 退來隨分坐藜床
閑中氣味茶三椀 夢裏功名紙一張 多謝新詩慰幽獨 上人深意若爲量

출전: 『동문선』 권16

해설 전체 3수 중에서 첫 번째 시이다. 노년에 가야사에 놀러 와 노스님과 차를 마시며 시를 짓는 정경을 읊었다.

이수 李需, ?~?

보문사 普門寺

바다 위 구름 속으로 한 줄기 길 통하고
부처님 옥호玉毫의 빛은 용궁까지 비치네.
눈앞에 일렁이는 물결 유리처럼 푸르고
혀끝에는 선명하게 고운 연꽃 붉어라.
머리엔 장엄하게 무량수無量壽를 이고 있고
손은 다정하게 선재 동자善財童子 쓰다듬네.
곱슬곱슬 검은 머리칼은 푸른 옥을 드리운 듯
찬란한 둥근 빛은 오색 무지개를 두른 듯.
세상 구제 참 공덕은 보배로운 손바닥에 달렸고
중생 걱정 시름 빛은 자비로운 눈동자에 어렸네.
불경은 한 권 한 권 누런 책장에 꽂혔고
등불은 줄줄이 붉은 초롱에 늘어섰네.
일불一佛이 인연 따라 영축산靈鷲山을 열었으니

• **보문사**普門寺 인천시 강화군 삼산면 매음리 낙가산에 있는 절. 신라 진덕여왕 3년(649)에 부근의 어부들이 석불상과 나한상 22구를 바다에서 건져 절 오른편 석굴에 봉안했다.
• **옥호**玉毫**의 빛** 부처의 미간에 흰 털이 있는데, 거기에서 밝은 빛이 난다고 한다.
• **혀끝에는~붉어라** 부처의 혀끝에서 아름다운 설법이 나오듯이 보문사의 부처 앞에 연꽃이 피었다는 뜻이다.
• **일불**一佛**이~열었으니** 부처가 인도의 영축산靈鷲山에서 『법화경』法華經을 설한 것을 말한다.

오정五丁˚인들 잠총蠶叢˚에 오를 길 있으랴.

일렁이는 나무 성난 파도 같아 금사자처럼 울부짖고

기이한 바위 우뚝 솟아 쇠코끼리처럼 웅장하도다.

장엄한 대웅전은 일천 세계 다 삼키고

높다란 누대는 곧추 허공 가운데 걸렸다.

산승은 길이길이 그림 병풍 속에 살고

어부는 언제나 밝은 달빛 피하기 어려워라.

바위 아랜 금부처가 참선에 들었고

뜰에는 흰 수염 늙은이가 불법을 듣누나.

평상은 참선 때문에 오래전에 구멍이 났고˚

납의는 몇 년의 수행인가, 누더기가 되었네.

길 찾아 돌아오는 이여, 어디서 온 길손인가

반갑게 길손 맞는 이는 바로 이 절의 주인.

아홉 폭 가사엔 전田 자 무늬 아름답고

세 개의 장작은 품品 자 모양으로 타노라.

면벽한 노승 눈썹에 휑하니 눈이 앉았고

• **오정五丁** 　중국 촉蜀나라의 역사力士. 진秦나라 혜왕惠王이 촉을 치고자 하나 산이 험하여 나갈 수 없으므로, 돌소(石牛) 다섯 마리를 만들어 금을 꼬리 아래 놓아두고 소가 금똥을 눈다 하며 촉왕에게 선사하니, 촉왕이 오정五丁으로 하여금 금소를 끌어오게 했다. 혜왕은 이로써 길이 뚫린 곳을 알았다 한다.

• **잠총蠶叢** 　원래는 백성에게 누에치기를 가르친 촉나라 왕의 선조를 가리키는 말이나, 여기서는 보문사에 오르는 길을 험준한 촉나라 지형에 비유한 것이다.

• **평상은~구멍이 났고** 　이 절의 주지승이 참선을 매우 열심히 한 분임을 나타낸 표현이다. 이숭인의 시 「차 한 봉지와 안화사의 샘물 한 병을 삼봉에게 주며」의 '오사모' 주 참조(이 책 327쪽).

차 달이니 산들산들 겨드랑이에 바람 이네.
이른 아침 풍경 소리 세상은 고요하고
깊은 밤 종소리에 온 들녘 풍성하다.
오체투지 절을 하매 미혹은 사라지고
가부좌 참선하매 오똑하니 경쇠 같다.
전쟁을 물리치니 요하遼河 북방 편안하고
거북을 길들이니 우리나라 진정되네.•
한 후문侯門•에 몇 사람 있었던가
세 명의 객•은 마음이 모두 같네.
한 달 동안 재를 올려 간절히 비노니
부처님 모신 보문사 천년 동안 복과 수를 누리소서.

海上穿雲線路通 玉毫光透水精宮 眼前瀲灧瑠璃碧 舌上分明薝葍紅

頂戴莊嚴無量壽 手回摩撫善財童 回旋紺髮垂蒼玉 掩映圓光繞彩虹

度世眞功懸寶掌 憫人愁色着慈瞳 經抽卷卷披黃机 燈列行行羃絳籠

- **거북을~진정되네** 거북은 동해를 떠받치고 있는 전설상의 신령한 동물이다. 바다로 침범해 오는 외적을 평정한다는 의미이다.
- **후문侯門** 권세가를 뜻한다. 중국 한나라 성제成帝 때 왕씨王氏 다섯 명이 동시에 후侯로 봉해졌던 고사에서 유래한 것이다.
- **세 명의 객** 중국 송나라 소식의 「월시」月詩에 "이에 적선인이 있어 술을 들어 세 명의 객이 되노라"(爰有謫仙人 擧酒爲三客)라고 하였는데, 여기서 적선謫仙은 '사람 세상에 귀양 온 신선'이라는 뜻으로, 당나라 때 하지장賀知章이 이백에게 붙인 호칭이다. 이백은 「월하독작」月下獨酌이란 시에서 "잔 들어 밝은 달 맞아들이니, 나와 달과 그림자가 세 사람이 되었네"(擧杯邀明月 對影成三人)이라 노래했는데, 이 구절을 소식이 인용한 것이다.

一佛應緣開鷲嶺 五丁無計達蠻叢 簸掀怒木金猊吼 摏突奇巖鐵象雄
殿閣盡吞千世界 樓臺直掛一虛空 林僧長在畫屛裏 江叟難逃明鏡中
巖下觀空黃面老 庭中聽法綠髥翁 黎床作穴多年事 霞衲成層幾臘功
問路歸來何處客 接賓溫雅主人公 九條衣拂田文曬 三箇柴成品字烘
向壁寥寥眉帶雪 烹茶習習腋生風 寅朝擊磬三邊靜 乙夜鳴鐘九野豐
五體投來疑欲碎 雙趺結處兀如磐 退殘戎馬安遼北 馴養靈龜鎭海東
在一侯門人有幾 第三番客意僉同 營齋一月殷勤祝 繡邸千年福壽洪

출전: 『동문선』 권18

해설 강화도 보문사를 두고 읊은 장시로 보문사의 위용을 여실하게 표현한 명편이다.

곽여 郭輿, 1058~1130

청연각*에서 용봉차를 하사받고
淸讌閣 親賜雙角龍茶

두 뿔 달린 용이 새겨진 용봉차
촉산蜀山에서 쌀쌀한 첫봄에 새로 딴 차로다.
임금의 손으로 몸소 꺼내어 내려 주시니
이슬 기운과 하늘 향기 함께 일어나네.

雙角盤龍入小團 蜀山新採趁春寒
俄回御手親提賜 露氣天香惹一般

출전: 『동문선』 권19

해설 고려 초엽부터 중국에서 보내온 차를 대신들에게 하사하는 풍속이 있었음을 보여 주는 시이다.

• **청연각**淸讌閣 고려 예종 때에 궁중에 도서를 비치하고 학사들과 경서를 강론하던 곳. 뒤에 나오는 김연의 글 「청연각기」 참조(이 책 368쪽).

홍규 洪奎, ?~1316

행산 박전지朴全之 댁에서 짓다 朴杏山全之宅有題

술잔은 가득 차야 맛이지만
찻사발은 깊을 필요 없어라.
행산엔 종일토록 비가 와서
천천히 다시금 마음을 나눈다.

酒盞常須滿 茶甌不用深

杏山終日雨 細細更論心

출전: 『동문선』 권19

해설 행산杏山은 박전지의 호이다. 그는 중국 원나라에 가서 문장으로 명성을 널리 떨친 인물이다. 짧고 담백한 시이지만 차를 마시는 운치가 잘 드러나 있다.

권사복 權思復, ?~?

벗이 차를 보내왔기에 사례하다 謝友人惠茶

남방의 오랜 벗이 햇차를 보내왔으니
북창 아래 낮잠에서 깨었을 때 맛이 더욱 좋아라.
조금만 자도 푹 잔 것과 같은 효과야 좋지만
근심 잊을 수 있는 잠을 적게 하니 어이하랴?

南國故人新寄茶 午窓睡起味偏多

令人少睡還堪厭 睡可忘憂少睡何

출전: 『동문선』 권21

해설   권사복의 인적 사항은 미상이다. 낮잠을 자고 일어난 뒤의 나른한 갈증에 마시는 한 사발 차의 맛이 잘 느껴지는 작품이다. 벗이 보내온 차를 받고 고맙다는 말을 전해야 하는데, 도리어 차가 잠을 적게 하므로 달콤한 잠을 오래도록 잘 수 없어 아쉽다고 너스레를 떨고 있다.

김연 金緣, ?~?

청연각기 清燕閣記

왕께서는 총명하고 생각이 깊으시며 진실하고 빛나는 덕을 지니시고 유학을 숭상하며 중국의 문화를 즐기고 사모하시었다. 그리하여 대궐의 옆, 영영서전迎英書殿의 북쪽, 자화전慈和殿의 남쪽에 따로 보문각寶文閣과 청연각清燕閣 두 건물을 세우셨다. 한 곳에는 송나라 황제가 쓴 조칙과 서화를 받들어 걸어 두고 가르침을 삼았으니, 반드시 절하고 몸가짐을 바르게 한 뒤에 우러러보았다. 또 한 곳에는 주공周公·공자孔子·맹자孟子·양웅揚雄 이하 고금의 서적을 모아 놓고, 날마다 연로한 스승과 학식이 높은 선비들과 함께 선왕의 도를 토론하고 밝혀서 마음에 간직하고 공부하며 쉬기도 하고 놀기도 하였다. ……이에 (왕께서) 조용히 이르시기를, "지금 송나라에 들어갔던 진공사 이자량李資諒이 계향桂香과 황제가 내린 술, 용봉차 덩이, 보배로운 과일, 보배로운 그릇을 받아 가지고 돌아왔다. 기쁜 마음에 경들과 함께 이 아름다운 일을 즐기려 하노라"라고 하였다. 신하들이 모두 놀라고 황송한 마음에 계단 아래로 물러나 엎드리고 고루한 몸으로 감히 성대한 예절에 참여할 수 없다고 사양하였으나, 왕께서 자리에 앉도록 재촉하시고 온화한 안색으로 대하며 음식을 갖추어 들도록 권하셨다.

王以聰明淵懿篤實輝光之德 崇尙儒術 樂慕華風 故於大內之側 迎英書殿之北 慈和之南 別創寶文淸燕二閣 一以奉聖宋皇帝御製詔勅書畫 揭爲訓則 必拜稽肅容然後仰觀之 一以集周孔軻雄已來古今文書 日與老師宿儒 討論敷暢先王之道 藏

焉修焉 息焉游焉 …… 乃從容謂曰 今入朝進貢使資諒 賚桂香御酒龍鳳茗團珍菓 寶皿來歸 嘉與卿等 樂斯盛美 臣僚皆惶駭恐懼 退伏階陛 辭以固陋不敢干盛禮 王趣令就坐 溫顏以待之 備物以享之

출전: 『동문선』 권64

해설　이 글은 고려 예종 12년(1117) 음력 4월 2일, 청연각에서 송나라 황제 휘종 徽宗이 내린 하사품을 기리는 잔치를 베풀었던 모습을 기록한 것이다. 그 내용을 보면 송나라에서 고려에 용봉단 차를 예물로 보내 주었음을 알 수 있다. 이 내용은 『고려사』高麗史 「열전」, 『고려사절요』高麗史節要, 『고려도경』高麗圖經 「연영전각」延英殿閣 등에도 수록되어 있다.

김수자 金守雌, ?~?

행학기 幸學記

임금이 대사성 김부철金富轍에게 명령하여 앞의 자리로 나아가 『서경』書經 「무일」無逸 편을 강론하고 아울러 구두로 시험하게 하였다. 임금께서는 경서를 손에 들고 귀를 기울여 들으시고, 양부兩府의 백관과 여러 학생들에게도 강론을 듣게 하니, 아름답고 훌륭한 임금의 용모를 바로 곁에서 모실 수 있었다.

기거랑 윤언이에게 뜻을 묻고 다시 여러 학생들을 나와서 듣게 하시고, 또 대빙재의 학생 이성여李聖予·정자야鄭子野, 구인재求仁齋의 학생 하영심河永深에게 서로 따져 물으라 명하니, 질문에 따라 사성의 대답이 강물이 터져 흘러나오는 듯하였다.

이에 임금이 좌우를 돌아보고 웃음을 보이고 즐거워하셨다. 그러고 나서 학관學官과 여러 학생들이 각자 임금께 글을 받들어 하례賀禮하니 임금께서 특별히 이름난 차를 하사하였다. 백관과 여러 학생들이 모두 물러나자 이어서 술과 음식을 그들에게 내리셨다.

上命大司成金富轍 就前席講無逸篇幷口義 主上執經垂聽 勅兩府百官諸生聽講 穆穆天光 不違顏咫尺 命起居郞尹彦頤問義 更敎諸生 前進而聽之 又命待聘齋生李聖予鄭子野 求仁齋生河永深 互相詰之 司成應聲而答 若決江河 上乃顧左右開笑悅懌 旣而學官諸生 各奉牋陳賀 上特以名茶賜之後 百官諸生皆退 仍以酒饌賜之

출전: 『동문선』 권64

해설　1129년(인종 7) 3월 20일, 인종이 국학國學에 나아가 학관과 여러 학생에게 경서를 강론하게 한 다음, 좋은 차를 하사하고 술을 내려 격려하는 모습을 기록한 글이다.

『고려사』高麗史 외

청자상감 유연문편구발, 고려 14C

『고려사』「세가」世家

태조 14년(931)

가을 8월 계축일 보윤 선규善規 등을 보내 신라왕에게 안장 갖춘 말과 능綾·나羅·채綵·금錦을 선사하고, 백관에게는 채색 비단, 군민軍民에게는 차와 복두幞頭, 승려에게는 차와 향을 각각 차등 있게 하사하였다.

秋八月癸丑 遣甫尹善規等遺羅王 鞍馬綾羅綵錦 幷賜百官綵帛 軍民茶幞頭 僧尼茶香有差

성종 9년(990)

겨울 10월 갑자일 왕이 서도西都(평양)에 가서 교서를 내렸다. ……서경의 입류入流*로서 나이 80세 이상인 자에게 각각 차등 있게 상을 주되 3품 이상은 관복 한 벌을, 5품 이상은 비단 2필, 복두 2매를, 차 10각角을, 9품 이상은 비단 1필, 복두 1매, 차 5각을 각각 주고, 입류 이상으로서 어머니나 처가 나이 80세가 된 자에 대하여는 3품 이상은

• **입류入流** 관직 제도에서 1품에서 9품까지를 유내流內라 하고 9품 이외를 유외流外라고 하는데, 유외에서 유내로 들어오는 것을 입류라고 한다.

마포 14필, 차 2근을, 5품 이상은 마포 10필, 차 1근을, 9품 이상은 마포 6필, 차 2각을 각각 주고 일반 평민 남녀로서 나이 100세 이상 된 자에 대하여는 정부의 4품 관리가 그 집을 문안하도록 하고 아울러 마포 20필, 벼 10석을 주고 90세 이상 된 자에 대하여는 마포 4필, 벼 2석을 주고, 80세 이상 된 자와 중환자에 대하여는 마포 3필, 벼 2석을 주고 나를 따라 서도로 온 군인 중에 80세 이상 되는 부모가 있는 자에게는 먼저 동경東京(경주)으로 가서 문안을 드릴 것을 허락하라.

冬十月甲子 幸西都敎曰 …… 西京入流年八十以上者 優賞各有差 三品以上 公服一襲 五品以上 彩二匹 幞頭二枚 茶一十角 九品以上 綵一匹 幞頭一枚 茶五角 入流以上 母妻年八十者 三品以上 布一十四匹 茶二斤 五品以上 布一十匹 茶一斤 九品以上 布六匹 茶二角 庶人男女百歲以上者 令京官四品 存問其家 兼賜布二十匹 稻穀一十石 九十以上 布四匹 稻穀二石 八十以上及篤疾者 布三匹 稻穀二石 隨駕軍人 有父母年八十者 許先赴東京問安

현종 즉위년(1009)

7월 신사일 왕이 구정毬庭에 나가서 80세 이상 남녀와 중한 환자 635명을 모아 놓고 술과 음식, 베와 비단, 차와 약을 차등 있게 하사하였다.

七月辛巳 御毬庭集民 男女年八十以上及篤疾者 六百三十五人 賜酒食布帛茶藥有差

현종 9년(1018)

2월 무진일 해군 및 노군弩軍, 교위와 선두船頭 이하 구성원들에게 차와 포를 차등 있게 하사하였다.

二月戊辰 賜海弩二軍 校尉船頭以下 茶布有差

현종 12년(1021)

2월 갑술일 서울(개성)에 있는 90세 이상의 남녀 노인들에게 술, 밥, 차, 약, 포백布帛 등을 차등 있게 하사하였다.

二月甲戌 賜京城男女年九十以上者 酒食茶藥布帛有差

현종 13년(1022)

9월 기사일 서울에 있는 80세 이상의 남녀 노인들과 중환자들에게 술, 밥, 차, 포백 등등을 차등 있게 하사하였다.

九月己巳 賜京城男女年八十以上及篤廢疾者 酒食茶布有差

정종 4년(1038)

가을 7월 갑인일 김원충이 거란으로부터 귀환하였는데, 그편에 부쳐 온 조서는 다음과 같았다. ……다른 조서 내용은 다음과 같았다. "보내온 표문表文을 통해 사례하는 뜻을 알았으며, 아울러 조공으로 금흡병金吸瓶, 은약병銀藥瓶, 복두, 사저포紗紵布, 공평포貢平布, 뇌원차腦原茶, 대지大紙, 세묵細墨, 용수등석龍鬚簦席 등을 보낸 데 대해서도 잘 알았노라."

秋七月甲寅 金元冲還自契丹詔曰 …… 又詔曰 省所上表謝恩 令朝貢 幷進捧金吸瓶 銀藥瓶 幞頭 紗紵布 貢平布 腦原茶 大紙 細墨 龍鬚簦席等事具悉

문종 3년(1049)

3월 경자일 80세 이상으로 나라의 원로인 상서우복야 최보성, 사재경 조옹, 태자첨사 이택성 등을 위하여 합문閤門에서 잔치를 했는데, 왕이 몸소 와서 술을 권하였으며, 그 자리에서 최보성과 조옹에게 관복 각 1벌과 복두 2개, 뇌원차 30각角을 주고, 이택성에게는 관복 1벌을 주었으며, 이들이 합문에서 말을 타고 정문으로 나가는 것을 허락하였으나 세 원로가 이를 굳이 사양하였다.

• 합문閤門   임금이 평시에 거처하던 궁전, 즉 편전便殿.

三月庚子 饗八十以上國老 尙書右僕射崔輔成 司宰卿趙顒 太子詹事李澤成等於
閤門 王親臨賜酒仍賜輔成顒等公服各一襲 幞頭二枚 腦原茶三十角 澤成公服一
襲 許令閤門乘馬出正衙門 三老固辭

문종 21년(1067)

9월 정유일 국사國師 해린이 연로하여 절간으로 돌아가기를 청하였
다. 왕이 현화사玄化寺에 납시어 몸소 전송하면서 차와 약, 금은 그
릇, 비단과 보물을 내려 주었다.

九月丁酉 國師海麟 請老還山 王親餞于玄化寺 賜茶藥 金銀器皿 綵段寶物

문종 32년(1078)

6월 정묘일 태자를 순천관에 보내 송나라 사신을 인도하여 오게 하였
다. ……별도로 보내온 용봉차가 10근인데 한 근씩 금은으로 도금한
죽절합자竹節合子에 넣어 명금明金 5채로 장식하고 요화판腰花板 주
칠갑朱漆匣에 담아서 붉은 꽃무늬 놓은 비단 겹보로 각각 쌌는데, 용
차가 5근, 봉차가 5근이었다.

• 현화사玄化寺 개성의 북쪽, 지금의 경기도 개풍군 영남면 현화리에 있던 절.

六月丁卯 命太子詣順天館導宋使 …… 別賜龍鳳茶一十斤 每斤用金鍍銀竹節合子 明金五綵 裝腰花板朱漆匣盛 紅花羅夾帕複 龍五斤鳳五斤

숙종 2년(1097)

6월 무자일 문하시중 이정공이 왕명을 받들고 흥왕사興王寺* 비문을 지어 올렸다. 왕이 조서를 내려 칭찬하고 피륙, 은그릇, 차, 포, 안마鞍馬 등 물품을 하사하였다.

六月戊子 門下侍中李靖恭 奉宣撰進興王寺碑文 王賜詔奬諭兼賜匹段 銀器茶布鞍馬等物

숙종 4년(1099)

윤9월 갑술일 승가굴僧伽窟*에 가서 재를 올리는 동시에 은향완銀香椀, 수로手爐 각 한 벌, 금강자金剛子와 수정 염주 각 한 줄, 금대金帶 한 개, 금화과金花果를 수놓은 수건, 차, 향, 의복, 금, 비단 등을 시주하였다.

- **흥왕사興王寺** 경기도 개성의 덕적산 남쪽에 있던 절.
- **승가굴僧伽窟** 지금의 서울 종로구 구기동 북한산 비봉 아래쪽에 있는 승가사僧伽寺의 별칭.

閏九月甲戌 幸僧伽窟設齋 仍施銀香椀 手爐各一事 金剛子水精念珠各一貫 金帶一腰 幷金花果繡幡 茶香 衣對金綺

숙종 9년(1104)

8월 을사일 시골 부녀들과 늙은 농민들이 다투어 길거리로 달려와서 왕에게 참외와 과일을 바쳤다. 그들에게 각각 직물을 차등 있게 주고 또 내부內府의 차, 향, 의복 등을 길가의 절에 시주하였다.

八月乙巳 村婦野老 爭獻瓜果于路 各賜布帛 又出內府茶香衣 櫬施于路傍佛舍

병오일 왕이 상자원에 머물면서 시어사 최위를 시켜 어의御衣와 차, 향 등을 가지고 삼각산 승가굴에서 비를 빌게 하였다.

丙午 駕次常慈院 遣侍御史崔謂 齎御衣茶香 禱雨于三角山僧伽窟

예종 7년(1112)

겨울 10월 경인일 송나라에서 선사품으로 보낸 용봉차를 대신들에게 나누어 주었다.

冬十月庚寅 以宋國信 龍鳳茶 分賜宰臣

예종 10년(1115)

8월 경신일 왕이 평민 늙은이들을 위하여 구정毬庭에서 몸소 음식을 대접하고 물품을 차등 있게 하사하였으며, 또 편전便殿에서 퇴직한 국로國老인 평장사 오수증 등에게 음식을 대접하였다. 서북면병마사 박경작이 왕에게 하직을 아뢰니, 왕이 그의 이름을 경인景仁으로 고쳐 내리고 차와 약을 하사하였다.

八月庚申 親饗庶老於毬庭 賜物有差 又饗國老致仕平章事吳壽增等於閤門 西北面兵馬使朴景綽陛辭 改賜名景仁 賜茶藥

인종 8년(1130)

3월 기미일 노령거盧令琚가 금나라로부터 돌아왔다. 그편에 부쳐 온 금나라 조서는 다음과 같다. "보내온 글을 통해 은그릇, 차, 포 등 사례의 품목과 아울러 서약한 표문의 내용을 잘 알았다."

三月己未 盧令琚等還自金 詔曰 省所上稱謝進奉銀器茶布等物 幷付進誓表事具悉

의종 13년(1159)

3월 을해일 왕이 현화사에 갔다. 이날 동쪽과 서쪽 양원兩院의 스님들이 각각 다정茶亭을 차려 놓고 왕을 청하였는데, 더 화려하고 사치스럽게 하려고 서로 다투었다.

三月乙亥 幸玄化寺 東西兩院僧 各設茶亭迎駕 競尙華侈

의종 21년(1167)

가을 7월 정유일 왕이 귀법사˙에 거둥하였다가 그 길로 현화사에 갔다. 왕이 말을 달려 달령˙의 다원茶院에 도착했는데, 시종하던 신하들이 모두 따라잡지 못하였다.

秋七月丁酉 幸歸法寺 遂御玄化寺 馳馬至獺嶺茶院 從臣皆莫及

충렬왕 18년(1292)

9월 을사일 홍군상이 원나라로 돌아갔다. 장군 홍선을 홍군상과 함께

- **귀법사**歸法寺 경기도 개성시 탄현문 밖에 있던 절.
- **달령**獺嶺 경기도 장단의 낙산사동洛山寺洞에 있던 지명이다.

원나라로 보낸 향다香茶, 목과木果 등의 물품을 바쳤다.

九月乙巳 洪君祥還 遺將軍洪詵 偕君祥如元 獻香茶木果等物

충선왕 즉위년(1308)

9월 무인일 왕이 신효사*에 갔다가 다시 왕륜사*로 갔는데, 그 절의 주지 인조가 차를 올리고 이어서 고기 반찬을 올렸다.

九月戊寅 幸神孝寺 遂幸王輪寺 住持仁照進茶 繼以肉膳

해설　이 글은 『고려사』 「세가」世家에서 태조·성종·현종·정종·문종·숙종·예종·인종·의종 그리고 충렬왕과 충선왕 대의 차 관련 기사들을 모은 것이다. 그 내용은 대개 왕이 신하와 백성 혹은 스님에게 차를 하사하거나, 반대로 누군가가 왕에게 차를 올렸다는 기록들이다. 이 밖에 정종 4년의 기록에서는 고려에서 거란으로 뇌원차를, 인종 2년의 기록을 보면 고려에서 금나라로 차를 보냈음을 알 수 있다. 또 문종 42년 기록에서는 송나라에서 용봉차를 보내왔음을 알 수 있다. 특히 의종 13년과 21년 기록을 보면, 현화사에 다정茶亭이 있었으며 그 인근의 달령에 다원이 있었음을 알 수 있다.

• **신효사**神孝寺　이숭인의 시 「신효사 담 스님의 방에 적다」의 해설 참조(이 책 328쪽).
• **왕륜사**王輪寺　임춘의 「족암기」의 해설 참조(이 책 73쪽).

『고려사』「열전」列傳

최지몽 崔知夢

최지몽이 81세에 죽었다. 왕은 부고를 받고 깊이 애도하였으며, 부의로서 포목 1천 필, 쌀 3백 석, 보리 2백 석, 차 2백 각, 향 20근을 주었다. 관청에서 비용을 부담하여 장사를 지내 주었다.

卒年八十一 訃聞震悼 賻布千匹 米三百碩 麥二百碩 茶二百角 香二十斤 官庀葬事

최승로 崔承老

제가 듣건대 전하께서는 공덕재功德齋를 베풀고 혹은 몸소 차茶를 갈기도 하시며 혹은 친히 밀(麥)도 찧으신다 하는데 저의 우매한 생각에는 전하의 몸을 근로하시는 것은 깊이 애석한 일입니다. ……왕은 매우 슬퍼하여 교서를 내려 그의 공훈과 덕행을 표창하고 태사 벼슬을 추증하였으며 부의로 베 1천 필, 밀가루 3백 석, 쌀 5백 석, 유향乳香 1백 냥, 뇌원차 2백 각, 대차大茶 10근을 주었다.

竊聞 聖上爲設功德齋 或親碾茶 或親磨麥 臣愚深惜聖體之勤勞也 …… 王慟悼下教 襃其勳德 贈太師 賻布一千匹 麵三百碩 粳米五百碩 乳香一百兩 腦原茶二

百角 大茶一十斤

최량崔亮

최량이 성종 14년(995)에 죽었다. 왕이 몹시 슬퍼하며 태자태사로 증직하고 부의로 쌀 3백 석, 보리 2백 석, 뇌원차 1천 각을 주었으며, 예식을 갖추어 장사 지냈다.

十四年卒 王痛悼贈太子太師 賻米三百石 麥二百石 腦原茶一千角 以禮葬之

한언공韓彦恭

왕은 부고를 받고 몹시 애도하였으며 부의로 쌀 5백 석, 보리 3백 석, 베 1천 2백 필, 차 2백 각을 주고 내사령에 추증하였으며 시호는 정신 貞信이라 하였고 예식을 갖추어 장사 지내게 하였다.

訃聞 王悼甚 賻米五百石 麥三百石 布一千二百匹 茶二百角 贈內史令 諡貞信 以禮葬之

서희徐熙

목종 원년(998)에 나이 57세로 죽었는데 부고를 받고 왕이 몹시 애도하였으며 베 1천 필과 보리 3백 석, 쌀 5백 석, 뇌원차 2백 각, 대차 10근, 전향旃香 3백 냥을 부조했고 예식을 갖추어 장사를 치르게 했으며 장위章威라는 시호를 내렸다.

穆宗元年卒 年五十七 聞訃震悼 賻布一千匹 麥三百石 米五百石 腦原茶二百角 大茶十斤 栴香三百兩 以禮葬之 諡章威

이주좌李周佐

정종 6년(1040) 이주좌가 형부상서 판어사대사로 재직 중에 죽었다. 왕이 애석해하며 사공상서우복야를 추증하고 쌀과 보리 4백 석, 차와 의복을 부조하였으며, 모든 관리들에게 장례에 참석하도록 하였다.

(靖宗)六年 以刑部尙書判御史臺事卒 王悼惜贈司空尙書右僕射 賻米麥四百石 賜茶及衣著 令百官會葬

이자현李資玄

이자현의 자는 진정眞精이다. 용모가 장대하며 성품이 총명하고 민첩

하였다. 과거에 급제하고 태악서승이 되었는데, 갑자기 벼슬을 버리고 춘천 청평산으로 들어가서 문수원文殊院을 꾸리고 살면서 거친 음식과 베옷을 입고 불도를 닦는 것을 낙으로 삼았다. 예종이 내신內臣을 보내 차와 향, 금과 비단을 하사하고 여러 번 조서를 보내 불렀다. ……『심요』心要 1편을 저술하여 바치니 왕이 보고 감탄하며 극진하게 대접하였다. 이윽고 산중으로 돌아갈 것을 굳이 요청하자, 왕이 차탕茶湯과 도복道服을 내려 주고 그 앞날을 축복하였다. 인종이 즉위한 뒤에도 깊게 배려하였으며, 병이 들자 내의內醫를 보내 진찰하고 차와 약을 보내 주었다.

資玄字眞精 容貌魁偉 性聰敏 登第爲大樂署丞 忽棄官 入春州淸平山 葺文殊院居之 疏食布衣以禪道自樂 睿宗遣內臣 賜茶香金帛 累詔徵之 …… 遂進心要一篇 王歎賞 待遇甚厚 旣而固請還山 乃賜茶湯道服 以寵其行 仁宗卽位 亦傾嚮之 有疾 遣內醫胗視 賜茶藥

박경인朴景仁

왕이 송나라와 친목하기 위하여 사신을 보내려 하였다. 박경인은 당시에 전중감직문하로 있었는데, 임금에게 상소하여 (사신을 파견하는 것이 국제 정세로 보아 부당하다고) 간언하였다. 그의 의견이 사리에 매우 적중하므로 임금도 부득이 그 의견을 좇았다. 그러나 간언이 왕의 뜻에 거슬렸으므로 국자좨주로 임명하였다가 서북면병마사를 삼았다. 그가 왕에게 하직 인사를 드리는 자리에서 왕이 경인景仁이란 이름을 주었으며 또 차와 약을 하사하였다.

王欲遣使如宋 景仁時以殿中監直門下 上疏諫止 言甚剴切 王不得已從之 然以忤旨 除國子祭酒 後爲西北面兵馬使 陛辭王賜名景仁 仍賜茶藥

위계정魏繼廷

얼마 있다가 중사를 보내어 위로하고 달랬으며 차와 약 두 은합銀合을 하사하였다.

尋遣中使慰諭 賜茶藥二銀合

최사추崔思諏

예종 때 수태사중서령의 직책을 더하고 벼슬에서 물러나게 하였는데, 조서와 직첩職牒, 차와 약, 옷과 비단, 안마를 보내 우대하였다. 왕이 일찍이 용봉차를 하사하였는데, 최사추가 사례하는 시를 지어 올리자 왕도 화답시를 내려 주었다.

睿宗朝 加守太師中書令致仕 賜詔書制牒 茶藥衣帛鞍馬 以示優恩 王嘗賜龍鳳茶 思諏進謝詩 王和賜之

신돈辛旽

신돈은 날이 갈수록 탐욕스럽고 음탕하여져서 뇌물을 문이 미어지게 받아들였다. 집에 있을 때는 술을 마시고 고기를 먹으며 멋대로 성색聲色을 즐기다가도 왕을 뵈면 청담淸談을 하고 음식도 채소, 과일, 차만 들었다.

旽貪淫日甚 貨賂輻湊 居家飲酒啗肉 恣意聲色 謁王則淸談 啜菜果茗飲

해설 이 글은 『고려사』「열전」에서 가려 뽑은 것으로, 대개는 대신들의 장례에 곡식이나 옷감 등과 함께 뇌원차나 대차 등을 부조하였다는 내용이다. 이 밖에 최승로에 대한 기록을 보면 왕이 직접 차를 갈기도 하였음을 알 수 있다. 최승로의 기록에서 전반부는 성종 원년에 최승로가 올린 시무28조 중에서 두 번째이고, 후반부는 그가 죽자 왕이 내린 부의의 내용이다.

『고려사』「지」志

왕자와 왕녀를 책봉하는 의식 冊王子王姬儀

집례관이 "읍"揖이라고 하면 주인과 손님은 서로 읍하고 자리에 가 앉는다. 차를 마시고 나서 술이 나올 때 집례관은 주인과 손님을 인도하여 자리로 나아간다. 주인이 손님을 향하여 술을 권하면 손님은 이것을 사양하다가 주인이 재삼 권한 후에 감히 사양할 수 없다고 말한다. …… 집례관이 "배"拜라고 말하면 주인과 손님은 재배하고 앞으로 나서서 또 재배한 다음, 각자의 자리로 나아간다. 차를 올리고 음식을 차려 내오기를 처음과 같이 한다.

執禮官贊揖 賓主相揖就座 進茶訖酒至 執禮官引賓主 出就褥位 主人請獻賓 賓辭 主人請獻至于三 賓稱 不敢辭 …… 執禮官贊拜 賓主再拜 進步又再拜 訖各就座 進茶設酒食如初

출전: 『고려사』 권67

공주의 결혼 의식 公主下嫁儀

주인과 손님이 서로 읍하고 자리에 앉고 나면, 차와 술을 내어 온다. 술이 나오면 주인과 손님이 모두 일어나 술잔을 서로 주고받은 다음, 음식을 차려 내어 온다. 예식이 끝나고 연회를 마치면, 주인과 손님은 모두 일어서서 섬돌에서 내려와 각각 처음 조서를 전하는 자리에 가서 선다.

賓主相揖就座 訖設茶酒 酒至賓主俱興獻酬 訖設食 禮畢罷宴 賓主俱興下階 各就初傳詔位 立定

출전: 『고려사』 권67

상원일 연등회 의식 上元燃燈會儀

임금이 근시관에게 명령하여 차를 올릴 때 집례관은 임금을 향하여 허리를 구부리고 권한다. 음식을 올릴 때마다 집례관은 임금을 향하여 허리를 구부리고 권하는데, 뒤에서도 이와 같은 방법으로 한다. 다음으로 태자 이하 시신侍臣들에게 차를 내려 준다. 차가 이르면 집례관이 "배"라고 하고 태자 이하는 두 번 절한다. 집례관이 "음"飮이라고 하면 태자 이하가 모두 차를 마신 다음, 허리를 굽혀 예를 표한다. 태자 이하 시신들에게 술과 음식을 베풀 때마다 좌우의 집례관들이 배拜, 음飮, 식食이라고 하며, 뒤에서도 의식은 모두 이와 같다.

上命近侍官進茶 執禮官向殿躬身勸 每進酒進食 執禮官皆向殿躬身勸 後皆倣此 次賜太子以下侍臣茶 茶至執禮官贊拜 太子以下再拜 執禮官贊飮 太子以下皆飮 訖揖 每設太子以下侍臣酒食 左右執禮贊拜贊飮 贊食 後皆倣此

출전: 『고려사』 권69

팔관회 의식 仲冬八關會儀

좌측 집례관이 태자와 상공上公을 인도하여 세소洗所에 나아가 손을 씻고, 근시관이 차를 올리면 집례관이 전殿을 향하여 몸을 굽혀 절하며 권하고 …… 근시관이 차를 올린다. 다음에 태자·공公·후侯·백伯·추밀·시신에게 차를 내린다. 집례관이 "배"라고 하면, 태자 이하 추밀·시신이 모두 두 번 절하고 차를 받아 마신 다음 예를 표한다. …… 다음으로 근시관이 차를 올리고 악관樂官이 구호를 아뢴 다음, 공·후·백·재상·추밀을 인도하여 전에서 내려와 위 계단의 시신들과 함께 배례하는 자리에 가서 선다. 가운데 계단의 시신들도 그 자리에서 역시 이와 같이 한다.

左執禮官引太子上公 出詣洗所盥手 近侍官進茶 執禮官向殿躬身勸 …… 近侍官進茶 次賜太子公侯伯樞密侍臣茶 執禮官贊拜 太子以下樞密侍臣皆再拜 受茶飲訖揖 …… 次近侍官進茶 樂官奏口號畢 引太子公侯伯宰臣樞密下殿 與上階侍臣就拜位立 中階侍臣在其階亦如之

출전: 『고려사』 권69

해설 이상은 모두 『고려사』 「지」志의 기록으로 각각 왕자와 왕녀를 책봉하는 의식, 공주의 결혼 의식, 연등회와 팔관회의 의식 중에서 차를 마시는 절차가 나오는 대목만을 가려 뽑은 것이다.

『고려사절요』高麗史節要

숙종 2년(1097) 7월

가을 7월에 동여진東女眞의 적선 10척이 진명현*에서 약탈을 하므로 동북면병마사 김한충이 판관 강증을 보내 적과 싸워 이기고, 배 3척을 노획하였으며 머리 48급을 베었다. 김한충과 강증에게 은과 비단, 차와 약을 내려 주었다.

秋七月 東女眞賊船十艘寇鎭溟縣 東北面兵馬使金漢忠遣判官康拯 與戰克之 獲船三艘 斬首四十八級 賜漢忠拯銀絹茶藥

출전: 『고려사절요』 권6

해설 『고려사절요』는 그 내용이 『고려사』와 거의 유사하기 때문에 대부분을 생략하였다. 다만 이 글에는 『고려사』에는 없는 '차와 약을 내려 주었다'는 표현이 있으므로 수록해 둔다.

• **진명현**鎭溟縣 함경남도 덕원德源의 남쪽 24리에 있던 지명.

『고려도경』高麗圖經

관회 館會

사신이 객관에 들어가고 나면 왕이 관원을 보내어 연회를 열게 하는데, 그것을 불진회拂塵會라고 한다. 이때부터는 5일에 한 번씩 연회를 차리는데, 24절기를 만나면 예禮가 좀 더해진다. 정사와 부사를 중심으로 자리가 좌우로 나뉘는데, 국관國官과 반연伴筵 및 관반館伴이 동서로 나뉘어 손님의 자리에 앉고, 도할관都轄官과 제할관提轄官*이하는 차례에 따라 동서로 나뉘어 앉고, 중절中節과 하절下節*은 차례에 따라 양쪽 행랑에 앉는다. 술은 15차례만 돌리고 그치며, 밤이 되면 파한다. 뜰 안에는 초롱을 마련하지 않고 다만 횃불을 설치할 뿐이다. 또 과위過位의 예禮가 있으니, 관반이 서신으로 정사와 부사를 그 위位로 초청하여 연회燕會의 예와 같이 한다. 이때 나머지 사신들은 함께 가지 않고 다만 인접·지사 등을 데리고 가서 심부름에 대비한다. 며칠 후에 정사와 부사는 관반관을 그들이 묵고 있는 낙빈정樂賓亭으로 초청한다. 이때 요리사를 쓰는데, 과일과 안주, 그릇은 모두 궁궐에서 준 것들이다. 사방의 좌석에는 귀한 장식물과 골동품, 법서法書와 명

• **도할관都轄官과 제할관提轄官** 사신 일행의 인원과 물자를 관리하는 책임자로, 이 글의 저자인 서긍徐兢이 바로 제할관을 맡고 있었다.
• **중절中節과 하절下節** 정사와 부사 이외의 사신들을 구분하여 상절上節·중절·하절로 나누는데, 그중에서 상절을 제외한 나머지를 가리킨다.

화名畫, 좋은 향과 진기한 차를 늘어놓는데, 오만 가지 진귀한 형상이 눈길을 빼앗아서 고려인들이 경탄하지 않는 경우가 없었다. 술자리가 무르익으면 각자 기호에 따라 원하는 대로 집어서 주었다.

使者旣入館 王遣官辦燕 謂之拂塵會 自是之後 五日一會 遇節序 稍加禮焉 使副居其中 自分左右位 國官伴筵 與館伴 分東西居客位 都轄提轄以下 分坐于東西序 中下節 以次坐于兩廊 酒止十五行 夜分而罷 庭中不施燭籠 唯設明燎而已 又有過位之禮 館伴以書 延使副于其位 如燕之禮 三節不偕往 唯從行引接指使之屬 以備使令 其後數日 使副延館伴官於所館之樂賓亭 用行庖之人 而果肴器皿 皆御府所給 四筵列寶玩古器法書名畫異香奇茗 瑰瑋萬狀 精采奪目 麗人莫不驚歎 酒闌 隨所好 恣其所欲 取而予之

출전: 『고려도경』 권26

해설 『고려도경』은 중국 송나라 때 서긍徐兢이 고려 인종 2년(1124)에 사신으로 왔다가 고려의 풍속에 대해 기록한 것으로, 공식 명칭은 『선화봉사고려도경』宣和奉使高麗圖經이다. 그 내용 중에서 낙빈관 연회에 대한 기록을 보면, 중국 측에서 준비한 진귀한 차가 접대에 쓰였음을 알 수 있다.

차를 올려놓는 도마, 다조茶俎

고려의 토산차는 맛이 쓰고 떫어 입에 넣을 수 없고, 오직 중국의 납차臘茶와 하사품인 용봉차를 귀하게 여긴다. 하사품 외에 상인들 역시 가져다 팔기 때문에 근래에는 차 마시기를 자못 좋아하여 다구茶具에 더욱 정성을 들이게 되었다. (그중에서) 금화오잔金花烏盞*·비색소구翡色小甌*·은로탕정銀爐湯鼎* 등은 모두 중국의 것을 흉내 낸 것들이다. 연회 때면 뜰 가운데서 차를 끓여 연잎 모양의 은뚜껑을 덮어 천천히 가져온다. 그런데 사회자가 "차를 다 돌렸다"고 말한 뒤에야 마실 수 있으므로, 으레 식어 버린 차를 마시게 된다. 객관에는 붉은 도마를 놓고 그 위에 차를 마시는 데 필요한 기구들을 진열하여 붉은 보자기로 덮어 둔다. 날마다 세 차례씩 차를 올리고 이어서 끓인 물을 내어 온다. 고려인들은 탕을 약藥이라고 한다. 사신들이 그것을 다 마시면 반드시 기뻐하고, 더러 다 마시지 못하면 자신들을 깔본다고 여기고 불만스럽게 가 버리기 때문에 늘 억지로 다 마신다.

土産茶 味苦澁 不可入口 惟貴中國臘茶 並龍鳳賜團 自錫賚之外 商賈亦通販 故邇來頗喜飮茶 益治茶具 金花烏盞 翡色小甌 銀爐湯鼎 皆竊效中國制度 凡宴則烹於廷中 覆以銀荷 徐步而進 候贊者云 茶徧乃得飮 未嘗不飮冷茶矣 館中以紅俎 布列茶具於其中 而以紅紗巾羃之 日嘗三供茶 而繼之以湯 麗人謂湯爲藥 每

- **금화오잔**金花烏盞 금색 꽃무늬가 있는 검은 색의 찻잔.
- **비색소구**翡色小甌 비취색 자기로 된 작은 사발 형태의 찻잔.
- **은로탕정**銀爐湯鼎 은으로 만든 화로와 찻물을 끓이는 세발솥.

見使人飮盡 必喜 或不能盡 以爲慢己 必怏怏而去 故常勉强爲之啜也

출전: 『고려도경』 권32

해설　고려 차의 품질, 차를 마시는 예법 등에 대해 기록한 것이다. 평가로 보아 차의 품질이나 수준이 높다고 하기는 어려우나 당시에 차가 주요한 기호품으로 자리 잡았으며, 또 차를 마시는 기구들이 갖가지로 생산되었음을 알 수 있다.

부록

- 인명 사전
- 서명 사전
- 찾아보기

인명 사전

고개지顧愷之　중국 동진東晉 때의 서화가. 자는 장강長康. 남북조시대의 3대가 가운데 한 사람으로, 초상화에 뛰어났으며 대상이 지니고 있는 생명 또는 정신의 표현을 중시하였다. 작품에 「여사잠도」女史箴圖, 화론畵論에 「화운대산기」畵雲臺山記 등이 잘 알려져 있다.

곽여郭輿　1058(문종 12)~1130(인종 8). 고려 중기의 문신. 본관은 청주淸州, 자는 몽득夢得. 문과에 급제하여 예부 외랑으로 사직하고 금주金州에서 은거하였다. 도교·불교·의약·음양의 설까지 두루 섭렵하였다고 한다. 시호는 진정眞靜.

구중裘中　중국 후한 말기의 은사. 양중羊仲과 함께 병칭되며, 행동이 반듯하고 청렴하기로 이름이 높았다. 후한의 은자였던 장후蔣詡는 자신의 집 앞에 세 갈래의 길을 내고 오직 구중과 양중과만 교유했다고 알려져 있다.

권사복權思復　생몰년 미상. 고려 말의 문신. 정언, 봉익판전교를 역임하였으며, 『동문선』東文選과 『신증동국여지승람』新增東國輿地勝覽 등에 시가 전한다.

권홍權興　생몰년 미상. 고려 말의 문신. 본관은 안동安東. 공양왕 시절에 이성계李成桂를 중심으로 한 급진개혁파의 노선에 반대하다가 귀양살이를 하기도 했다. 『동문선』에 「차어은운」次漁隱韻을 비롯하여 시 5수가 전한다.

귀곡각운龜谷覺雲　고려 말 공민왕 때의 선승禪僧. 귀곡은 그의 법호法號이며, 이색李穡과 교유가 있었다.

길재吉再   1353(공민왕 2)~1419(세종 1). 여말 선초의 학자. 본관은 해평海平, 자는 재보再父, 호는 야은冶隱. 1386년 진사시에 급제하였으나, 고려 말의 혼란을 목격하고 고향인 선산에 은거하여 학문에 전념하였다. 그의 문하에서 김숙자金叔滋 등 많은 학자가 배출되었다. 저서에 『야은언행습유록』冶隱言行拾遺錄이 있다. 시호는 충절忠節.

김구용金九容   1338(충숙왕 복위 7)~1384(우왕 10). 고려 후기의 문신. 본관은 안동安東, 자는 경지敬之, 호는 척약재惕若齋. 1384년 행례사로 명나라에 가면서 국서와 함께 백금과 마포麻布 등을 가지고 갔다가 명나라에서 체포되어 유배되던 도중 병사하였다. 저서로 『주관육익』周官六翼과 『척약재집』이 있다.

김극기金克己   ?~1209(희종 5). 고려 중기의 문신. 본관은 광주廣州, 호는 노봉老峰. 명종 때 용만龍灣의 좌장을 거쳐 한림이 되었다. 뛰어난 문장가로서 핍박받는 농민들의 모습을 적극적으로 표현하였다. 문집이 남아 있지 않지만 『동문선』, 『신증동국여지승람』 등에 많은 시가 전한다.

김부철金富轍   1079(문종 33)~1136(인종 14). 고려 중기의 문신. 본관은 경주慶州, 부의富儀로 개명하였으며, 자는 자유子由. 김부식金富軾의 동생이다. 1097년 문과에 급제한 뒤 여러 관직을 거쳐 한림학사승지를 역임하였다. 묘청妙淸의 서경 천도 운동을 진압한 공로로 인종으로부터 금대金帶를 하사받았다. 시호는 문의文懿.

김서金情   ?~1284(충렬왕 10). 고려 후기의 문신. 1271년 충렬왕이 원나라에 볼모로 갈 때 호부 낭중으로 시종하였으며, 이듬해 귀국하여 사의대부, 전법판서 등을 역임하였다.

김수자金守雌   생몰년 미상. 고려 중기의 문신. 본관은 상주尙州, 자는 계보谿甫. 과거에 급제하여 금양현위를 거쳐 국학학유를 역임하였다. 이자겸李資謙의

난 때『국사』國史를 보호한 공으로, 이부시랑한림시독학사지제고吏部侍郞翰林侍
讀學士知制誥에 추증되었다.

김양金陽   808(애장왕 9)~897(효공왕 1). 신라의 왕족. 자는 위흔魏昕. 태종
무열왕의 9대손으로, 839년 우징祐徵·장보고張保皐 등과 함께 반란을 일으켜 우
징을 왕으로 추대하였으니, 곧 신무왕이다. 사후 서발한舒發翰으로 추증되었다.

김연金緣   ?~1127(인종 5). 고려 중기의 문신. 자는 처후處厚. 인존仁存으로
개명하였다. 과거에 급제한 뒤 문하시랑평장사에 올랐다. 1117년 예종이 청연각
淸燕閣에서 연회를 베풀 때 지은「청연각기」淸燕閣記가『동문선』에 수록되어 있
으며, 저서로는『해동비록』海東秘錄이 있다. 시호는 문성文成.

김자수金子粹   생몰년 미상. 여말 선초의 문신. 본관은 경주慶州, 자는 순중
純仲, 호는 상촌桑村. 자수自粹로 개명하였다. 문과에 급제한 뒤 1392년에 판전
교시사를 거쳐 형조판서에 이르렀다. 고려 말 정세가 어지러워지자 고향인 안동에
은거하였다. 이숭인李崇仁·정몽주鄭夢周 등과 친분이 두터웠으며, 그의 시문이
『동문선』에 실려 있다.

김지대金之岱   1190(명종 20)~1266(원종 7). 고려 후기의 문신. 자는 응립凝
立, 호는 쌍수당雙修堂. 청도 김씨淸道金氏의 시조. 1218년 과거에 급제한 뒤 중
서시랑평장사에 올랐으며 오산군鰲山君에 봉해졌다. 청백리로 이름이 높았고,
『동문선』에 그의 시문이 실려 있다. 시호는 영헌英憲.

김첨金瞻   1354(공민왕 3)~1418(태종 18). 여말 선초의 문신. 본관은 광산光
山, 자는 자구子具, 호는 연계蓮溪. 1376년 문과에 급제한 뒤 예문관제학, 경연관
등을 역임하였다. 유교의 기반이 굳혀지는 조선 초기에 도교道敎의 부흥을 위해
서 노력하였다.

김훤金暄   1234년(고종 21)~1305년(충렬왕 31). 고려 중기 문신. 본관은 의성, 자는 용회用晦, 호는 둔촌鈍村. 원종 때 문과에 급제하였다. 1270년 삼별초三別抄의 난을 평정하는 데 공을 세웠으며, 정당문학에 올랐다. 문장과 글씨로 명망이 높았다.

나옹 화상懶翁和尙   1320(충숙왕 7)~1376(우왕 2). 고려 후기의 고승. 속성은 아씨牙氏, 속명은 원혜元惠, 나옹懶翁은 그의 호이다. 요연 선사了然禪師를 찾아가 출가한 뒤, 1344년 양주 회암사檜巖寺에서 대오大悟하였다. 1347년 원나라로 건너가서 지공指空을 섬겼고, 1358년에 귀국하여 회암사의 주지가 되었다. 우리나라 선종의 새로운 경지를 개척하였으며 2,000여 명의 제자를 두었다. 저서로는 『나옹화상어록』과 『가송』歌頌이 있다. 시호는 선각禪覺.

남은南誾   1354(공민왕 3)~1398(태조 7). 여말 선초의 문신. 본관은 의령宜寧. 정도전鄭道傳과 함께 이성계를 왕위에 추대하여 개국공신 1등에 책록되고 의령군宜寧君에 봉해졌다. 태조를 도와 이방석李芳碩을 세자로 책봉하는 데 적극 간여했다가, 제1차 왕자의 난 때 살해당했다. 좌의정에 추증되었고, 1421년 태조의 묘정에 배향되었다. 시호는 강무剛武.

낭혜 화상朗慧和尙   801(애장왕 2)~888(진성여왕 2). 신라 후기의 승려. 신라 선문구산禪門九山 중 성주산문聖住山門의 개산조이다. 속성은 김씨金氏, 호는 무량無量, 법명은 무염無染. 821년 당나라로 가서 마곡산麻谷山 보철寶徹의 법맥을 이어받았고, 20여 년 동안 보살행菩薩行을 실천하였다. 847년 귀국한 뒤 성주사聖住寺에 머물며 중생을 교화하였다. 시호는 대낭혜大朗慧.

노동盧仝   중국 당나라 제원濟源 사람으로, 옥천자玉川子라 자호했다. 차의 품평을 잘했으며, 차를 예찬한 「다가」茶歌가 유명하다.

대혜종고大慧宗杲   중국 송나라 때의 선승. 자는 담회曇晦, 호는 묘희妙喜,

속성은 해씨奚氏. 종고는 그의 이름이며 대혜는 법호. 제자인 장구성張九成 등과 함께 정쟁에 휘말려 형산衡山에 유배되기도 하였다. 간화선看話禪의 독창적인 전개로 당시 불교 사상계에 큰 영향을 끼쳤다. 저서로는 『정법안장』正法眼藏과 『대혜보각선사어록』大慧普覺禪師語錄이 있다.

도간陶侃   중국 진晉나라 때의 무장武將. 자는 사행士行. 강서성江西省 파양鄱陽 출생. 도잠陶潛의 증조부. 영가永嘉의 난이 일어났을 때 공을 세웠고, 왕돈王敦의 반란과 소준蘇峻의 변을 평정하였다. 관직은 시중태위侍中太尉에 이르렀고, 장사군공長沙郡公에 봉해졌다.

도잠陶潛   중국 진晉나라 때 시인. 자는 연명淵明, 호는 오류선생五柳先生. 팽택령彭澤令이 되었다가 「귀거래사」歸去來辭를 남기고 귀향하였다. 자연의 아름다움을 노래한 시가 많으며, 저서에 『도연명집』이 있다.

두보杜甫   중국 당나라 때의 시인. 자는 자미子美. 두릉杜陵에 살면서 두릉포의杜陵布衣라 자호했다. 검교공부원외랑檢校工部員外郎을 지냈다. 이백李白과 함께 이두李杜로 병칭되며, 시성詩聖이라 일컫는다. 문집에 『두공부집』杜工部集이 있다.

맹상군孟嘗君   중국 전국시대 제齊나라 사람. 이름은 전문田文, 맹상군은 시호 또는 봉호封號라고도 한다. 진秦나라, 제나라, 위魏나라의 재상을 역임하고 독립하여 제후가 되었다. 계명구도鷄鳴狗盜라는 유명한 고사의 주인공이기도 하다.

무열 장로無說長老   생몰년 미상. 고려 말기의 선승禪僧. 이색과의 교유가 확인되며, 특히 이색의 '스님 가운데 문장가'라는 칭찬으로 미루어 시에 뛰어났던 것으로 보인다.

문왕文王   중국 주周나라의 기초를 닦은 명군. 성은 희姬, 이름은 창昌. 무왕

武王의 아버지이다. 위수渭水에서 만난 태공망太公望의 도움을 받아 덕치에 힘썼고, 은殷나라로부터 서방 제후로 인정받아 서백西伯이라는 칭호를 사용하였다. 유가에서는 이상적 군주로 칭송한다.

문일평文一平　　1888(고종 25)~1936. 교육자·언론인·사학자. 본관은 남평南平, 호는 호암湖巖. 일본에서 공부하고 중국의 신문사에서 근무하였으며 조선일보사의 편집 고문으로 일하였다. 1930년대의 대표적인 민족주의 사학자로 정치·외교·문화·사적·자연 등 다방면에 걸친 연구를 통해 민족사를 반성적으로 성찰하고, 역사의 대중화와 민중 계몽에 기여했다. 저서에 『호암전집』이 있다.

민개閔開　　1360(공민왕 9)~1396(태조 5). 여말 선초의 문신. 본관은 여흥驪興. 고려 말 문과에 급제하였고, 이성계의 추대를 반대하다가 위기를 맞기도 하였다. 조선 건국 후 대사헌과 경상도 관찰사를 역임하였다.

민사평閔思平　　1295(충렬왕 21)~1359(공민왕 8). 고려 후기의 문신. 본관은 여흥. 자는 탄부坦夫, 호는 급암及庵. 충숙왕 때 문과에 급제하였고 여흥군驪興君에 봉해졌다. 저서로는 『급암선생시집』及菴先生詩集이 있다. 주요 작품으로는 고려가요를 칠언절구의 한시로 한역한 소악부 6수가 있다. 시호는 문온文溫.

박경인朴景仁　　1057(문종 11)~1121(예종 16). 고려 중기의 문신. 본관은 평산平山, 자는 영유슈裕. 참지정사를 지낸 박인량朴寅亮의 아들이다. 과거에 급제한 뒤 주로 간쟁諫諍과 문한文翰의 직을 맡아 이름을 떨쳤다. 김연金緣 등과 『정관정요』貞觀政要를 주석하였다. 시호는 장간章簡.

박성량朴成亮　　생몰년 미상. 고려 후기의 환관. 이색이 지은 「광통보제선사비명병서」廣通普濟禪寺碑銘幷序에 광통보제선사비의 건립 공사를 담당했던 것으로 기록되어 있다. 밀양군密陽君에 봉해졌다.

박소양朴少陽　　생몰년 미상. 고려 후기의 인물. 자는 중강仲剛. 성균시에 급제하였다. 이색은 박소양의 전傳인「박씨전」朴氏傳을 지어 그가 성품이 고상하며 중국어에 능통하였다고 기록하였다.

박전지朴全之　　1250(고종 37)～1325(충숙왕 12). 고려 후기의 문신. 본관은 죽주竹州, 호는 행산杏山. 1279년 원나라에 들어가 그곳의 명사들과 교유하며 명성을 떨쳤고, 여러 관직을 거쳐 수첨의찬성사로 치사致仕하였다. 시호는 문광文匡.

박충좌朴忠佐　　1287(충렬왕 13)～1349(충정왕 1). 고려 후기의 문신. 본관은 함양咸陽, 자는 자화子華, 호는 치암恥菴. 백이정白頤正으로부터 가르침을 받았다. 문과에 급제하였고 뒤에 판삼사사에 올라 순성보덕협찬공신純誠輔德協贊功臣의 호를 받았다. 시호는 문제文齊.

방덕공龐德公　　중국 후한 말의 은사. 양양襄陽 사람으로 현산峴山 남쪽에 은거하였다. 형주자사荊州刺史 유표劉表가 찾아가서 출사를 권하자, "남들은 자손들에게 위태로움을 물려주지만 나는 편안함을 물려주겠다"라 하고 거절하였다. 건안建安 연간에는 녹문산鹿門山에 은거하였다. 『후한서』에 열전이 있다.

방연보房衍寶　　생몰년 미상. 고려 중기의 문신. 1197년 문과에 장원 급제하였으며, 이규보李奎報가 지은 시「장원 방연보가 화답시를 보내왔기에 차운하여 답하다」를 보면 방연보가 내시內侍에 재직했음을 알 수 있다.

방온龐蘊　　중국 당나라 때의 선문 거사禪門居士. 자는 현도道玄이며, 방 거사龐居士로 불린다. 과거시험을 보러가는 도중에 마조도일馬祖道一의 명성을 듣고 찾아가 깨달음을 얻고 출가하였다. 그 후 선지禪旨를 드러내는 시를 지으며 살았다고 한다. 저서에 『방거사어록』이 있다.

백문절白文節　　?～1282(충렬왕 8). 고려 후기의 문신. 본관은 남포藍浦, 자는 빈연彬然, 호는 담암淡巖. 고종 때 문과에 급제하였고 이부시랑, 국자좨주 등을 역임하였다. 시문에 뛰어났고 글씨도 잘 썼다. 시호는 문헌文憲.

백비화白賁華　1180(명종 10)~1224(고종 11). 고려 후기의 문신. 본관은 남포, 자는 무구無咎, 호는 남양南陽. 1216년 거란이 침입하였을 때 소복사가 되어 황해도에 나가 백성들을 구제하였으며, 합문지후閤門祗侯에 올랐다. 저서에『남양시집』이 있다.

백문보白文寶　?~1374(공민왕 23). 고려 말의 문신. 본관은 직산稷山, 자는 화보和父. 충숙왕 때 과거에 급제하여 밀직제학 등을 역임하였다. 1373년 우왕의 사부가 되었으며, 직산군稷山君에 봉해졌다. 시호는 충간忠簡.

변계량卞季良　1369(공민왕 18)~1430(세종 12). 여말 선초의 문신. 본관은 밀양密陽, 자는 거경巨卿, 호는 춘정春亭. 1392년 조선 건국에 공헌하였고, 집현전 대제학에 이르렀다.『태조실록』太祖實錄과『고려사』高麗史의 편찬에 참여하였으며, 거창居昌의 병암서원屛巖書院에 제향되었다. 저서에『춘정집』이 있다. 시호는 문숙文肅.

보질도寶叱徒　신라 정신대왕의 태자이자 승려. 아우 효명孝明과 함께 오대산에 들어가 도를 닦았다고 한다.『삼국유사』三國遺事 탑상塔像「명주오대산보질도태자전기」溟州五臺山寶叱徒太子傳記 조條에 나온다. 정신대왕이 바로 보질도라는 설도 있다.

사마상여司馬相如　중국 전한 때의 문인으로, 자는 장경長卿.「자허부」子虛賦와「상림부」桑林賦는 후대 부賦 문학에 많은 영향을 끼쳤다. 아내인 탁문군卓文君과의 로맨스도 유명하다. 저서에『사마장경집』이 있다.

서왕모西王母　중국 신화에서 곤륜산崑崙山에 산다는 불사不死의 여왕. 전설에 따르면 표범 꼬리와 호랑이 이빨을 가진 산신령이 아름다운 여인으로 변한 것이라고 한다. 그녀의 정원에는 불로장생의 복숭아인 반도蟠桃 등이 있다고 한다.

서희徐熙　　942(태조 25)~998(목종 1). 고려 전기의 정치가. 본관은 이천利川, 자는 염윤廉允. 960년 과거에 급제하였고 태보를 거쳐, 내사령의 최고직에 이르렀다. 993년 거란의 장수 소손녕蕭遜寧과 담판하여 물리친 일로 유명하다. 시호는 장위章威.

설두거사雪竇居士　　중국 당말 송초의 고승. 속성은 이씨李氏, 속명은 중현重顯. 23세에 익주益州 보광원普光院에서 출가한 후, 운문종雲門宗의 3대조인 지문광조智門光祚 문하에서 수행하였다. 절강성浙江省 명주明州의 설두산雪竇山 자성사資聖寺에 머물며 제자들을 교화시켰다.

설총薛聰　　생몰년 미상. 신라의 학자. 아명은 총지聰智. 아버지는 원효元曉이고 어머니는 요석 공주瑤石公主라고 전한다. 강수強首·최치원崔致遠과 함께 신라의 3대 문장가로 꼽히며, 이두吏讀를 집대성한 것으로 알려져 있다. 작품으로 「화왕계」花王戒가 유명하다.

성석린成石璘　　1338(충숙왕 복위 7)~1423(세종 5). 여말 선초의 문신. 본관은 창녕昌寧, 자는 자수自修, 호는 독곡獨谷. 1357년 문과에 급제하였다. 조선 개국에 공을 세웠고, 영의정에 올랐다. 시문에 능하고 초서草書는 당대의 명필로 유명하였다. 시호는 문경文景.

성석연成石珚　　?~1414(태종 14). 여말 선초의 문신. 본관은 창녕, 자는 자유自由, 호는 상곡桑谷. 성석린成石璘의 동생. 1377년 문과에 급제하였고, 조선에 들어와 형조·호조·예조 등의 판서를 역임하였다. 예조 판서로서 조정의 일을 의논하던 중에 졸도하여 순직하였다. 뒤에 우찬성에 추증되었다. 시호는 정평靖平.

소식蘇軾　　중국 북송의 문인으로, 자는 자첨子瞻, 호는 동파東坡·동산거사東山居士. 당송팔대가唐宋八大家의 한 사람이며, 서화에도 능했다. 부친 소순蘇洵, 아우 소철蘇轍과 함께 삼소三蘇로 일컬어진다. 저서로 『소동파전집』이 있다.

손득지孫得之　　생몰년 미상. 고려 중기의 문신. 이규보의 시에 그의 이름이 자주 등장한다. 또 최자崔滋는 「속파한집서」續破閑集序에서 고려 시대 과거 급제자를 거론할 때 그의 이름을 언급하였다. 계양桂陽의 수령을 지냈던 것으로 보인다.

송우宋愚　　?~1422(세종 4). 여말 선초의 문신. 본관은 진천鎭川, 자는 여성汝省, 호는 송정松亭. 문과에 급제하여 1390년 지평을 거쳐 우헌납을 역임하였으며, 조선 개국 후 예조 참의 등을 지냈다.

수로왕首露王　　가락국駕洛國의 시조이자 김해 김씨의 시조. 『삼국유사』「가락국기」駕洛國記에 따르면, 금관가야金官伽倻의 추장들이 구지봉龜旨峯에 모였을 때 하늘에서 내려온 황금 상자 안에 황금알 여섯 개가 있었는데, 황금알이 모두 사람으로 변하였으며 수로도 그중의 한 사람이었다고 한다. 왕위에 오른 뒤 아유타국阿踰陀國의 공주 허황옥許黃玉을 왕비로 삼았다.

신농씨神農氏　　중국 전설상 제왕인 삼황三皇의 한 사람. 사람 몸뚱이에 소머리의 형상을 지녔으며, 성은 강姜이다. 염제炎帝라고도 부른다. 농기구를 만들어 농경사회의 기틀을 다졌으며, 약초의 효능을 알기 위해 풀을 맛보다가 단장초斷腸草를 먹고 죽었다고 한다.

신돈辛旽　　?~1371(공민왕 20). 고려 후기의 승려. 본관은 영산靈山, 승명은 편조遍照, 자는 요공耀空. 1364년 두타승頭陀僧이 되어 궁에 들어왔으며 공민왕과 함께 개혁 정치를 단행하다가 역모 죄로 몰려 처형당했다.

신수神秀　　중국 당나라 때의 선승禪僧. 속성은 이씨李氏. 출가한 뒤 50세에

제5조 홍인弘忍에게 사사하여 그의 상좌上座가 되었다. 그의 법계法系는 남방에 포교한 혜능계慧能系의 남종선南宗禪에 대비, 북종선北宗禪이라 일컬었다. 낙양의 천궁사天宮寺에서 입적한 뒤 대통 선사大通禪師로 칙시勅諡되었는데, 선사에게 내려진 최초의 시호였다.

안축安軸　1287(충렬왕 13)~1348(충목왕 4). 고려 말의 문신. 본관은 순흥順興, 자는 당지當之, 호는 근재謹齋. 문과에 급제한 뒤 여러 관직을 거쳐 정당문학에 올랐다. 『편년강목』編年綱目의 개찬에 참여하였고 저서로 『근재집』이 있다. 작품으로는 경기체가인 「관동별곡」關東別曲과 「죽계별곡」竹溪別曲이 유명하다. 시호는 문정文貞.

양중羊仲　중국 한나라 때의 은사. 구중과 함께 병칭되며 행실이 단정하고 청렴하기로 이름이 높았다. 한나라의 은자였던 장후는 자신의 집 앞에 세 갈래의 길을 내고 오직 구중과 양중 두 사람과만 교유했다고 알려져 있다.

염정수廉廷秀　?~1388(우왕 14). 고려 후기의 문신. 본관은 서원瑞原, 자는 민망民望, 호는 훤정萱庭. 곡성부원군曲城府院君 염제신廉悌臣의 아들이다. 1371년 문과에 급제하여 대제학에 이르렀으나, 최영崔瑩과 이성계에 의해 피살되었다. 저서에 『훤정집』이 있다.

염제신廉悌臣　1304(충렬왕 30)~1382(우왕 8). 고려 후기의 문신. 본관은 서원, 자는 개숙愷叔. 염정수廉廷秀의 부친이다. 어렸을 때 원나라에 가서 태정황제를 시종해 총애를 받았고, 귀국하여 여러 관직을 거쳐 1358년 문하시중에 이르렀다. 시호는 충경忠敬.

완부阮孚　중국 진晉나라 사람. 완함阮咸의 아들로 자는 요집遙集. 안동참군安東參軍을 역임하였다. 술을 아주 좋아하여 친구인 양만羊曼 등과 함께 예법을 지키지 않고 놀았다고 한다. 또한 나막신에 밀랍을 칠해서 신는 괴이한 버릇이 있었다는 이야기가 『세설신어』世說新語에 전한다.

왕발王勃　　중국 당나라 초기의 시인. 자는 자안子安, 강주絳州 용문龍門 사람. 9세 때에 안사고顔師古가 주를 단 『한서』漢書를 읽고 그 오류를 지적했다고 한다. 양형楊炯·노조린盧照隣·낙빈왕駱賓王과 함께 시문으로 명성을 떨쳐 '초당사걸' 初唐四傑로 일컬어졌다. 문집으로 『왕자안집』이 있으며 작품으로는 「등왕각서」滕王閣序가 유명하다.

왕안석王安石　　중국 송나라 때의 학자·정치가. 자는 개보介甫, 호는 반산半山. 신종 때 신법新法을 만들어 정치 개혁을 단행했다. 저서로 『임천집』臨川集, 『당백가시선』唐百家詩選 등이 있으며, 당송팔대가의 한 사람이다.

왕휘지王徽之　　중국 진晉나라 때의 서예가. 자는 자유子猷. 왕희지王羲之의 다섯째 아들. 세상의 잡다한 일에 관심이 없었고, 대나무를 차군此君으로 부르며 좋아하였던 것으로 유명하다. 작품으로는 「왕휘지애죽도」王徽之愛竹圖, 「신월첩」新月帖 등이 있다.

왕희지王羲之　　중국 진晉나라 때의 서예가로 서성書聖으로 일컬어진다. 자는 일소逸少. 우군장군右軍將軍을 지냈으므로 왕우군王右軍으로도 불린다. 오늘날 그의 진적眞跡은 전해지지 않으나 「난정서」蘭亭序, 「십칠첩」十七帖, 「집왕성교서」集王聖教序 등의 탁본이 전하며, 특히 「난정서」는 행서의 본보기가 되었다.

원천상元天常　　1376년(우왕 2)~1400년(정종 2). 고려 말의 문인. 본관은 원주原州, 호는 옹암甕巖. 원천석元天錫의 형으로 원주 치악산에 은거하였는데, 태종이 직접 와 만나려 하였으나 끝내 몸을 피하여 만나지 않았다고 한다.

원천석元天錫　　1330(충숙왕 17)~?. 고려 말의 은사. 본관은 원주, 자는 자정子正, 호는 운곡耘谷. 고려 말의 혼란을 개탄하고 치악산에서 은둔하였다. 태종이 즉위한 뒤 여러 차례 불렀으나 응하지 않았다. 저서로『운곡행록』耘谷行錄이 있으며, 만년에『야사』野史를 지었으나 국사와 저촉되는 점이 많아 후손들이 불살랐다고 한다.

원효元曉   617년(진평왕 39)~686년(신문왕 6). 신라의 고승. 속성은 설씨薛氏. 원효는 법명. 설총薛聰의 아버지이다. 당나라로 가는 유학길 중 어둠 속에서 마신 물이 해골에 괸 물이었음을 알고 대오했다는 일화가 유명하다. 평생 불교 사상의 융합과 실천에 힘썼다. 저서에『대승기신론소』大乘起信論疏 등이 있다.

월명사月明師   생몰년 미상. 신라의 승려. 능준 대사能俊大師의 문인으로, 화랑의 무리에 속했으며 미륵이 화랑으로 이 세상에 내려왔다는 미륵하생신앙을 믿었다. 향가체 작품인 「제망매가」祭亡妹歌와 「도솔가」兜率歌를 남겼다.

위계정魏繼廷   ?~1107(예종 2). 고려 중기의 문신. 문종 때 문과에 급제한 뒤 태자태부를 역임하였다. 예종에게 수차례 사직을 요청하였으나 받아들여지지 않았고 사후 예종의 묘정에 배향되었다. 「하천안절표」賀天安節表가『동문선』에 전한다. 시호는 충렬忠烈.

유비劉備   중국 삼국시대 촉한蜀漢의 창건자. 자는 현덕玄德, 시호는 소열제昭烈帝. 탁현涿縣 사람으로, 한나라 경제의 아들인 중산정왕의 후예라고 한다. 14세기 중국 역사소설『삼국지연의』三國志演義에서 주인공으로 등장하는데, 후덕함과 지혜로 군인과 사대부의 신망을 받는 인물로 묘사되어 있다.

유숙柳淑   1324(충숙왕 11)~1368(공민왕 17). 고려 후기의 문신. 본관은 서산瑞山, 자는 순부純夫, 호는 사암思庵. 공민왕을 시종해 원나라에 있다가 함께 귀국하여 예문관대제학에 올랐다. 신돈의 모함으로 고향 영광에 있다가 피살되었다. 시호는 문희文僖.

유승단兪升旦　　1168(의종 22)~1232(고종 19). 고려 후기의 문신. 본관은 인동仁同, 초명은 원순元淳. 명종 때 과거에 급제한 뒤 참지정사에 올랐다. 문장에 뛰어나 세상에서 '원순의 문장'이라고 일컬을 정도였으며, 경사經史와 불전佛典에도 조예가 깊었다. 시호는 문안文安.

유종원柳宗元　　중국 당나라 때의 문장가. 자는 자후子厚. 당송팔대가의 한 사람으로, 한유韓愈와 함께 고문운동古文運動을 제창하였다. 그의 산수유기山水遊記는 경물의 특징을 묘사하는 데 뛰어난 것으로 유명하다. 저서에 『유하동집』柳河東集이 있다.

육우陸羽　　중국 당나라 때 경릉竟陵 사람. 자는 홍점鴻漸, 호는 경릉자竟陵子, 아호는 상저옹桑苧翁·동강자東岡子·동원선생東園先生 등이다. 평소에 차를 좋아해 다신茶神으로 받들어졌다. 저서로 『다경』茶經, 『고저산기』顧渚山記, 『남북인물지』南北人物志 등이 있다.

육탐미陸探微　　중국 남북조 시대 송나라의 화가. 연속된 아름다운 선을 구사하여 그린 일필화一筆畵를 창시하였으며, 고개지·장승요張僧繇와 더불어 육조六朝 3대가의 한 사람으로 일컬어진다.

윤지표尹之彪　　생몰년 미상. 고려 후기의 문신. 본관은 해평海平. 1332년 충숙왕이 복위하여 충혜왕의 폐신嬖臣들을 처벌할 때 연루되어 유배되었다가 충목왕 즉위 후 서북면존무사로 나갔으며, 공민왕 때 지문하성사에 이르렀다. 시호는 충간忠簡.

이곡李穀　　1298(충렬왕 24)~1351(충정왕 3). 고려 말의 학자. 본관은 한산韓山, 자는 중부仲父, 호는 가정稼亭. 아들은 이색李穡이다. 1317년 과거에 급제하였고, 1332년 원나라 과거에도 참여해 수석을 차지하였다. 귀국한 뒤, 이제현李齊賢 등과 함께 『편년강목』編年綱目 증보에 참여하였다. 저서로 『가정집』이 있으며,

가전假傳인「죽부인전」竹夫人傳과 100여 편의 시가『동문선』에 전한다. 시호는 문효文孝.

이광보李光輔　?~1388(우왕 14). 고려 후기의 무신. 판군기감사, 순군만호부부만호巡軍萬戶府副萬戶 등을 역임하였다. 그러나 본래 시정의 무뢰인으로서, 우왕의 비위를 잘 맞춰 출세하였기 때문에 우왕이 이성계 일파에게 쫓겨나자 장사杖死되었다.

이규보李奎報　1168(의종 22)~1241(고종 28). 본관은 황려黃驪, 자는 춘경春卿, 호는 백운거사白雲居士. 최충헌崔忠獻 정권 당시 재능을 인정받아 국자좨주한림시강학사國子祭酒翰林侍講學士 등을 역임하였다. 당시 계관시인桂冠詩人과도 같은 존재로 문학적 영예와 관료로서의 명예를 함께 누렸다. 저서에『동국이상국집』東國李相國集,『백운소설』白雲小說 등이 있고, 작품으로는「동명왕편」東明王篇과「국선생전」麴先生傳 등이 유명하다.

이능화李能和　1869(고종 6)~1943. 역사·민속학자. 자는 자현子賢, 호는 간정간정·상현尙玄·무능거사無能居士. 1910년 국권 피탈 후에 조선사 편찬 및 민족 문화 각 분야에 뛰어난 연구 업적을 남겼다.『조선불교통사』朝鮮佛教通史,『조선무속고』朝鮮巫俗考,『조선해어화사』朝鮮解語花史등 많은 저서를 남겼다.

이백李白　중국 당나라 때의 시인. 자는 태백太白, 호는 청련거사青蓮居士. 두보와 함께 중국 최고의 시인으로 꼽히며, 시선詩仙으로 불린다. 저서에『이태백시집』이 있다.

이색李穡　1328(충숙왕 15)~1396(태조 5). 본관은 한산, 자는 영숙穎叔, 호는 목은牧隱. 아버지는 이곡李穀이다. 1353년 과거에 급제하였고, 이듬해 원나라 과거에서 1등으로 합격하였다. 귀국 후 공민왕의 개혁 정치를 도와 교육·과거제도 개혁의 중심인물로 활약하였다. 1388년 위화도 회군 이후 장단으로 유배되는 등

고초를 겪었다. 조선 건국 후, 고려 말에 반란을 획책했다는 죄로 서인庶人으로 강등되기도 하였다. 저서에 『목은고』가 있다. 시호는 문정文靖.

이수李需   생몰년 미상. 고려 중기의 문신. 이규보와 교유가 있었으며, 1241년 『동국이상국집』의 서문을 지었다. 벼슬은 상서예부시랑직보문각태자문학尙書禮部侍郞直寶文閣太子文學에 이르렀다.

이숭인李崇仁   1347(충목왕 3)~1392(태조 1). 고려 말의 학자. 자는 자안子安, 호는 도은陶隱. 공민왕 때 문과에 급제하였고, 원나라에 사신으로 다녀왔다. 고려 말 혼란한 정치 상황 속에서 유배와 삭직을 반복하며 순탄치 않은 삶을 살았으며, 조선 개국 후 정도전에 의해 장살杖殺당했다. 저서에 『도은집』이 있다.

이승휴李承休   1224(고종 11)~1300(충렬왕 26). 고려 중기의 문신. 자는 휴휴休休, 호는 동안거사動安居士. 가리 이씨加利李氏의 시조이다. 문과에 급제하였고 서장관으로 원나라에 다녀왔으며, 관직은 전중시사殿中侍史에 이르렀다. 저서에 『동안거사집』,『제왕운기』帝王韻紀,『내전록』內典錄 등이 있다. 『제왕운기』는 중국과 우리나라의 역사를 5언과 7언의 한시로 엮은 서사시로서 당시 신진 사류들의 역사 의식을 보여주는 귀중한 자료이다.

이연종李衍宗   생몰년 미상. 고려 중기의 문신. 이승휴李承休의 아들이다. 1321년 사헌규정으로 안축·최해崔瀣 등과 원나라 과거에 응시하였으며, 공민왕이 즉위한 뒤 밀직사겸감찰대부密直使兼監察大夫에 임명되었다.

이윤보李允甫   생몰년 미상. 고려 중기의 문신. 자세한 인적 사항은 알 수 없으나, 이규보·이인로李仁老 등과 동시대에 활동한 것으로 보인다. 작품으로는 게를 의인화한 「무장공자전」無腸公子傳이 있다. 문집은 전하지 않는다.

이인李韌   ?~1381(우왕 7). 고려 후기의 문신. 1362년에 전사관편수관으로서 글을 올려 시무 10조를 진술하였다. 1371년 신돈의 문객으로 있으면서 신돈의 역모 사실을 조정에 알려 처벌하게 하였다. 1381년 지문하부사상의로 죽었다. 시호는 익효翼孝.

이인로李仁老　1152(의종 6)~1220(고종 7). 고려 후기의 문신. 본관은 경원慶源, 자는 미수眉叟, 호는 쌍명재雙明齋. 1170년 정중부鄭仲夫가 무신 난을 일으키자 불문佛門에 귀의하였다가 나중에 환속하여 비서감우간의대부 등을 역임하였다. 임춘林椿·오세재吳世才 등과 세칭 '죽림고회'竹林高會를 이루어 활동하였다. 저술로는 『은대집』銀臺集, 『쌍명재집』, 『파한집』破閑集 등이 있다고 하나 현재 『파한집』만이 전한다.

이인임李仁任　?~1388(우왕 14). 고려 후기의 문신. 본관은 성주星州. 이조년李兆年의 손자. 공민왕 때 2차에 걸친 홍건적의 침입을 격퇴하여 일등 공신이 되었다. 공민왕이 암살된 후 우왕을 옹립하여 정권을 잡고 친원 정책親元政策을 쓰면서 독재를 하다가 최영·이성계 일파에게 처형당했다.

이자량李資諒　?~1123(인종 1). 고려 중기의 문신. 본관은 인주仁州. 이자겸李資謙의 아우이다. 1107년 윤관尹瓘의 여진 정벌에 공을 세웠고, 1116년 송나라에 사은사로 가서 시명詩名을 떨쳤다.

이자현李資玄　1061(문종 15)~1125(인종 3). 고려 중기의 학자. 본관은 인주, 자는 진정眞靖, 호는 식암息庵·청평거사淸平居士. 1089년 과거에 급제해 대악서승이 되었으나 춘천의 청평산 문수원文殊院에서 은거하였다. 시호는 진락眞樂.

이전李筌　중국 당나라 때의 은사. 농서隴西 사람으로 호는 달관자達觀子. 어려서부터 신선술을 좋아하여 숭산에 오랫동안 은거하였다. 현종 연간에는 어사중승御史中丞 등을 역임하였다. 저술로는 병법서인 『태백음경』太白陰經이 있다.

이정공李靖恭　　?~1099(숙종 4). 고려 중기의 문신. 본관은 수주樹州. 과거에 급제한 뒤 문하시중에 올랐다. 1097년 왕명을 받아 흥왕사興王寺의 비문을 지었다. 시호는 문충文忠.

이제현李齊賢　　1287(충렬왕 13)~1367(공민왕 16). 본관은 경주慶州, 자는 중사仲思, 호는 익재益齋·역옹櫟翁. 1301년 15세에 성균시에서 장원을 하고, 이어 대과에 합격했다. 원나라에서 충선왕을 보필하였고, 요수姚燧·조맹부趙孟頫 등과 교유하였다. 1357년 문하시중에 올랐으나 사직하고 학문과 저술에 몰두하였다. 저서로 『익재난고』益齋亂藁와 『역옹패설』櫟翁稗說 등이 있다. 작품으로는 고려가요를 칠언절구로 한역한 소악부小樂府가 유명하다. 시호는 문충文忠.

이종학李種學　　1361(공민왕 10)~1392(태조 1). 고려 말의 문신. 본관은 한산, 자는 중문仲文, 호는 인재麟齋. 이색李穡의 아들이다. 1376년 문과에 급제하였고, 밀직사지신사에 이르렀다. 조선 건국 후 정도전에 의해 피살되었다. 저서로 『인재유고』가 있다.

이주좌李周佐　　?~1040(정종 6). 고려 전기의 문신. 본관은 경주. 목종 때 과거에 급제하여 형부 상서에 이르렀고, 사공상서우복야에 추증되었다.

이집李集　　1327(충숙왕 14)~1387(우왕 13). 고려 후기의 학자. 본관은 광주廣州, 자는 호연浩然, 호는 둔촌遁村. 충목왕 때 과거에 급제하여 벼슬하다가 신돈의 미움을 받아 영천으로 도피하였다. 다시 판전교시사에 임명되었으나 사직하고 여주 천녕현에서 일생을 마쳤다. 저서에 『둔촌유고』가 있다.

이첨李詹　　1345(충목왕 1)~1405(태종 5). 여말 선초의 문신. 본관은 신평新平, 자는 중숙中叔, 호는 쌍매당雙梅堂. 이색의 문인이다. 1368년 문과에 급제하여 좌대언 등을 지냈고, 조선 건국 후 예문관대제학을 지냈다. 『삼국사략』三國史略을 찬수하였으며, 저서에 『쌍매당집』이 있다. 작품으로는 가전假傳인 「저생전」楮生傳

이 유명하다.

이행李行　1352(공민왕 1)~1432(세종 14). 여말 선초의 문신. 본관은 여주驪州, 자는 주도周道, 호는 기우자騎牛子. 1371년 과거에 급제 한 뒤 예문관대제학에 올랐고, 고려가 망하자 예천동禮泉洞에 은거하였다. 저서에『기우자집』이 있다. 시호는 문절文節.

임춘林椿　생몰년 미상. 고려 중기의 문인. 본관은 예천醴泉, 자는 기지耆之, 호는 서하西河. 고려 개국공신의 후손이었지만 1170년 무신의 난으로 7년여의 유랑 생활을 했다. 이후 과거에 연이어 낙방하여 방황하다가 요절했다. 저서에『서하집』이 있으며, 작품으로는 가전假傳 문학의 선구적 작품인「국순전」麴醇傳과「공방전」孔方傳이 유명하다.

장주莊周　중국 전국시대의 철학가. 장자莊子로 더 많이 알려져 있으며, 주周는 그의 이름이다. 유교의 인위적인 예교禮敎를 부정하고 자연으로 돌아가자는 자연 철학을 제창하였다. 저서에『장자』가 있다.

저부褚裒　중국 동진의 대신. 자는 계야季野. 그의 딸은 강제康帝의 황비가 되었다. 소년 시절부터 입으로는 선악을 말하지 않으면서 마음속으로는 정확하게 포폄褒貶을 가하였으므로 '피리양추'皮裏陽秋라는 평을 얻었다는 고사가 전한다.

정도전鄭道傳　1342년(충혜왕 복위 3)~1398년(태조 7). 여말 선초의 문신. 호는 삼봉三峯. 이색의 문인. 조선 개국 일등 공신. 성리학을 지도 이념으로 내세워 불교를 배척하였다. 전략·외교·법제·행정에 밝았으며, 시와 문장에도 뛰어났다.『고려사』를 개수하였고, 저서에『삼봉집』,『조선경국전』朝鮮徑國典,『경제육전』經濟六典 등이 있다.

정몽주鄭夢周　1337(충숙왕 복위 6)~1392(공양왕 4). 고려 후기의 문신·학자.

본관은 영일迎日. 자는 달가達可, 호는 포은圃隱. 1360년 문과에 장원으로 급제, 영원군永原君에 봉해졌다. 오부 학당과 향교를 세워 후진을 가르치고, 유학을 진흥하여 성리학의 기초를 닦았다. 친원親元 정책에 반대하고, 끝까지 고려를 받들었다. 문집에 『포은집』이 있다. 시호는 문충文忠.

정분鄭奮 ?~1251(고종 38). 고려 고종 때의 무신. 참지정사를 역임하였으며, 당시 집권자였던 최우崔瑀와는 처남 매제 간이었다.

정총鄭摠 1358(공민왕 7)~1397(태조 6). 여말 선초의 문신. 본관은 청주淸州, 자는 만석曼碩, 호는 복재復齋. 정추鄭樞의 아들. 1376년 문과에 장원으로 급제한 뒤 정당문학에 이르렀다. 조선 개국공신 1등에 서훈되었으며, 1394년 정도전과 같이 『고려사』를 편찬하였고 그 서문을 지었다. 저서에 『복재유고』가 있다. 시호는 문민文愍.

정추鄭樞 1333(충숙왕 복위 2)~1382(우왕 8). 고려 말의 문신. 본관은 청주, 자는 공권公權인데 뒷날 이름으로 사용하였다. 호는 원재圓齋. 1353년 문과에 급제하였고, 수성익조공신에 올랐다. 저서에 『원재집』이 있다. 시호는 문간文簡.

정포鄭誧 1309(충선왕 1)~1345(충목왕 1). 고려 후기의 문신. 본관은 청주, 자는 중부仲孚, 호는 설곡雪谷. 1326년 과거에 급제하였고, 좌사간대부를 역임하였다. 시정을 비판하는 상소를 올렸다가 울산으로 유배되었고, 해배 이후 원나라에 건너갔다가 그곳에서 죽었다. 저서에 『설곡선생집』이 있다.

정휘鄭暉 생몰년 미상. 고려 후기의 무신. 서북면병마사와 동지추밀원사 등을 역임하였다. 『목은집』에 그에 관한 시가 여러 편 실려 있는 것으로 보아, 이색과 가까운 사이였던 것으로 보인다.

조준趙浚 1346(충목왕 2)~1405(태종 5). 여말 선초의 문신. 본관은 평양平

壤. 자는 명중明仲, 호는 송당松堂. 1374년 문과에 급제하였다. 1392년 이성계를 추대하여 개국공신 1등, 1398년 제1차 왕자의 난 때 정종이 왕위에 오르는 것을 도와 정사공신定社功臣 1등에 책봉되었다. 또한 이방원을 왕으로 옹립하여 평양부원군平壤府院君에 봉해졌다. 하륜河崙 등과 『경제육전』經濟六典을 편찬하였으며, 저서에 『송당집』이 있다.

주열朱悅　?~1287(충렬왕 13). 고려 후기의 문신. 본관은 능성綾城, 자는 이화而和. 문과에 급제한 뒤 지도첨의부사로 치사하였다. 문장과 글씨에 능하였다. 시호는 문절文節.

지둔支遁　중국 진晋나라 선사禪師. 자는 도림道林. 일찍이 지형산支硎山에 들어가 수도하였고 뒤에 낙양의 동안사東安寺에 거주하여 당시의 명사들과 교유하면서 청담淸談을 잘하기로 이름이 높았다.

지엄智嚴　중국 당나라 때의 승려. 약관에 출가한 뒤, 화엄종華嚴宗의 제2대 고승으로 종남산終南山의 지상사至相寺에 머물렀다. 신라의 의상 대사義湘大師가 그의 밑에서 10년간 수학했던 것으로 유명하다.

진감 화상眞鑑和尙　774(혜공왕 10)~850(문성왕 12). 신라 후기의 고승. 속성은 최씨崔氏, 법명은 혜소慧昭, 자는 영을永乙, 자호는 무의자無衣者. 진감 국사로 더 많이 알려져 있다. 당나라에 가서 범패梵唄를 배우고 돌아와, 지리산에서 옥천사玉泉寺를 창건하고 수도하였다. 저서에 『어산구감』魚山九鑑이 있다. 최치원이 비명비명碑銘을 지었다.

최량崔亮　?~995(성종 14). 고려 전기의 문신. 본관은 경주慶州. 광종 때 과거에 급제한 뒤, 여러 벼슬을 거쳐 문하시랑을 역임하였다. 993년 거란의 1차 침입 때 하군사가 되어 서희와 함께 거란군을 물리쳤다. 삼중대광三重大匡에 추증되었으며, 시호는 광빈匡彬.

최사추崔思諏　　1034(덕종 3)~1115(예종 10). 고려 중기의 문신. 본관은 해주海州, 자는 가언嘉言. 문종 때 과거에 급제, 예종 때 수태사중서령으로 치사하였다. 이자겸이 그의 사위였는데, 이자겸의 딸이 예종의 비가 되어 태자를 낳자 추성봉국공신 대령군개국후推誠奉國功臣大寧郡開國侯에 봉해졌다. 시호는 충경忠景.

최성지崔誠之　　1265(원종 6)~1330(충숙왕 17). 고려 후기의 문신. 본관은 전주全州, 자는 순부純夫, 호는 송파松坡. 충렬왕 때 과거에 급제하였고, 첨의평리 등을 역임하였으며 광양군光陽君에 봉해졌다. 충선왕을 시종하여 원나라에 머물 때 수시력授時曆을 배웠는데, 이것이 고려의 학계에 큰 공헌을 하였다. 시호는 문간文簡.

최승로崔承老　　927(태조 10)~989(성종 8). 고려 전기의 문신. 신라 6두품 출신. 경주에서 태어나 경순왕이 고려에 투항할 때 부친을 따라 고려로 왔다. 성종의 명을 받고 올린 시무 28조는 고려 왕조의 기초를 다지는 데 도움을 주었다. 문하시랑평장사에 올랐고 청하후淸河侯에 봉해졌다.

최지몽崔知夢　　907(효공왕 11)~987(성종 6). 고려 전기의 문신. 초명은 총진聰進. 천문天文과 복서卜筮에 정통하여 이름이 높았다. 고려 태조가 그 명성을 듣고 자신의 꿈을 점치게 한 뒤, 지몽이라는 이름을 하사하고 측근에 두었다. 982년에 좌집정수내사령상주국左執政守內史令上柱國에 올랐다. 시호는 민휴敏休.

최치원崔致遠　　857(문성왕 19)~?. 신라 말의 문인. 본관은 경주, 자는 고운孤雲·해운海雲. 6두품 출신. 당나라에 유학하여 빈공과賓貢科에 급제하였다. 879년 황소黃巢의 난이 일어났을 때 고변의 종사관으로「토황소격문」討黃巢檄文을 지어 문명을 날렸다. 귀국한 뒤 진골 중심의 독점적 신분 체제에 절망하여 가야산 해인사에 들어가 머물렀다. 저술에『계원필경집』桂苑筆耕集, 『사산비명』四山碑銘 등이 전한다.

충담사忠談師　　생몰년 미상. 신라 경덕왕 때 승려.『삼국유사』의 기록에 의하면, 신라에서는 매년 3월 3일과 9월 9일에 차를 달여 미륵보살에게 올리는 예를 거행하였는데, 예를 마치고 돌아오는 길에 충담사가 왕명을 받고 향가인「안민가」安民歌를 지었다고 한다. 또 다른 향가 작품으로「찬기파랑가」讚耆婆郎歌가 전한다.

하륜河崙　　1347(충목왕 3)~1416(태종 16). 여말 선초의 문신. 본관은 진주晉州, 자는 대림大臨, 호는 호정浩亭. 이색의 문인. 1365년 문과에 급제하였다. 조선 개국 후 제1차 왕자의 난으로 정종이 즉위하자 정사공신 1등에 책봉되었고, 태종이 즉위한 뒤에는 좌명공신 1등에 책봉되었다. 영의정부사, 좌정승, 좌의정을 역임하고 1416년에 70세로 치사하였다. 저서에『호정집』이 있다. 시호는 문충文忠.

한수韓脩　　1333(충숙왕 복위 2)~1384(우왕 10). 고려 후기의 문신. 본관은 청주淸州, 자는 맹운孟雲, 호는 유항柳巷. 1347년 15세의 나이로 과거에 합격하였다. 청성군淸城君에 봉해졌고 판후덕부사에 이르렀다. 초서와 예서의 명필로 이름이 났다. 저서로는『유항집』이 있다. 시호는 문경文敬.

한언공韓彦恭　　940(태조 23)~1004(목종 7). 고려 전기의 문신. 본관은 단주湍州. 내사시랑평장사를 거쳐, 개국후감수국사開國侯監修國史에 올랐으며 사후 내사령에 추증되었다. 시호는 정신貞信.

한유韓愈　　중국 당나라 때의 문인. 창려昌黎 사람으로, 자는 퇴지退之. 당송팔대가의 한 사람이며 고문운동을 주도하였다. 벼슬은 이부 시랑吏部侍郞에 이르렀다. 저서로『창려선생집』이 있다.

한천韓蕆　　생몰년 미상. 여말 선초의 문신. 본관은 청주淸州. 판개성부사와 예문관대제학을 역임하였고, 조선 건국 후 개국원종공신開國原從功臣이 되었다. 1400년 판삼사사로 치사하였다.

허황옥許黃玉　　?~188. 금관가야 시조 수로왕의 비. 허 황후許皇后라고도 하며, 김해 김씨金海金氏·김해 허씨金海許氏의 시조모始祖母이다.『삼국유사』「가락국기」에 따르면 본래 인도 아유타국阿踰陀國의 공주인데, 부왕父王이 꿈에서 상제의 명을 받고 수로왕의 배필이 되게 하였다고 한다. 시호는 보주태후普州太后.

혜능慧能　　중국 당나라의 승려. 선종禪宗 6대 조사祖師. 남종선을 창시했다. 선종의 제5대 조사인 홍인弘忍의 문하에서 법맥을 이어받았다. 돈오頓悟를 주장하며 전통적인 불교 개념·경전·수행법 등을 배척하였다. 저서에『육조단경』六祖壇經이 있다.

혜원慧遠　　중국 동진의 승려. 속성은 가씨賈氏. 여산廬山 동림사東林寺에 머물렀다. 영혼불멸설을 독실하게 믿고 염불삼매念佛三昧를 제창했다. 동림사에서 백련사白蓮社라는 결사를 만들었으며, 정토종淨土宗의 초조初祖로 존중된다.

호종단胡宗旦　　생몰년 미상. 중국 송나라 복주인福州人으로 상선商船을 타고 고려에 들어와 귀화하였다. 예종의 후대를 받아 보문각대제를 역임하였다.

홍간洪侃　　?~1304(충렬왕 30). 고려 후기의 문신. 본관은 풍산豊山, 자는 자운子雲, 호는 홍애洪崖. 1266년에 과거에 급제하여 도첨의사인지제고都僉議舍人知製誥에 이르렀다. 시문에 뛰어났고 저서에『홍애집』이 있다.

홍규洪奎　　?~1316(충숙왕 3). 고려 후기의 문신. 본관은 남양南陽. 충렬왕을 호종해 원나라에 가서 좌부승선의 직을 받았다. 귀국한 뒤 추밀원부사를 거쳐 판전리사사로 치사하였다. 시호는 광정匡定.

홍수겸洪守謙　　생몰년 미상. 고려 후기의 문신. 행적이 알려져 있지 않지만 이곡·이색 등이 그에게 준 시가 있으며, 상서 벼슬을 지냈던 것으로 보인다.

홍약洪瀹   생몰년 미상. 『고려사』 등의 기록에 의하면 충선왕을 배종하여 원나라에 있었으며, 서적 구입을 위해 원나라로 가다가 풍랑을 만난 고려 사신단 일행을 도와주었던 일도 있었다. 『동문선』에 그의 시가 수록되어 있다.

화교和嶠   중국 진晉나라 때 사람. 지극히 인색하였으므로, 두예杜預는 그를 전벽錢癖이라고 평하기도 하였다. 그의 집 정원에 맛 좋은 자두나무가 있었는데, 그가 없는 틈을 타서 여러 아우들이 몰려와 자두를 따 먹자 나중에 먹고 남은 씨를 계산해서 돈을 받아냈다는 '계핵책전'計核責錢의 고사가 전한다.

효명 태자孝明太子   생몰년 미상. 신라 정신대왕의 아들. 형 보천寶川과 함께 오대산에 들어가 북대北臺의 남쪽 기슭에 머물러 수행하였고, 5만 진신五萬眞身을 친견하였다. 705년 수행하던 곳에 진여원眞如院을 개창하고 문수보살을 봉안하였다.

서명 사전

가락국기駕洛國記　가야伽倻에 대한 역사서로 고려 문종 때 편찬되었다. 완전한 내용은 전하지 않으며, 『삼국유사』三國遺事 「기이편」紀異篇에 간략한 초록과 함께 금관주지사金官州知事의 문인이 지은 것으로 기록되어 있다. 가야사 연구의 중요한 자료로서 학술적 가치가 높다.

가정집稼亭集　고려 말의 학자인 이곡李穀의 시문집. 20권 4책. 아들 이색李穡이 편집하고 사위 박상충朴尙衷이 1364년 처음 간행하였으며, 이후 3차례 더 간행되었다. 수록된 작품 중 「죽부인전」竹夫人傳은 우리나라 소설의 형성과 발달 과정을 살피는 데 중요한 작품이다.

계원필경집桂苑筆耕集　신라 말의 문인인 최치원崔致遠의 시문집. 총 20권. 최치원이 당나라에서 지은 작품을 간추려 886년 정강왕에게 바친 것으로, 현존하는 우리나라 최고最古의 개인 문집이다.

고려도경高麗圖經　중국 송나라 서긍徐兢이 지은 책. 총 40권. 정식 명칭은 『선화봉사고려도경』宣和奉使高麗圖經. 1123년 송나라 사신의 일원으로 고려를 방문했던 서긍이 이때의 견문을 그림과 글로 설명한 것으로, 300여 항목이 28개 문門으로 분류되어 있다.

고려사高麗史　1449년 세종의 명으로 편찬하기 시작하여 1451년 문종 1년에 완성된 고려시대 역사서. 총 139권. 고려의 정치·경제·사회·문화·인물 등의 내용을 기전체紀傳體로 정리한 고려시대 역사 연구의 기본 자료이다.

고려사절요高麗史節要　　고려시대의 역사를 편년체로 정리한 사서. 총 35권. 1452년 문종의 명에 의해 김종서金宗瑞 등이 편찬하였으며, 『고려사』와 더불어 고려시대 연구의 기본 사서이다. 단순히 『고려사』를 줄인 책이 아니라 서로 보완 관계에 있다.

고운선생문집孤雲先生文集　　신라 말의 문인인 최치원의 시문집. 3권 2책. 최치원이 당나라에서 지은 시문은 『계원필경집』으로 정리되었고, 『고운선생문집』 에는 신라 귀국 이후의 작품이 정리되어 있다. 후손 최국술崔國述·최면식崔勉植 등이 산재한 시문과 관련 기록을 모아 1926년에 간행하였다.

근재집謹齋集　　고려 말의 문인인 안축安軸의 시문집. 4권 2책. 안축은 강원 도존무사 시절 『관동와주』關東瓦注라는 시문집을 남겼는데, 후손 안경운安慶運 과 안필선安弼善이 시문을 보충하고 부록을 더하여 『근재선생집』謹齋先生集으로 편집하고 1740년 간행하였다.

급암선생시집汲庵先生詩集　　고려 후기의 문신인 민사평閔思平의 시집. 5권 1책. 외손인 김구용金九容이 편집하고, 문인門人 이이李頤가 이색의 발문을 받아 1370년에 간행하였다. 현존하는 『급암선생시집』은 유일본으로 서지학 연구에 귀중한 자료이며, 보물 제708호로 지정되어 있다.

기우선생문집騎牛先生文集　　고려 말의 학자 이행李行의 시문집. 3권 1책. 11세손인 이지운李之運이 산일된 저자의 시문을 모아 편집한 것을, 후손 이동우 李東佑가 허전許傳의 서문과 강난형姜蘭馨의 발문을 받아 1872년 간행하였다.

남양선생시집南陽先生詩集　　고려 후기의 문신 백비화白賁華의 시집. 2권 1 책. 결판으로 인한 낙장이 많고 남아 있는 판도 글자가 마멸되어 거의 판독할 수 없는 것들이 대부분이다. 1980년 성균관대학교 대동문화연구원에서 『고려명현 집』高麗名賢集에 수록하여 간행하였다.

다경茶經 중국 당나라 육우陸羽가 지은 다서. 총 3권. 760년경에 간행되었다. 상권에는 차의 기원, 차를 만드는 법과 도구에 대한 내용이, 중권에는 다기茶器, 하권에는 차를 끓이는 법과 마시는 법, 생산지와 문헌 등에 관한 내용이 기록되어 있다.

다보茶譜 중국 당나라의 모문석毛文錫이 지은 다서. 차나무의 식물적 형태와 특징, 차의 명칭, 채다採茶·제다製茶·자다煮茶 방법 등이 소개되어 있다. 육우의 『다경』과 함께 다도茶道의 종합서로 불린다.

도은선생시집陶隱先生詩集 고려 말의 문신인 이숭인李崇仁의 시문집. 5권 2책. 조선 태종으로부터 문집 간행의 명을 받은 변계량卞季良이 저자의 자편고自編稿를 바탕으로 편차하고 권근權近의 서문을 받아 1406년 간행하였다.

독곡선생집獨谷先生集 여말 선초의 문신 성석린成石璘의 문집. 2권 2책. 저자의 시문은 1442년 세종의 명으로 경연에서 정리·편집하였고, 14년 뒤인 1456년에 손서孫婿인 평안감사 김연지金連枝가 서거정徐居正의 서문을 받아 간행하였다.

동국여지승람東國輿地勝覽 조선 성종의 명에 의해 노사신盧思愼 등이 편찬한 지리서. 총 55권. 『대명일통지』大明一統志를 참고하여 팔도의 지리와 풍속 등을 기록하였다. 1530년에 증보하여 『신증동국여지승람』新增東國輿地勝覽으로 간행되었다.

동국이상국집東國李相國集 고려 중기의 문신인 이규보李奎報의 시문집. 53권 13책으로 전집 41권 후집 12권. 전집은 저자가 손수 편차를 정하였다. 후집은 아들 이함李涵이 전집에서 빠진 유작들을 수집하여 만든 것으로, 뒤에 전집과 합하여 간행되었다. 작품으로는 고구려 동명왕의 영웅적 일대기를 노래한 「동명왕편」東明王篇과 가전假傳인 「국선생전」麴先生傳, 「청강사자현부전」淸江使者玄夫傳 등이 유명하다.

동문선東文選   1478년 성종의 명으로 서거정 등이 편찬한 우리나라 역대의 시문 선집. 총 133권 45책. 신라의 최치원과 설총薛聰을 비롯하여 편찬 당시의 인물까지 약 500인에 달하는 작가의 작품 4,300여 편이 수록되어 있다. 서거정이 지은 서문에는 우리나라의 문학 작품에 대한 자부심과 함께 문화유산을 보존하고 계승하려는 의식이 드러나 있다.

동안거사행록動安居士行錄   고려 중기의 문인 이승휴李承休의 시집. 그의 문집인 『동안거사집』動安居士集은 사륙문四六文을 모은 「잡저」雜著 1부와 시집인 「행록」行錄 4권으로 구성되어 있다. 아들 이연종李衍宗이 저자가 생전에 남긴 시집 「빈왕록」賓王錄을 바탕으로 유문을 수집하고 이색의 서문을 받아 간행하였다.

둔촌잡영遁村雜詠   고려 말의 문신 이집李集의 시집. 아들 이지직李之直이 1410년 공주公州에서 처음으로 간행하였다. 서문은 하륜河崙이 지었다.

목은선생시고牧隱先生詩藁   고려 말의 문신 이색李穡의 시집. 저자의 문집 『목은집』牧隱集은 목록 3권, 시고詩藁 35권, 문고文藁 20권 총 58권 25책으로 구성되어 있다. 1404년 아들 이종선李種善에 의하여 처음으로 간행되었고, 서문은 권근과 이첨李詹이 지었다.

보한집保閑集   고려 고종 때의 문신 최자崔滋가 편집한 시화집詩話集. 3권 1책. 책명은 이인로李仁老의 『파한집』破閑集을 보완해서 만들었다는 의미를 담고 있으며, '속파한집'으로 불리기도 하였다. 1254년경 처음 간행한 것으로 추정되며, 조선 효종 때의 각본刻本이 남아 있다. 1911년 조선고서간행회에서 출간하였다.

복재선생집服齋先生集   여말 선초의 문인인 정총鄭摠의 시문집. 2권 2책. 저자의 아들인 정효충鄭孝忠이 유문을 수습하여 편집하였고, 1446년 양양에서 처음 간행되었다. 초간본은 현재 간송미술관에 소장되어 있다.

삼국사기三國史記　　고려의 김부식金富軾 등이 인종의 명을 받아 1145년에 편찬한 기전체紀傳體 역사서. 총 50권으로 본기本紀 28권, 연표 3권, 지志 9권, 열전 10권으로 구성되어 있다. 삼국과 통일신라의 역사를 연구하는 데 가장 기본적인 사료로 이용될 뿐 아니라, 고려 중기의 역사 의식과 문화 수준을 가늠할 수 있는 중요한 자료이다.

삼국유사三國遺事　　고려 충렬왕 때의 승려 일연一然이 삼국의 유사遺事를 모아 지은 역사서. 5권 2책. 저작 과정과 시기는 분명하지 않으나 일연의 나이 70세인 1276년 이후에 지은 것으로 추정된다. '유사'라는 명칭은 『삼국사기』에서 빠뜨린 것을 보완한다는 의미이다. 『삼국사기』가 합리적이고 공식적인 입장을 취한 정사正史인 반면, 『삼국유사』는 초월적이고 종교적인 입장을 견지한 야사野史이다.

서하집西河集　　고려 중기 문인인 임춘林椿의 시문집. 6권 2책. 이인로가 저자의 시문을 모아 편찬해 두었는데, 1222년 최우崔瑀가 명을 내려 간행하게 하였다. 수록된 작품 중 가전假傳인 「국순전」麴醇傳과 「공방전」孔方傳이 유명하다.

설곡선생집雪谷先生集　　고려 후기의 문인인 정포鄭誧의 시문집. 2권 1책. 아들 정추鄭樞가 모아 1361년경 편집하여 이제현李齊賢과 이색의 서문을 받았고, 1376년 안동대도호부사인 이방한李邦翰에게 부탁하여 간행하였다.

송당유고松堂遺稿　　여말 선초의 문인인 조준趙浚의 시문집. 4권 2책. 아들 조대림趙大臨이 유고를 수집하고 1406년 권근에게 서문을 받았으나 간행하지는 못했던 것으로 보인다. 그 후 9대손 조성趙䃏이 가장 유고家藏遺稿를 바탕으로 1669년에 간행하였다.

수경水經　　당나라 때 장우신張又新이 편찬한 다서茶書. 원래 서명은 『수경』이었지만, 『수경주』水經注와의 혼돈을 피하기 위하여 『전다수기』煎茶水記로 바꾸었다. 자신이 직접 체험한 찻물의 등급을 논하였으나, 그 내용은 구양수歐陽脩로부터 비판을 받았다.

쌍매당선생협장문집雙梅堂先生篋藏文集　　여말 선초의 문인인 이첨李詹의 시문집. 연보·목록, 권1~2, 권22~25의 영본零本 3책이 전한다. 아들 이소축李小畜에 의하여 편찬되었고, 태조~세종 연간에 간행된 것으로 추정된다.

아오키 마사루 전집青木正兒全集　　근대 일본의 저명한 1세대 중문학자인 아오키 마사루青木正兒(1887~1964)의 논저와 유고를 모은 책. 전체 10권으로 도쿄東京의 순주샤春秋社에서 간행하였다.

야은선생언행습유冶隱先生言行拾遺　　여말 선초의 학자인 길재吉再의 시문집. 3권 1책. 1573년 간행되었던 「야은선생행록」冶隱先生行錄을 1615년에 중간하면서 붙인 서명이다. 여러 임금의 사제문賜祭文과 저자를 배향한 금오서원金烏書院의 창건에 관한 글 등이 수록되어 있으며, 장현광張顯光이 발문을 썼다.

운곡행록雲谷行錄　　여말 선초의 학자인 원천석元天錫의 시문집. 5권 3책. 저자의 시문은 시사時事에 대한 비판적 내용 때문에 간행되지 못하다가, 1858년 16대손 원은元檃이 가장家藏된 유문을 편차하여 간행하였다.

원재선생문고圓齋先生文稿　　고려 말의 문인인 정추鄭樞의 문집. 3권 1책. 아들 정탁鄭擢이 유문을 수집·정리하여 1418년 영월에서 간행하였다. 서문은 권근과 하륜이 썼다.

유항선생시집柳巷先生詩集　　고려 말의 문인인 한수韓脩의 문집. 불분권 1책. 아들 한상질韓尙質이 유문을 수집하여 편차를 정하고 권근에게 비점批點을 받았으며, 저자의 제자인 성석용成石瑢 등이 1400년 금산에서 간행하였다.

익재집益齋集　　고려 후기의 문인 이제현李齊賢의 시문집. 10권 3책. 저자 생전에 아들 이창로李彰路가 정리하여 편차를 정하고 이색의 서문을 받아 1363년 처음 간행했다. 조선 말에 이르기까지 계속 중간되었다. 작품 중 고려가요를 칠언절구의 한시로 한역漢譯한「소악부」小樂府는 문학사적으로 중요한 자료이다.

인재유고麟齋遺稿   고려 말의 문인인 이종학李種學의 문집. 불분권 1책. 저자가 고려에 대한 의리를 지키다 죽었기 때문에 유고가 정리되지 못한 채 가장되어 오다가, 1650년 10대손인 이태연李泰淵이 간행하였다.

조선불교통사朝鮮佛敎通史   한말의 학자 이능화李能和가 편찬한 한국 불교사. 3편 2책. 활자본. 순한문본. 1918년 신문관新文館에서 간행했다. 고구려 소수림왕 때 순도順道의 입국으로부터 시작하여 1917년까지의 한국 불교의 시대별 역사가 정리되어 있으며, 불교사 연구와 관련 분야에 큰 영향을 끼쳤다.

척약재선생학음집惕若齋先生學吟集   고려 말의 문인인 김구용金九容의 문집. 2권 2책. 아들 김명리金明理가 편차하여 1400년 간행하였다. 현재 상주尙州 조성목趙誠穆 씨 소장본이 전하는데 보물 제1004호로 지정되어 있다. 하륜과 정도전鄭道傳이 서문을 썼다.

통도사사리가사사적약록通度寺舍利袈裟事蹟略錄   양산 통도사에 관한 여러 사적들을 망라해 놓은 책. 통도사에 소장된 불사리 및 가사袈裟의 유래, 창건자 자장 율사慈藏律師의 행적, 통도사 중수기重修記 등 여러 내용들이 수록되어 있다. 정확한 편찬 시기는 알 수 없으나, 1705년 이후로 추정된다.

포은선생문집圃隱先生文集   고려 말의 문신인 정몽주鄭夢周의 문집. 본집과 연보, 고이攷異, 부록을 합하여 총 3권 4책. 원래 저자의 아들 정종성鄭宗誠이 수집·편차하여 1439년 간행하였다. 1584년 교서관校書館에서 주자鑄字로 간행한 것을 비롯하여 여러 차례 중간重刊되었다.

호암전집湖岩全集　　호암 문일평文一平의 사론史論과 사화史話를 3권으로 엮은 책. 1939년 조광사朝光社에서 간행했다. 주로 1920~30년대 「중외일보」中外日報와 「조선일보」朝鮮日報에 발표된 논설, 사론, 사화 등이 수록되어 있다. 문일평은 뛰어난 역사적 안목뿐만 아니라, 간결한 문체와 이해하기 쉬운 용어의 사용으로 대중들에게 민족 문화를 이해시키고 민족정신을 고취하는 데 기여하였다.

홍애선생유고洪崖先生遺稿　　고려 중기의 문신인 홍간洪侃의 문집. 불분권 1책. 저자의 10세손인 홍방洪霶이 『동문선』, 『대동시림』大東詩林, 『청구풍아』靑丘風雅 등에 흩어져 전하던 시문을 모으고 직접 발문을 써서 1629년 간행하였다.

찾아보기

ㄱ

가야사伽倻寺 360
『가정집』稼亭集 169, 172, 174, 176, 178, 219
가지사迦智寺 222
갈홍葛洪 60
감람차橄欖茶 326
감로甘露 110
감로사甘露寺 202, 225
감불사感佛寺 139, 140
감수甘需 38, 39
감하후監河侯 69
강평장姜平章 251
개천사開天寺 215, 227
갱세급간賡世級干 27
건계建溪 78
견혼䴏昏 120
겸공謙公→겸겸 스님
겸겸 스님 62~64
경가耿賈 43
경공耿恭 43
경덕왕景德王 28, 29, 31
경병耿秉 43
경산徑山→대혜종고大慧宗杲
경엄耿弇 43
경원심耿元審 43
경호鏡湖 60
계융契融 스님 304, 305
고개지顧愷之 245
『고려도경』高麗圖經 369, 395, 396, 398
『고려사』高麗史 369, 375, 384, 385, 390, 391
　~394
『고려사절요』高麗史節要 369, 394
고륙顧陸 245
고변高騈 41, 47

고저古樗 222
고저顧渚 153
고저산顧渚山 62, 154
고조高祖 313
공민왕恭愍王 178, 191, 251, 257, 325
공왕空王 102
공융孔融 168
공자孔子 80, 168, 173, 334, 354, 368
공주의 결혼 의식 391, 393
『공총자』孔叢子 168
곽외郭隗 38, 39
관음천觀音泉 248
광평 시중廣平侍中 245, 247, 249
굉굉 스님 268, 269
구루산岣嶁山 60
구양수歐陽脩 154, 359, 433
구인재求仁齋 370
구중裘仲 193
구품사九品寺 129
굴원屈原 139
권근權近 295, 310, 323, 324
권사복權思復 367
권흥權興 354, 355
귀곡각운龜谷覺雲 246
귀법사歸法寺 10, 383
귀옹龜翁 246
규 선사珪禪師 111, 116, 122
귤화차橘花茶 21
금산사金山寺 59, 301
금화오잔金花烏盞 397
「기국부」杞菊賦 154
기우자騎牛子→이행李行
길재吉再 334, 335
김광수金光秀 251
김구용金九容 180, 182, 297~300

찾아보기　　433

김극기金克己 53~56
김대렴金大廉 23
김부철金富轍 370
김서金偦 357
김수자金守雌 370
김양金陽 33
김연金緣 365, 368
김원충金元冲 378
김자수金子粹 339
김지대金之岱 356
김철金轍 122
김첨金瞻 339
김훤金晅 153, 154
꿈속에서 나비 되기 294

ㄴ

나옹 화상懶翁和尙 233, 269
나잔자懶殘子 232, 233, 240~243, 324
난고蘭膏 325
남은南誾 314
납차臘茶 397
내소사來蘇寺 145, 146
노동盧仝 69, 70, 161, 168, 169, 172, 192,
　　204, 235, 240, 315, 330, 351, 352, 358
노아차露芽茶 198, 199, 325, 326
노자老子 103
『노자』老子 69, 281
노중련魯仲連 203
『논어』論語 80, 212, 334
뇌원차腦原茶 378, 384~387, 390

ㄷ

「다가」茶歌 70, 192, 315, 330, 352
『다경』茶經 80, 89, 121, 152, 161, 201
다구茶具 397
다보茶譜 121, 153, 154, 188, 326
다소촌茶所村 51

다신茶神→육우陸羽
다원茶園 154
다원茶院 383, 384
다인茶因 52, 211
다전茶田 52
다정茶亭 383, 384
다조茶俎 397
다촌茶村 51, 52
다헌茶軒 268, 270, 276
단구丹丘 선생 187
단암丹嵓 298
달가達可→정몽주鄭夢周
달천達川 332, 333
담 선사曇禪師 215, 257
대규戴逵 152
「대모완부」玳瑁椀賦 37
대차大茶 385, 387, 390
대혜종고大慧宗杲 292
대흥륜사大興輪寺 33, 34
덕연원德淵院 95, 96
도간陶侃 107
도경道境 271, 279~281
도공陶公→도간陶侃
도대 선사都大禪師 260
도림道林→지둔支遁
도생道生 90
「도솔가」兜率歌 31, 32
도연명陶淵明→도잠陶潛
도잠陶潛 54, 65, 93, 203, 248, 266, 289
동가東嘉→이광보李光輔
동곡東谷 309, 310
동산거사東山居士→소식蘇軾
동상東床 127
동암東菴→이진李瑱
동을산冬乙山 51, 52
동파東坡→소식蘇軾
두보杜甫 106, 168, 204
둔촌鈍村→김훤金晅
둔촌遁村→이집李集

등암사燈巖寺 223, 225
「등왕각서」滕王閣序 66, 67
떡차 22

ㅁ

마하가섭摩訶迦葉 210
만세당萬歲堂 277, 279
만항萬恒 159
망우초忘憂草 46
매림梅林 46
맹간孟簡 161, 192, 330
맹광孟光 206
맹상군孟嘗君 157
맹자孟子 368
『맹자』孟子 334
몽산蒙山 62, 100, 120
몽산차蒙山茶 62
몽정차蒙頂茶 100, 143
묘련사妙蓮寺 163, 164, 265, 297
『무경』武經 196
무문無聞 → 총 선사聰禪師
무열 장로無說長老 216, 239
무주암無住菴 269
묵사墨寺 328
문 장로文長老 110, 111
문성대왕文聖大王 33
문원文園 78, 84
문일평文一平 52, 302, 303
민개閔開 339
민사평閔思平 165, 246

ㅂ

박경인朴景仁 388
박금천薄金川 56
박면朴免 294, 295
박소양朴少陽 183~185
박원경朴元鏡 258

박전지朴全之 366
박충좌朴忠佐 350, 353
반니潘尼 37
방 거사龐居士 → 방온龐蘊
방덕공龐德公 91
방연보房衍寶 126, 128
방온龐蘊 63, 64
배도裵度 159, 250
백련사白蓮社 260, 261, 289
백문절白文節 347, 349
백비화白賁華 147, 150
백산차白山茶 21
백양伯陽 → 노자老子
백운거사白雲居士 → 이규보李奎報
백화보白和父 167, 169
번지樊遲 80
변계량卞季良 354, 355
변산邊山 145
변소邊韶 81
보광사普光寺 103, 104
보문사普門寺 361~364
보수寶樹 149
보제사普濟寺 80, 232, 233, 241
보질도寶叱徒 30
봉병차鳳餠茶 358
봉서사鳳棲寺 149, 150
봉정수鳳井水 350
부목 화상夫目和尙 223
부처 35, 53, 63, 71, 97, 102, 103, 139, 202, 210, 217, 246, 248, 283, 292, 293, 361~363
부형傅亨 189
비색소구翡色小甌 397
빙정氷亭 아우 282

ㅅ

『사기』史記 313
사령운謝靈運 86, 248

사마상여司馬相如 78, 84
사전차社前茶 160
사포성인蛇包聖人 145
삼매三昧 79
삼봉三峯→정도전鄭道傳
삼소三蘇 193
삼장순암 법사三藏順奄法師 163
삼타수三陀水 332, 333
삼화령三花嶺 29
상원사上院寺 269
상현尙玄→이능화李能和
생공生公→도생道生
서긍徐兢 395, 396
서룡사瑞龍寺 239
서희徐熙 387
석가釋迦→부처
석가모니釋迦牟尼→부처
석연釋䫨 120
석조石竈 177
석지조石池竈 163
선규善規 375
선덕여왕善德女王 23
선랑仙郞 55, 157, 174
선주 총법사善住聰法師 165, 246
설당雪堂 160, 161
설두거사雪竇居士 63, 64
설총薛聰 24, 25
섭백경聶伯敬 187
성석린成石璘 304~309
성석연成石珚 332, 333
성주사聖住寺 33, 34
성현成俔 333
세헌각간世獻角干 30
소래사蘇來寺 145
소순蘇洵 193
소식蘇軾 59, 61, 77, 154, 161, 193, 221, 237, 329, 363
소철蘇轍 193
속명사續命寺 147, 148

손득지孫得之 122, 125
손한장孫翰長 123, 125
송광사松廣寺 209, 211, 223
송광 화상松廣和尙 159, 161, 162, 329, 350
송당松堂→조준趙浚
송우宋愚 283
『수경』水經 153, 154
수로왕首露王 21
수마睡魔 315
수선사修禪社 209
수성사壽聖寺 291
술랑선인述郞仙人 55
습득拾得 298
승가굴僧伽窟 380, 381
『시경』詩經 207
신농씨神農氏 120, 234
신돈辛旽 390
신수神秀 260, 261
신효사神孝寺 328, 331, 384
실주주사實周主事 325
『심요』心要 388
쌍계사雙谿寺 23, 36

ㅇ

아차芽茶 297
아오키 마사루靑木正兒 22
아황娥皇 67
악양루岳陽樓 65
안축安軸 55, 155~157
안화사安和寺 131, 132, 327, 338, 362
암두岩通→박면朴免
앵무배鸚鵡杯 38
양 각교梁閣校 80, 83
「양산조」梁山操 44
양선차陽羨茶 358
「양양가」襄陽歌 38
양중羊仲 193
양촌陽村→권근權近

양호 陽虎 354
양홍 梁鴻 206
어은 漁隱→변계량 卞季良
엄광 대선사 嚴光大禪師 297
엄광사 嚴光寺 297
여영 女英 67
여태허 如太虛 323, 324
연곡사 燕谷寺 239
연등회 燃燈會 392, 393
연무설 演無說 187
연화사 蓮花寺 260
연화원 蓮花院 59, 61, 336
열자 列子 90, 91
염정수 廉廷秀 319
염제신 廉悌臣 251
영가현각 永嘉玄覺 248
영공 聆公 75, 76
영공 英公 222
영남사 嶺南寺 350, 351, 353
영대사 靈臺寺 223
영령 스님 317
오수 鰲叟 92
오주경 吳柱卿 122
옥룡사 玉龍寺 239
옥천 玉川 선생→노동 盧仝
완부 阮孚 137, 138, 167
완첨 阮瞻 90
왕도 王導 127
왕륜사 王輪寺 71, 73, 384
왕몽 王濛 63
왕발 王勃 66, 67
왕숭 王崇 122
왕융 王戎 90
왕의 王儀 104
왕현책 王玄策 99
왕휘지 王徽之 54, 152
왕희지 王羲之 59, 61, 86, 127, 209, 358
요원 了元 59, 61
요혜 了惠 69, 70, 103, 169, 172, 204, 227,
230, 235, 242, 315, 352
용단차 龍丹茶 325, 326
용단차 龍團茶 358
용봉차 龍鳳茶 351, 353, 365, 368, 379, 381,
384, 389, 397
용수산 龍岫山 232
용장사 龍藏寺 53, 54
용천수 龍泉水 350
용혈 龍穴 53
용혈 龍穴 스님 357
우계 愚溪→유종원 柳宗元
우덕린 禹德麟 167, 169
우중수 牛重水 332, 333
우통수 于洞水 30
운룡 雲龍 160, 161
운봉 雲峯 113, 116, 120, 122
운봉차 雲峯茶 123, 125
운암사 雲嚴寺 254
운암 존자 雲巖尊者 254
울금주 鬱金酒 149
원결 元結 196
원공 遠公→혜원 慧遠
원량 元亮→도잠 陶潛
원립 元立 274, 275
원서곡 元西谷 272, 273
원옥차 圓玉茶 149
원자현 元子賢 274, 275
원재 圓齋→정추 鄭樞
원적암 圓寂菴(원적사 圓寂寺) 276
원천상 元天常 273
원천석 元天錫 266, 268~270, 272~274,
276, 277, 279~285
원천우 元天祐 282
원효 元曉 145
원효방 元曉房 145, 146
월명사 月明師 31, 32
월토 月兎 160, 161
위계정 魏繼廷 389
위흔 魏昕→김양 金陽

유가사 瑜伽寺 356
유공초 兪公楚 46
유마힐 維摩詰 217
유비 劉備 38
유 사군 劉使君→유비 劉備
유상곡수 流觴曲水 38
유숙 柳淑 360
유승단 兪升旦 133~136
유 시랑 兪侍郞→유승단 兪升旦
유 어사 柳御使→유종원 柳宗元
유우석 劉禹錫 220
유점사 楡岾寺 291~293
유종원 柳宗元 38, 60
유차 孺茶 115, 116, 118, 121
유차시 孺茶詩 123
유항 柳巷→한수 韓脩
육구몽 陸龜蒙 154
육생 陸生→육우 陸羽
육우 陸羽 80, 121, 248
육우천 陸羽泉 248
육탐미 陸探微 245
윤지표 尹之彪 251
윤필암 潤筆菴 260, 261
윤환 尹桓 251
은로탕정 銀爐湯鼎 397
은봉 선사 隱峯禪師 322
응 선사 鷹禪師 91
이 개성 李開城 233, 256
이곡 李穀 55
이광보 李光輔 262
이규보 李奎報 138
이능화 李能和 21
이무방 李茂芳 251
이백 李白 38, 263, 264, 363
이사백 李師伯 284
이색 李穡 183, 184, 186~188, 190, 192, 194~196, 198, 200~205, 207~209, 211~220, 222, 223, 225~230, 232, 234, 237, 238, 240, 242, 244~246, 248, 250, 252, 254~257, 259, 260, 262, 263, 265~297, 318, 319, 331
이성계 李成桂 205, 314
이성여 李聖予 370
이수 李需 361
이숭인 李崇仁 262, 295, 300, 317, 319~323, 325, 327~329, 331, 362, 384
이승휴 李承休 151, 353
이연종 李衍宗 350, 353
이우량 李友諒 228
이유의 李惟誼 57
이윤보 李允甫 122
이인 李靭 251
이인로 李仁老 74
이인복 李仁復 189
이인임 李仁任 247
이자량 李資諒 368
이자현 李資玄 145, 387
이전 李筌 196
이제현 李齊賢 158, 159, 162~164, 297, 329, 350, 359
이종학 李種學 341~343
이주좌 李周佐 387
이중 二仲 193
이진 李瑱 159, 161, 162
이집 李集 180, 182, 299, 300
이태백 李太白→이백 李白
이행 李行 307, 308, 332, 333
「인간세」人間世 323
인우 印牛 239
일암거사 逸庵居士→정분 鄭奮
임밀 林密 325, 326
임춘 林椿 57, 59, 62~65, 69~71, 73, 76, 103, 169, 172, 204, 227, 230, 235, 242, 315, 318, 336, 352, 384
『입택총서』 笠澤叢書 154

ㅈ

자공子貢 354
자순차紫筍茶 62
자안子安→이숭인李崇仁
작설차雀舌茶 160, 284, 296
장고張翶 40
장구령張九齡 184
장백산長白山 21
장의사藏義寺 336, 337
장자莊子 69, 90, 294
『장자』莊子 33, 69, 90, 168, 294, 323
장주莊周→장자莊子
장지화張志和 202
저부褚裒 127
적공翟公 204
「적벽부」赤壁賦 221
정 남경鄭南京 233
정도전鄭道傳 262, 314, 327, 362
정몽주鄭夢周 298, 300~303, 327
정분鄭奮 141, 142
정선지丁仙芝 64
정신태자淨神太子→보질도寶叱徒
정자야鄭子野 370
정 정당鄭政堂 217
정추鄭樞 217, 218, 286~288, 290, 291, 294, 295
정포鄭誧 179, 287
정휘鄭暉 251
조계曹溪 246, 248
조계수曹溪水 315, 316
『조선불교통사』朝鮮佛敎通史 21
조아차早芽茶 116
조조曹操 38, 46
조주 선사趙州禪師 166
조준趙浚 313~316, 336
종지宗之→정도전鄭道傳
주도 대사主都大師→총공聰公
주도퇴朱桃椎 138

『주역』周易 150, 302
주열朱悅 286, 287
주옹周顒 292
죽로차竹露茶 21
중강仲剛→박소양朴少陽
증자曾子 44
지둔支遁 59, 61, 336~338
지약智藥 159
진감 선사眞鑑禪師 35
진맹공陳孟公→진준陳遵
진준陳遵 168, 169
징심당澄心堂 62

ㅊ

「차고사」茶故事 52, 302, 303
차맷돌(茶磨) 74, 130
찬 수좌璨首座 99
채양蔡襄 188
책봉冊封 391, 393
척약재惕若齋→김구용金九容
천 대사闡大師 71, 73
천룡사天龍寺 102
천택天澤 스님 338
천화사天和寺 77
총공聰公 336
총 선사聰禪師 317, 318
최량崔亮 386
최사추崔思諏 389
최성지崔誠之 358, 359
최승로崔承老 385, 390
최우崔瑀 142
최종지崔宗之 168, 169
최지몽崔知夢 385
최치원崔致遠 33, 35, 37, 39~41, 43~47
충담사忠談師 28~30
치암恥菴→박충좌朴忠佐
칠극七勒 79

ㅌ·ㅍ

통도사通度寺 51, 52
팔관회八關會 393
팽택彭澤 65, 289
풍차楓茶 229
필탁畢卓 92

ㅎ

하륜河崙 226
하영심河永深 370
하지장賀知章 60, 363
한 문경공韓文敬公→한수韓脩
한벽헌寒碧軒 286, 287
한산寒山 298
한송정寒松亭 55, 157, 163, 174, 177, 178
한수韓脩 233, 250, 251, 265, 296, 297
한언공韓彦恭 386
한유韓愈 90, 317, 359
한천韓蕆 251
행산杏山→박전지朴全之
행재 선사行齋禪師 227
허황옥許黃玉 21
헌안대왕憲安大王 34
현화사玄化寺 379, 383, 384
형산衡山 60

혜감慧鑑 159, 161, 162
혜능慧能 97, 246, 260, 261
혜산惠山 115, 143
혜원慧遠 93, 289, 315, 336, 337
혜총惠聰 288~290
『호암전집』湖岩全集 52, 302, 303
호종단胡宗旦 177
홍간洪侃 153, 154
홍수겸洪守謙 219
홍약洪瀹 358, 359
홍 합포洪合浦 171, 172
화계花溪 116, 125
화암사花巖寺 347, 349
화엄도실華嚴都室 259
「화왕계」花王戒 24, 25
화전차火前茶 160, 350
화전춘火前春 160, 329, 350
황소黃巢 41
황정견黃庭堅 161
효명태자孝明太子 30
「후기국부」後杞菊賦 154
훤초萱草 46
휴 상인休上人→여태허如太虛
흥덕왕興德王 23
흥법사興法寺 283
흥왕사興王寺 380